中國大學人文啟思錄 第七卷
下冊

歐陽康　主編

目　錄

中國與世界

經濟與社會

文學與藝術

後記

中國與世界

全球化與中國文化

郭齊勇　武漢大學哲學學院院長、教授

　　武漢地區有貴校華中科技大學，也有鄙校武漢大學，就像波士頓麻省理工學院和哈佛大學一樣。我想，我們兩校之間要有一個良性的互動關係。一個地區難得有這樣兩所非常有名的學校，希望兩校的關係也是彼此學習的關係，以此來推進中國高等教育的現代化。實際上，朋友之間、學者之間要進行思維訓練的話，也是這樣。恩格斯曾經講過這樣的話：只有和才智相當的人相互進行對話才能夠提高你的水準。試想一下如果的你的競爭對手是你完全不屑一顧的人，那麼你的水準肯定不會有很大的提高，所以一個人一定要有旗鼓相當的競爭夥伴，這樣才能夠在更高的水準和層次上來發展自己。那麼我們希望武漢大學和華中科技大學也該是非常親密的關係。

　　現在談中國文化和全球化的問題，也是這樣的一個關係。西方文化在當代世界的地位是毋庸置疑的。啟蒙運動以來，特別是科技革命以來，經濟發展所造成的全球化運動，的確是衝破了一切屏障，使世界發生了翻天覆地的變化。正像在進行東西文化問題論戰的時候，梁漱溟等人對新青年派的主流思想家提出挑戰一樣，東方文化與西方文化既是對手，同時也是朋友。

　　未來的全球化是不是意味著文化的一體化或者是同質化呢？或者未來的社會就是美國文化泛行的社會呢？我想「9．11」事件對西方

國家，特別是對像美國這種具有話語霸權的當代世界不可一世的主宰者們，實際上是提出了諸多需要反省的問題。美國政府至今仍然執行它的單邊主義政策，這已經受到美國學術界、文化界的一些有識之士的批評。反思一下，像「9‧11」事件，以及巴勒斯坦和以色列之間的衝突，就是文明之間的衝突和緊張。如果他們之間要進行對話和互動的話，那麼首先要有一種平等的心態。但是我們知道，西方文化借助於科技、借助於資訊傳播、借助於經濟實力，今天的確是已經到了主宰一切的地步。但是還有宗教問題、文明問題，還有人和人之間、社區與社區之間、族群與族群之間、宗教與宗教之間、文化與文化之間的溝通，如果這一切仍然以美國或者是西方的話語霸權為中心、為標準的話，必然會產生激烈的衝突。如果再激化出矛盾，世界的狀況就會不堪設想。

我國著名的社會學家費孝通先生提出的處理不同文化之間關係的原則，我覺得非常好，「各美其美，美人之美，美美與共，天下大同」，大家要記住這十六個字。「各美其美」，是說首先要愛護我們自己本土的精神文化資源。一九九三年在美國加州召開的六千五百位宗教領袖和宗教代表參加的國際宗教會議上，通過了一個《全球倫理宣言》，在這個宣言中就強調了這樣一種意識的轉變。大家知道，在當代科技日益發達的社會裡，人的靈性的消解是一個很大的問題，我們已經不再具有古人所具有的那種靈性。《全球倫理宣言》的起草者——宗教理論和宗教史專家孔漢思教授覺得，在這個用科技的理性展示人的一切活動的時代，我們應該養育我們的靈性，而各種宗教，各種傳統的、原始的、資源性很強的文明，都具有這個特點。

孔漢思教授在宣言中提出了要緩和消解各民族、各族群、各宗教

之間的衝突，呼籲從各民族、各族群、各宗教的自身固有的文化資源中尋找共識。他在各民族、各文明、各宗教、各倫理資源中尋找了一遍，找到了他們的共同點：兩條原則和四條簡單的行為規範。

兩條原則的第一條是以肯定的形式闡述的：每一個人都應當得到人道的待遇。也就是人要把人當人看，「人其人」。另一條原則是以否定的形式闡明的：「己所不欲，勿施與人」，這是孔子說的，當然這也不僅僅是孔子說的。在軸心時代，即雅斯貝爾斯所說的西元前八百年至西元前二百年之間，許許多多的文化代表人都表達過這一思想：佛教的創始人釋迦牟尼，基督教的創始人耶穌，伊斯蘭教的創始人穆罕默德，等等。只不過是孔夫子界定得特別清楚而已：如果我不願意這種行為發生在我身上，那麼我就不會對別人做這些事情，我希望別人怎麼對待我，我也怎麼樣對待別人。大家知道，在儒家的經典中，「己所不欲，勿施與人」指的是「恕道」，就是寬恕法：寬容地對待別人。「恕道」的另一種解釋就是「己欲立而立人，己欲達而達人」。自己想要站起來，那麼就要想自己站起來以後，也要儘量的放寬條件，使別人也站立起來；我自己通達了，我也要創造條件讓別人通達起來。記得杜維明教授在貴校講過這方面的講座。實際上「己所不欲，勿施與人」和「己欲立而立人，己欲達而達人」，是一個問題的兩個方面。這是孔漢思教授在《全球倫理宣言》中提出的兩條原則。

四條簡單的行為規範是：「不可殺人，不可偷盜，不可撒謊，不可姦淫。」這其實還是各宗教、各文明、各民族、各種族共同的東西，是最低限度的道德。這幾條已經轉化成當代的法律，是需要強制實行的東西，而前面的兩條原則強調應當彼此尊重：充分尊重別人的

自由，別人的人格尊嚴，充分尊重別人的價值觀念，別人的信仰體系，這個是非暴力的。尊重生命，是一種寬容的生活、誠信的文化。所以這樣一個宣言，一方面使我們看到一些倫理之間的黃金規則，在今天能夠受到很多人士重視；另一方面我們也看到我前面所說的恐怖主義。要打擊恐怖主義，還要看到恐怖主義——例如「9‧11」事件——發生的底層文化的和宗教原因。我們不是文明衝突論者，我們是文明的融合論者。文明的融合之論，是一種理論上的，是一種理想性的。我們的歷史就是血與火的歷史，我們的現實是殘酷的、充滿戰爭的現實。那你可能會說六千五百名宗教代表所通過的《全球倫理宣言》是不是只是在那裡宣揚一種理想性的東西呢？的確是這樣，真實的歷史就是血雨腥風，像孟子所看到的那種「殺人盈城」、「血流成河」。那麼孔夫子在戰國紛爭之際提出人要養育我們的善良的本性，你說他是不是一種空想呢？是不是一種粉飾呢？所以今天有很多人說中國儒家文化講仁愛、講和平、講誠信、講融合，和為貴。

於是要問：多少年來漢民族和周邊的多個民族之間是不是在融合的過程中有慘痛的歷史教訓呢？的確是這樣。但是任何關於仁愛，關於和平，關於誠信的理念，首先必然是人的理性的訴求，我們不能說這些東西都是虛偽的、都是粉飾、都是說教。其實人類的族群、人類的歷史，正是因為有這些思想家不斷地批判現實，反思現實，超越現實，指導現實，提出他的社會意義，提出他的人格理想，這個社會才得以一步一步地走向恢復。中國的歷史和西方的歷史相比，西方歷史上的宗教戰爭非常慘烈，我們不能說西方觀念中的博愛思想是虛假的。直到今天，儘管西方的社會有很多人過禮拜、進教堂不如以前了，但是維繫並穩定他們的社會民生的仍然是基督教，還是這種「博

愛力」。所以在討論中國文化或者是西方文化的古代文明中的思想文化遺產，在今天全球化的時代還有沒有什麼意義的問題上，我們希望大家用平等的心態去體驗遠古的、不同種族的先哲們是怎麼考慮問題的。我們有很多同學在研究中西文化、中西歷史，乃至這些文化、歷史的比較，大家想一想看，從荷馬史詩到佛洛德，一直到今天，西方的觀念中有哪一些是討論最多、最重要的觀念呢？有一位臺灣地區的學者研究後提出以下五個觀念。

第一是上帝，第二是知識，「知識就是力量」，第三是人，第四是國家，第五是愛，主要是博愛的觀念。其實在中國先秦的典籍中也有五個最重要的觀念，如果用今天的話來講，點擊率最高的關鍵字也有五個（笑）。第一是「道」。道可道，非常道；名可名，非常名，就是這樣一個道。第二是「畏」。第三是「天命」。天降命於我們人，孔夫子也畏天命、畏大人，畏聖人之言，也對上天有敬畏之感。第四是「仁愛」。「仁愛」就是我們對別人的事情感同身受，痛癢相關，所謂「老吾老，以及人之老；幼吾幼，以及人之幼」。第五是「心性」。

除了這五個最重要觀念，當然還有其他的：德，禮，樂，法，義，信，勇，忠。我們看西方的點擊率最高的觀念「上帝」代表了所有的「畏」，代表了他們的信仰，代表了人的苦難童年的生活。關於「知識」的觀念，指的是羅馬帝國以來的國家的觀念成為西方偉大的科學與文化的源泉。

哈佛大學著名的考古學家、華裔學者張光直教授說，從考古學、歷史學、比較文化學和比較宗教學的角度看，中國的文明和瑪雅的文明（眾所周知該文明後來消失了）這兩種文明之間有連續的關係，在

人與人、人與動物、野蠻和文明之間，有一個漸進的、連續的過程，後來發展到雅斯貝爾斯所說的軸心文明的時代。西方人經過了超越和突破，是外在的、一元的上帝的信仰，這種高高在上的、一元的、外在的、絕對的實體是世界的、現實的最後的評價標準，這是猶太文明的典範。西方從希臘的希伯來文明發展到基督教文明，基本上一種突破式的、斷裂式的、排斥性的二分法，在自然和人之間、在精神和物質之間、在個體和群體之間、在心和物之間、在神聖和凡俗之間，他們強調的是緊張和衝突那種排他性。而中國的文化在軸心時代哲學的突破是：它反思的對象不是上帝而是人本身，它沒有走西方的路子。人和自然之間、人和超自然之間，不是一種斷裂的、破壞的關係，而是一種延續的、保留的關係。在這一點上，中國的文明和瑪雅的文明是一樣的。《詩經》裡面有「天生烝民，有物有則。民之秉彝，好是懿德」。就是說：「天」生育了我們這些庶民，每一件事都有其自己的法則，那麼「天」是人的一個源泉，文明老百姓所應該做的事是什麼呢？是趨向美好的道德，這也是「天」賦予人善良的天性。中國這種傳統的思想，即人所繼承的是「天」的一種善良的意志，那麼這種人文精神就不是斷裂的人和自然的關係，而是縱游於「天」和自然之間的。人和超自然的「天」的關係，在西方文明中是相互抗衡的關係，而在中國的傳統中是相互和諧的，人和自然的關係不是相互對峙和佔有的，是有機的、連續的、整體的思考方式，是中國人的生存智慧，是中國人思想和哲學的一個最基本的層面。那麼宇宙之間、宇宙的發展、宇宙和人的關係，是一個整體的、動態的、連續的、辯證的發展。人這個小宇宙是對於「天地」大宇宙的一個投射，人和人、人和自己的內在的身體和心靈之間都是有機的、連續的、整體的，不是

分裂的。在社群之間，在家、國、天下之間，也是連續的、整體的。

在西方，一直到近代的啟蒙運動、文藝復興，就更加地走向二分的路子，這種突破、斷裂，造成西方文明在近代的崛起，特別是知識的觀念、國家的觀念，使它的科學、法學和整個社會有極大的發展，深信主客對立，開創了技術文明。但是它自近代以來的人類中心主義的立場，排斥神性、排斥自然，也帶來了發展中的巨大的問題。所以今天的人文學家反省西方的人文精神，特別是西方的啟蒙精神，同樣地提出了一種批判，特別是對人類中心主義的立場提出了挑戰。我們非常尊重西方文明所尊重的個人的、獨立的人格和精神，有時候我們很可能受到歷史教科書的影響，對西方的中世紀的宗教文化不自覺地產生一些偏見和不懷好感。所以今天的人文精神的所面臨的問題，不是文藝復興時代神性主宰人性、文明要破除神性的問題，今天是機器文明的時代，把人當作物，當作機器，我們要反省的正是這種把人當作機器駕馭的態度和思想。所以我們的人文精神是以人文來化成天下的精神。在西方，新的人文主義已經不是文藝復興以來的人文主義運動，而是要從宗教、從神學中吸取新的養分的人文主義。西方文化的發展不是近代西方人文精神的單線的、直線的發展，它應該還包含著向中世紀的神學、向古希臘、向希伯來精神的一種回歸。所以從近代思想的發展史我們可以看得很清楚，這條線索就是從講神到講人，從講人到只講人的純粹理性，從只講意識、只講經驗，然後到佛洛伊德只講生物本能，只講生命的衝動。這樣一條線索是西方思想家近百年來所反思的一條線索，所以這裡面就有問題：物質已經被講到了極點，精神面臨著墮落。因此西方很多的宗教學家又要和神合作，來挽救所謂的「物化」，所以西方文化的發展其實包含著宗教意識的再

植。人類須要有宗教精神的支持以避免異化、避免物化，當然這不須要恢復到中世紀宗教的負面，中世紀宗教的弊病已經經過了近代文化洗禮。

　　我們現在看中國儒家的人文精神，它以「天、地、人」為三才，上通天，下通地，所謂「通天地人者曰儒」。所以儒家雖然也有很多的弊病，但是從高一個層面來說，儒家以「盡心知性而知天」、「至誠如神」的精神，仍然是在追求一個非常高的聖賢境界。正如社會文化的主體是下層文化一樣，人類精神也是來自民間，都充滿了一種真意和老百姓的訴求，而這也和儒家的訴求達成了某種共識。所以我們看這樣一種文明它含涉了自然、宗教，這樣一種文明不是一種經歷了二分和排斥的文化，在這個意義上，我們的人文、精神的發展，在今天已經不是和神人對立的文明。在今天威脅我們的不是啟蒙運動所反省的宗教愚昧主義，不僅僅是神性對人性的吞噬和主宰。其實在今天，人的意義和價值，其對立面不是神性而是物性，即利害關係、物質主義、功利主義，成為了主宰人的最主要的東西。所以對物化的反省，對工具理性的反省，是今天文明面臨的很大的問題。它不是神對人的主宰，而是二十世紀以來人文精神的萎縮，主要是在人的物化，人在技術社會裡面失去了價值引導。這種工具理性的過度膨脹或者是說「理性的暴虐」對人的奴役。所以馬克思、韋伯、盧卡奇等人提出：人已經不復存在為一個準確的人，所以現代人只知道努力地工作，不停地奮鬥，但是他朦朧地意識到他所做的一切都是無用的，人所創造的、新的、更好的方法征服了自然，但是卻陷入了這些方法的羅網之中；所以人征服了自然，最後卻成為自己所創造的機器的奴隸；因而我們說科技是人民的鴉片，商業是人們的精神食糧，人類文

化中的閒情逸致，都已經被機器的按鈕給「按」死了。這種物化的過程，把人和人、人和社會、人和自然天地的一切關係，都變成了一種經濟關係、物與物之間的關係、欲望滿足的關係、等價交換的關係。一切都是可計算的，導致了人到了已經不復存在的地步，這就是我們今天全球化所面臨的課題。

我們是在這種人文精神發展到今天、它的對象已經變化的情況下來考察全球化和中國文化問題，所以文明轉了一個彎。從希臘文化和東方文化的不同，來看文明起源的發展道路。然後我們看西方文化和東方文化今天所面對的問題，已經不是神性的主宰，而是物化的氾濫。在這樣一個背景下來討論今天我們應該怎樣恢復人的尊嚴，重新思考人的生命的價值和意義，來樹立人生、意義和價值的世界，來重建現在的人文精神。這是我們今天所討論的第一個問題，可以叫做從東西方文明歷史發展的過程看今天我們所面臨的問題。

第二個問題就是全球化。在今天，很多東西都不分國界了：好的不分國界，壞的東西諸如環境污染、毒品交易、瘋牛病、性產業也不分國界了。還有歌星、明星、模特也已經不分國界了，你們可能會說我郭某是一個九斤老太「冥頑不化」。（笑）我們今天處在一個國際化的時代。經濟的一體化，使得地區間、國家間的經濟制度、法律條文、經濟活動規則都已經趨同：世界貿易、國際金融、市場分工，乃至經濟全球化的載體——跨國企業。加入WTO以後，對我們高校的衝擊就是人才的衝擊，無論是對老師還是學生，無論是對學生的就業還是擇業，這就是所謂的跨國公司對本土公司在人才競爭上的優勢。聯合國的前秘書長加利在一九九二年聯合國日致詞的時候曾說過：「第一個真正的全球化的時代已經到來。」他說這句話的時候，距哥

倫布遠航美洲正好五百年。自哥倫布遠航美洲五百年來，從世界所發生的變化來看，全球化的確是無法回避了。還有更大的推動力是經濟和科技，既達到了張揚和解放了人的主動性和創造性的目的，又極大地刺激了財富的增加，豐富了我們的精神生活和物質生活，提高了人類的生活水準。

社會的發展是一個動態的過程，從借債資本到產業資本，現在到了一個產業資本全球化的時代。資訊技術、大眾文化都已經成為了全球化的標誌。經濟全球化肯定會帶來文化層面、信仰層面、價值觀念層面的衝突和緊張，那麼就有一個問題：經濟全球化是不是意味著文化的一體化呢？文化的趨同現象的確十分嚴重，例如各位今天所欣賞的，已經和我們這代人所欣賞的不一樣了。現在有人說五年一個代溝，也有的說是兩年一個代溝，你們和你們的學姐也成了一個代溝（笑）。所以在當今時代，全球化是不可阻擋和避免的，但是另一方面，全球化的確又存在許多問題。像人性和靈性的消解，人的物化，人從目的變成工具，手段和人被異化的問題。經濟全球化並不能掩蓋發達資本主義國家與發展中國家的衝突和矛盾，在某種意義上還加劇了南北矛盾或者說貧富的兩極分化，也加劇了價值觀、正義觀的衝突。什麼是正義呢？阿拉伯人、伊斯蘭教徒說他們的行為是一種正義，世界的秩序要這樣維持。世界的秩序的確需要，但恐怖主義行為是防不勝防的，要安定，就要反恐。這裡面隱含的是複雜的、超過了經濟全球化之外的，並且在它頂層的也還是一個無法回避的問題。

所以經濟全球化是一把雙刃劍：一方面給了我們發展的機遇，另一方面又充滿了威脅。前幾天報紙上披露，美國已經把中國列入其核威脅和核打擊的七個對象之一，而且隱含的意思是我們向所謂的「邪

惡軸心」提供核設施。撇開美國政府的那一套不談，從全球化和世界資源財產的再分配的立場上來看，其經濟效益、經濟增長、生產和消費，以及刺激各種新產品的開發，的確都是鼓舞人心的。但另一方面是它的負面效應——加大了貧富不均，加大了貧國和富國的差距，形成新的壟斷，構成金融風暴，使發展中國家面臨巨大的威脅。所以你看我國加入世貿組織，每天的交易量在一點五萬億到一點七萬億元，而對像我們一樣缺少一整套有效的規則和有效管理的市場的發展中國家來說，金融世界的市場是一個巨大的陷阱。我們是後進入者，而世貿組織的法律條文和規定在我們加入之前就已經制定了，這些條文和規定中有很多是對發展中國家存在極度的壟斷性和歧視性的規則，但你還是必須服從。

聯合國開發署很多資料表明，現在仍有十億多人得不到生活的必需品，而占地球人口5%的美國人卻消耗了全球30%的能源；世界上最富有的20%的人口，消費著全球86%的商品和服務，據說包括58%的能源、45%的肉類和魚、87%的車輛和47%的電話。在解決全球性環境污染問題的時候，發展中國家也面臨著抉擇，一方面是保護地球、遏制溫室效應需要環保。這些國家既要發展經濟，提高人民的基本生活水準，又要承擔國際環保的義務。另一方面發達國家還向發展中國家轉移污染的技術和產業，向這些國家傾倒廢料，導致這些地區的環境進一步惡化。所以經濟全球化的確是增加了我們的自由度，也把牛仔褲、搖滾樂、可口可樂，連同海洛因和愛滋病一起傳播到全世界，它打破了自古以來多數人已經習慣的生活方式，卻來不及給世界帶來新的秩序。

現在的世界是一個開放的世界，任何國家的發展都離不開國際間

的交流和合作，但是由於歷史背景、文化傳統、意識形態、價值觀念等的多樣性，各種族、各地區的利益都各不相同。人類的價值觀念歷來有很多的變化，但在某一地區的社群中，總有一個恆常的觀念。比如說中國老百姓的觀念叫「淳風俗，正民心」，風俗的淳樸，要求人性的正直，這是我們的父母輩、父母的父母所一代一代傳下來的，但是今天遊戲人生的觀念和「瀟灑走一回」的觀念，已經對這種觀念產生了極大衝擊。在今天的全球化運動中，我們所面臨的危機，正像一個美國的學者所說的，是「自性的危機」，自己本性的危機。這位學者說「中國人正在失去中國之所以為中國的中國性」。這樣說是不是意味著我們要回到狂妄自大？回到義和團？回到那種民族的沙文主義、華夏的沙文主義去呢？不是這樣的！全球化與本土知識的關係問題，全球意識和尋根意識之間的關係問題，是一個很重大的問題。所以我們今天所講的第二個問題就是說明全球化是一把雙刃劍。

最後一個問題是在全球化背景下探討中國文化的發展。一百多年來，我們對自己民族文化的了解還不夠，這帶來了文化發展上的一個文化資源貧乏的問題。

國學需要我們去了解，大學生們其實有這個意識，但是家長的功利情結非常嚴重。比方說儒家文化，現在有很多人一提起儒家文化就咬牙切齒，其實儒家文化本來是一個平民的文化。春秋末期孔夫子辦私學，把官學的「王官之學」下移到民間，承擔著上古三代的文化使命，經過戰國直到漢代的中葉，經過政府和民間的艱難選擇，才確立了儒學的地位。漢武帝、董仲舒時代所謂的「罷黜百家」，只是在一定意義上這麼說，實際上是深刻地吸收了陰陽家、道家、法家等諸子百家的學說。為什麼選擇儒家思想作為漢武帝以後的歷代政府的主流

文化？一般說是和儒家文化基因中的優秀成分有關係，它善於把古代的典籍加以「趨時更新」，也就是我們現在說的「與時俱進」，其實「與時俱進」就是儒家的思想。

你們看清華的校訓「天行健，君子以自強不息；地勢坤，君子以厚德載物」，就是吸收了儒家的這種與時俱進、自強不息的精神。你們去看《易傳》、《中庸》、《論語》，以及一些竹簡等，都包含有這種精神。如湖北荊門的郭店竹簡中，發現了大量的當時楚地所流傳的儒家和道家傳世的一些內容，這說明儒家在荊楚文化的氛圍中具有很強的滲透力，至少是在戰國的中期已經發現了大量的從魯國、齊國所傳來的儒家文明。在漢代以後主要是在承平時期。劉邦打仗的時候，人家對他一宣傳儒家思想，他說「什麼儒家思想」，把儒帽拿下來殺掉；但當他治理天下的時候就知道了儒家有凝聚社會的作用，所以再有儒生進來的時候，他正在洗腳，就趕快從腳盆裡跳出來，赤腳去迎接，他改變過來了，馬上可以打天下但不能夠在馬上治理天下。在漢初由於民生凋敝，大概有七十年左右，都是以黃老「無為」觀念為社會的主流思想。因為黃老的思想，與民休息，慢慢地聚積了民間的財富；到了漢武帝的時代，政府和社會都須要開疆拓土，須要振興，這時候儒家適應了朝野「內裕民生，外服四夷」的需要，這是儒家的本錢，所以儒家的思想家所推行的東西，合乎民眾的要求，合乎社會秩序的和諧化。「禮」就是使社會秩序化，「樂」就是使社會和諧化，所以「禮樂思想」中有很多的精華。在波士頓地區，波士頓大學神學院的院長南樂山教授宣導了一個「波士頓儒家」。我問他為什麼波士頓要有一個儒家，他說「你們這個『禮』很好，我們美國人很需要」，這當然是南樂山教授個人和這個群體的偏好。在波士頓大學有

幾個教授在推廣荀子的「禮」，禮儀的禮；在哈佛大學有杜維明教授推崇孟子的「義」，這樣構成了波士頓儒學。所以我們要以歷史的眼光看待「列君臣父子之禮，序夫婦長幼之別」，用我們今天的眼光來看這可能是一種負面的東西，但是從當時的經濟資源、政治資源的配置來看，這是最合理的選擇。所以歐洲的一大批最有名的啟蒙思想家像伏爾泰、孟德斯鳩他們就很欣賞儒家文化，非常讚揚孔夫子的理性，為什麼呢？從另一個視點看，說明有它存在的意義，當然這須要通過現代的轉化。

　　除了戰亂時期以外，中國歷史上歷代的政府都是文官的政府，主要是通過推選——漢代是選考制，後來是九品中正制，後來是科舉制，這種考試制度是中國文官制度，乃至是西方文官制所借鑑的一個非常重要的基礎。中國歷史上，即使是身處社會最底層的農民子弟，他們也有可能參與最高政治，靠的是什麼？儘管你可以把科舉制度罵得一塌糊塗，因為它確實有其負面，我們不排除後來的變質，但是結合整個歷史長河和世界文化的發展來看，科舉制乃至我們的文官制度，恰恰是給中國民間的貧苦人民打造了一條參與政治的管道，也是中國政治的新生力量、健康力量的一個管道。因為在中國傳統社會的民間，官府的力量是難以達到的。你像在清末時候的馮友蘭先生（貴校的塗又光先生就是他的學生）的父親是死在湖北崇陽縣令的任上，他上任時是乘一個破筏子來的，死的時候是馮友蘭的母親用一張破筏子運回去的。當時政府給的俸祿就是那麼一點銀子，可以請一個刑名師爺，一個錢糧師爺，也可以一個人幹：法院院長是你，叫刑名師爺；財政部長也是你，叫錢糧師爺（笑）。當然中國的刀筆吏也很厲害，但是大多數官吏是從中國的下層通過科舉考試上來的，比較體恤

民情。當然也有「一任清知府，十萬雪花銀」的例子，但是我這裡說的是民間社會的教書先生取代了西方的牧師和律師的職責。

中國傳統的法系把倫理的東西在刑法的法律條文中都表現出來，那中國的傳統民間社會靠什麼維繫呢？既沒有律師這個階層，更沒有牧師作精神的治療，靠什麼？就是靠這些私塾的教書先生。作為農村文化人，大家有什麼紛爭，就把手一拉說「走，我們找某某先生評理去」，這個先生既是教書的先生，也是法庭的律師，又是教堂的牧師，在民間社會維繫人心，協調社會。這些文化人在承擔社會的道義和公正，他們不是靠說教，而是靠文化制度，靠身體力行。調節社會的當然還有宗法家族的力量。根據社會學的研究，儒家的倫理「忠恕」，主要是對知識分子、傳統官吏的要求，是一種道德內在的自律。傳統的法律也有一些吏治監察的制度，但是傳統的儒生關心國計民生和人間疾苦，抨擊時弊，參與社會政治，彈劾貪官污吏，使道統、政統、學統之間保持一種張力，在這些方面的確發揮了它的功能。所以《國史大綱》的作者錢穆先生說，周代以來中國的文化將宗教政治化，又將政治倫理化，使皇權代替了神權，又用師權來規範君權，「天地君親師」的「師」有批判政治、指導政治的意義。從現在政治學的觀點看，道德優先於政治上的厲害是有問題的，但是在傳統社會有它的合理性。

今天來討論一個國家、一個地區的經濟增長，其原因是非常複雜的。那麼是不是說儒家文化、中華文化、華人文化和東亞地區的經濟起飛、金融危機有直接的關係呢？應當說是沒有直接的關係。當然二十世紀八〇年代，有學者包括外國學者在研究東亞經濟起飛的時候說，華人的精神遺產和華人社會經濟的成功有關係，儒家的價值和海

外華人企業有一定的聯繫。在今天的民間社會裡，是不是儒家的東西已經成為書齋的供品呢？並不是這樣。去年冬天我們在北京開了一次「當代中國社會的價值和倫理問題」的會議，會上有一個教授介紹了他做的一次社會調查。二〇〇〇年他在上海、新加坡做了數千份的問卷調查，在所列的五十六個價值理念中，新加坡的點擊率最高的前十位是：「孝敬父母、信用、誠懇、學識與教育、以家庭為中心、廉潔、勤勞、仁愛、修養、明確方向。」大家看到，孝敬父母、家庭的穩定和凝聚力、重視教育和倫理，仍然是華人社區的一些基本理念，和其現代化並不相悖。與新加坡相比，上海有一點差別，上海人的個體意識比新加坡突出，但是整體說來還是基本一致的。所以在華人社會裡面，儒家文化還是底層中的一個支點，我們在韓國也看到了這種現象。韓國的儒學、日本的儒學、越南的儒學，基本上相同。有一次我在韓國開會的時候看到《東亞日報》有一個通欄的大標題，寫的是「韓國重孝，中國重仁，日本重忠」。這個概括可能不太準確，但是的確韓國的「孝道」在家族企業中、在社會裡面是非常重要的，當然也有不利的一面，要反省。日本重忠，武士道在「二戰」中帶來了災難，但是「忠於職守」在企業文化中起了非常大的作用。那中國重仁，我就不敢說了，（笑）這是值得研究的。

去年五月我到德國去的時候，特里爾大學的波爾教授對我們的教育界、知識界不尊重自己的倫理資源、不以本土的教育為中心提出了批評。他說，西方社會的現代化有很多弊病，不值得你們盲從，如果西方的價值觀中還有一點值得你們借鑑的話，那就是我們從我們的父母身上學習到了做人的道理。有的學者說不讓自己的孩子加入教會，但是也讓孩子參加一些教會活動，讓孩子了解一些西方社會的文化底

層重宗教資源的力量，在美國也是這樣。凡是社會秩序安定、社會關係和諧的地區，宗教的傳統都保持得要相對濃厚一些，心靈的信仰還是起到了一定的作用。很多漢學家認為中國儒家的「禮儀」思想中有一些值得借鑑的東西，一切向錢看、功利化、缺乏誠信、個人中心主義的現代化是非常危險的，是不會成功的。有一些人說儒學是農業社會的文明，是過時了的東西，在今天沒有任何的價值。實際上從民族性上來說，農業儒學反映了民族性的生活準則、生存智慧、處事方略，作為民族意識和心理，它仍然有潛在的影響。從時代性和空間性來看，一切地域、族群的前現代的文明，它的精神因素都有超越時空的價值和意義。

所以今天我們的結論是：全球化並不意味著民族文化的消解。也許這個結論是不正確的，大家可以批評。當然民族文化是一個動態的概念，已經在發生著變化，我們今天的民族文化，已經不同於一百年以前的民族文化，甚至五十年以前的民族文化。民族文化是流動的，但它還是有一些永久性的、永恆性的價值。沒有本土性，就沒有全球性；沒有人文精神，當下的社會發展只可能是畸形的、單向度的、平面化的。因此儒家的人文精神中所提倡的「仁、義、理、智、信」，以及「忠」、「恕道」、「孝道」等價值觀念，我們在剔除其歷史附著的負面性以後，完全可以轉化並活化為合理性因素，滲透到今天現實的社會生活中去，作為正面的、積極的力量參與到現代化建設中去，治療現代社會的許多病症，恢復人的尊嚴，重建人的意義世界，形成「天、地、人、物、我」的良性互動關係。我今天這樣講決不是說儒學可以拯救世界、中國文化可以拯救世界，或者說「二十一世紀是中國文化的世紀」，我決不贊成這些觀念。我只是提醒各位，你們是未

來的主人，面對21世紀，要理性地思考這些問題：我們這個民族、這個國家要有什麼樣的價值取向？如何運用我們寶貴的精神資源？又如何才能夠實現健康的現代化？

這只是我的不成熟的意見，希望同學們批評！謝謝大家！

二○○二年在華中科技大學的演講

胡維平根據錄音整理

現代性與中國文化命運

成中英　美國夏威夷大學哲學系教授

　　我上一次在這做過一次演講，記得當時講的是中國文化面對競爭的問題，也就是中國文化在全球化的進程中是否有競爭力的問題。大家可能要問：文化怎麼可能會有競爭力？競爭一般是從經濟角度而言，是從市場的需求以及經濟上的產品或服務的品質來決定有沒有競爭力。競爭力顯然不是由單方面的因素來決定的，即使是經濟方面的競爭力也需要一種文化的創造力作為源泉和基礎。因為經濟上所需要的是一種產品也好，或是某種資源也好，都只是一種基本的生活需求。人作為人，總有不同層次的要求。從這個角度而言，文化的特色，以及文化所帶來的價值觀都能夠增加經濟實力。這是第一點。

　　我想換一個角度來講第二點。我們現在面臨著理性國際發展時代所出現的一種考驗。這種考驗是不是具有一種文化的價值和內涵？我們的文化能否經受得住這種考驗？或者說，我們人類的存在是不是只受到經濟或者科技的引導或控制？到底有沒有另外一個層面和意義上的考驗或者制約、控制因素？這是一個值得關注的問題。上述兩點最後都可以歸結到我所講的「現代化」之中。

　　我所要講的傳統資源包括文化資源，一方面它可以成為科技發展或者經濟發展的工具，即我們不能忽視在現代化文化中，傳統文化可以轉化成為一種工具，作為發展的一種「燃料」和「資源」。這是一

種工具性的觀點。實際上，不能把中國文化僅當作一種客觀的寶物和神秘的對象，把它擺在博物館裡面來欣賞。文化的發展，需要首先了解文化本身的工具性。而我們往往很少去面對這個問題，對把文化當作一種工具避而不談。我認為，文化在現代化中的意義就在於它對現代化具有工具理性的一面，即它可以成為現代化的一種工具，而不是非得要成為現代化的一個對立物。但是，說它是工具，並不否認它可以成為目標。這裡面有一個最基本的觀點就是：先成為工具，再成為目標。在這個角度轉換的辯證觀點中，傳統文化本身作為一種資源，其價值之一在於能在現代化中產生一種力量。首先，這個傳統文化成為一種工具理性，它能夠幫助現代化實現更順利和更有效的發展。

那麼，在現代化中的「第二步的發展」是指什麼呢？就是把工具理性轉化成為目的價值。傳統的價值觀和思維成為一種建設現代化社會的工具化的資源，這種資源本身具有一種內在的價值力量。也就是說，工具理性在傳統文化方面完全可以變為一種目的價值。你會覺得，當把一切都變成工具的時候，人也變成了工具。但是，人並不僅僅只是工具，所以，在工具化的發展過程當中，逐漸會突顯出文化內涵的一種價值性，那就是將傳統文化提升到目的價值的高度。也就是說，人究竟需要什麼東西，人需要什麼樣的生活，需要哪種思維、哪種目標。所以，我認為，這個發展是現代化的一種轉化。這個轉化突顯了現代性的一個內在轉化。

接下來，我們再來講一講究竟什麼是「現代性」。剛才我已經闡明了傳統的文化資源可以成為現代化的工具。這也意味著傳統資源達到了一個新的發展層次，而這個新的發展層次是為了重新建立人的目標，直至最後把經濟、把所謂現代化的活動看成是工具，也就是工具

理性。也就是原來是作為經濟目標，最後反而變成了工具。這種發展是因為人有了發展。當人的經濟和物質條件發展得更好的時候，人就須要進一步地掌握他自己，這是人性中一種更深刻的需要。此時，人們的工具理性就變成目標，變成一種價值。經濟行為不能決定人的一切行為。人，完全可以有所為，有所不為。也就是說，人可以超越他的工具理性，使工具理性成為一種目標，成為一種目的，所以在這個意義上講，不管是傳統中的周易、道家，還是儒家，都會逐漸發展成為文化的新目標，發展成為文化的新價值，成為現代人生活中的一種價值。那麼，它就不只是一個工具而已。

這樣的一種轉化，不僅是人的自我提升，而且是人的現代化的一種發展。那麼為什麼會有這樣一種發展呢？這就是現代性中所包含的現代化的內在矛盾。究竟什麼是現代性？現代性就是要通過現代化來實現，可以從一個歷史的過程來探討。首先把文化看成一個發展的歷史階段。這個文化應當從一個宏觀的人的文化來看待，哪一個階段的文化越發展，我們就越要解釋它。至於有些文化可能沒有某些階段，但是已經發生的階段仍然代表一種形態，代表一種啟示，而引起同類型的發展。所以，我在這裡舉的例子就是：為什麼首先在西方產生了現代化？

基本上我們現在都把現代性當作一種理念來看，把現代化當作一種實踐的過程來看，也就是說，現代化是對現代性的一種實踐過程，現代性是支持或者影響、推動、帶動現代化發展的一種內在價值、一種動力。既然它們之間有這麼一種關係，我們就應當了解現代性的發生以及如何走向現代化的過程。

這其中很有意思的是，每個階段都有自己特定的名字。首先，在

現代性之前，都把現代性當作一種客觀理性，當作一種理性思維方式，當作一種科學，那麼現代性究竟是怎麼來的，我們得首先弄清它的前身問題。為此，我們就須要簡單地說一下什麼是「古典性」。

在古典性之前，有什麼東西？那我們說就是「前古典性」。現在很清楚地看到：在這樣一個過程中，現代性是怎麼從前面幾個階段發展到最後一個階段，再接下來現代性又會如何發展，後面的發展又會是一種階段，難道還只可能是一種文化的現象？現在大家比較喜歡談的是「後現代性」，現在有很多人把它當作一種文化現象，把它當作一種主張。

大家看，從前到後，一組一組：前古典性—古典性—現代性—後現代性—後後現代性，這麼一個「後後現代性」之前是不是又有一個「前後後現代性」？這幾組的發展在西方表現為一個歷史進程，至於提出現代性理論，我們認為是在十七世紀末期，而在十八世紀末期開始系統化，到了十九世紀則發展成為現代化的力量。由此可見，現代性是推動現代化發展的一種力量。

但是，在實踐過程中，現代性卻面臨著挑戰。有人提出，現代性的概念必然被超越。所以這也引發了對現代性的研究。這些問題也彙出了一個所謂的「前後現代性」的問題。那麼，什麼是「前後現代性」，它又是怎麼出現的，究竟有什麼特色？我們又該怎麼去了解這個「後現代性」的呢？「後現代性」後面還可能會有什麼東西呢？

由於我們對於人們面臨的文化發展有一個比較屬於時間類型的進程的概念。這樣一個概念架構在西方是很明顯的，但在中國則是另一種形態。也就是說，這裡有兩個形態，一個是A，一個是B。A是西方，我們先把A這個方式說清楚，然後才能夠比較了解中國的文化形

態，進而從根本上掌握中國文化的意義。也就是說，中國文化的命運到底包含了什麼樣的內涵？它指向一個什麼樣的未來？或者說是代表一種什麼樣的必然含義和內在意義？

　　首先，我們可以相信的是，至少在這樣一個階段，現代性完全可以說明古典性。古典性最好的證明就是軸心時代人類理性的一種自覺。軸心時代只是一個概念，但是不是就是在這個時代中奠定了古典性？我們可以說，假設它是古典性的一種具體形式的說明，因為古典性本身包含了許多經驗。

　　其次，古典性的這些經驗所包含的內涵是對人的一種界定，對理性的一種界定。比如說，在西方的「軸心時代」，是蘇格拉底、柏拉圖和亞里斯多德來說明什麼是「人」。在這之前，人們不了解在什麼程度上「人」之所以為「人」，就像現在大家根本不能馬上回答出來究竟什麼是「人」一樣。當然我想每個人還是知道自己是誰的。但是，當大家要想說明自己是誰的時候，說明一般人是個什麼樣子的時候，還是需要一定思考的。所以，我們應當自覺地去了解人究竟是什麼，人應當是什麼，人應該追求什麼樣的理想，什麼才是人應該達到的一個最好的狀態。這就是對人的一種界定，就是對人的界定的一種認識。在這個過程當中，不只是「對人的界定」這樣一個概念還與人的理性有很大的關係，所謂「理性」就是一種更普遍性的界定，更清楚的界定，所以我們人類對「人」的第一次界定便是「古典性」。

　　中國的歷史也是一樣。中國的諸子百家，比如儒家和道家，可以說也是在界定人的一種內涵，什麼是人應該做的，什麼是人的內涵，什麼是人的最高的境界。這可以說是古代人們第一次對「人」的界定。我們把它叫做人的「第一次歷史制度化」。

相對於古典性而言，現代性則是對「人」的第二次界定。相應地，我們把它稱之為人的「第二次歷史制度化」。在人的第一次歷史制度化中，雖然各種文化是不相聯繫的，而且是不連貫的，但是這並不妨礙各個歷史之間的彼此存在。大家彼此之間都不了解，但是很奇怪的是，為什麼在那樣一個時代，印度、中國、古希臘等地的文化也可以成為對人的認識的一種標誌。這也說明了，儘管人與人之間能夠相互溝通，彼此時間也相近，但是也可以彼此並不相通。

　　但是到了現代性的二次界定人的時候，那種界定人的強烈需求性就是要用在所有人的身上，這是一種普遍的要求，所以說，現代性是人的理性的一種更高程度的認識，也就是說，人掌握了人的理性存在，以及理性存在的最高方式，而且把理性看作是一種更高的價值、更高的境界。

　　那麼，理性所代表的價值是什麼？是知識，是知識性的真理，就是能夠把這一真理開闊化、系統化地表達出來。不但能夠表達出來，而且能在行為方面產生自覺的作用。所以，當現代性在說明人是什麼的時候，這一點也就表現得更為強烈。因為，人首先要承認他自己的存在，並且要證明他自己存在。那麼他首先要問自己為什麼會存在。如果要提出這樣的問題，就一定要有一種非常大的需要性。假如他認為我懷疑我自己的思想，那麼我存在。但是究竟什麼是思想？他實際上以一種思想的方式、一種懷疑的方式來證明在思想懷疑當中去掌握外界的知識，在知識當中再去掌握人的發展、人的力量。這樣就把人提升到了一種知識的、一種理性的存在。

　　在這樣一個二元論的精神與物質的世界當中，最重要的還是一種精神，是謂「心」。人最後就是應該去沉思，永久地去沉思。所以這

個「心」就是「知識心」，就是在求知中去滿足自己的需求。這與物質世界是不一樣的，但是它卻掌握物質世界，並且制約物質世界。所以，一方面，二元論是認為心無「公理」，但是在另一方面，這個理性的心完全可以通過知識來控制物質世界。那麼這樣就造成了西方的知識傳統，它強調個性的發展，它以追求人的一種普遍理性來說明人的存在。所以在十七、十八世紀，很多科學家都相信：人類完全可以逐漸發現並掌握知識，進而運用這些知識去解決所有的問題。這就是所謂的理性的文化底蘊，理性的一種價值。

所以，「現代性」有一個最大的特點就是掌握人的理性，以理性來控制和管理這個物質世界，使人類逐漸成為知識的對象，成為科學研究的對象，成為科學技術控制的對象。所以，現在有不少人開始擔心科學技術的發展所帶來的影響。因為它處處顯示了人可以把人的心靈的思維顯示成為一種知識，顯示成為一種客觀的、可以控制的、可以操作的對象，包括思維的虛擬世界，而且把生命也可以變成一個客體，如運用克隆技術，人類不但可以逐漸地複製生命，而且可能創造生命。這樣也就可以認為，人完全可以為電腦所代替，人可以與機器聯合在一起，所謂「人機合一」，人最後可以附著在機器上，進而得到更好的延伸，人也可以變成另外一種媒體，變成一個多媒體的系統。

所以，按照上述推論，人不過是一臺更為複雜的機器而已，人可以被逐漸地機器化。以前認為除了人之外，其餘的動物都是機器，現在有種系統理論學說，認為人只不過是一種複雜的系統而已，之所以說是複雜，是因為這種系統是可以操作的，可以控制的系統，是由一個知識體系構成的系統。這個系統是可以被普遍延伸的。因為人本身

就需要被普遍地發展，在第一次對人的界定的時候有這種要求，第二次界定的時候同樣也有這樣的要求。

那麼，也許你要問，孔子是不是也講理性呢？我認為孔子還是講理性的。但是他不相信一個共同理性，而是相信社會實踐，相信共同的生活實踐，要求人在合理的知識當中去生活。當然他並不是說人人都要去研究科學，而是要求人人去學做人。他並不說要去了解人到底是什麼，然後我要去控制這個人，這是與西方不同的。

到了明清時代，實際上，當時的中國有很多與西方溝通的機會，而且中國人也可以更具理性，但是由於中國走到了歷史上最受壓迫、最黑暗的時代，而且自明代起就有一種很大的抑鬱，帶來很大的崩潰，所以，最終中國喪失了發展和完善自身理性的一次大好時機。這也是與西方的理性不同的。

前現代性的概念很重要，因為它界定了現代性。為什麼說現代性是西方的現代性？就是因為西方有它的前現代性，有一個中世紀。正是在前現代性的控制下，人與人之間都是平等的，沒有差別的。所以從這個意義上講，現代性中的基督教、神學是影響現代性的一部分。它追求普遍性和控制性。基督教神學上的自信，比如十字軍的東征，它不但是一種控制性，而且是一種強制性。為了追求物質上的一種財富，它要強制去發展。哥倫布為什麼會發現新大陸？為什麼他們會有那麼強的冒險精神？他們不就是為了財富嗎？一方面，他們從商品的約束中解放出來，另一方面又使自己變成了商品。所以，西方人逐步走向了商品的現實化，並且把商品的特性一致看成是人的特性，成為現代人的特性，因此現代人很自覺地要去控制，要去製造，要無所不能，無所不在。你說現代人不是包含了這種氣勢嗎？實際上，正是現

代化使人們擁有了這種氣勢！為什麼？因為現代化所要求建立的一種理性正是一種現代性。

　　再說一個例子，就是康德，他有一段話，說我們所追求的一種道德理性，實際上是一種普遍化的道德原則，或者說可以普遍化的必然原則。假如你要判斷一個道德原則是不是道德的，你得先問它可不可以普遍化，如果它可以普遍化，而且可以被必然地普遍化，那麼，它就是道德的。正是在這個意義上講，我不說謊，因為我不希望別人說謊。我說我不偷東西，因為我不希望別人偷東西。理性就是這樣制約人的行為的，因為有個前現代性。孔子說的並不像康德說的那樣，一定要普遍化，而是說要通過一種自然的情感的交流來實現。「己所不欲，勿施於人」。首先要問我自己喜不喜歡。如果我不喜歡，那麼我也不要求別人喜歡。這在任何時候還是一個個人的問題。我想我們在交往的時候，作為一種朋友關係，這是一種價值，能夠設身處地為他人著想。正如孟子所講：「我心有戚戚焉。」也就是說，我也能感受你的感受。那麼，孟子在批評梁惠王時說，你殺牛來祭神的話，牛可能會害怕，還是換只羊吧。但是你知不知道，羊可能也會害怕。也就是說，他認為這是一種自然而然的要求。

　　因此，中國的道德是一種古典的道德，西方的道德則是現代化的道德。現代化的道德是一種內在的規則，一種具有普遍規則的道德。當然，現在是不是可以把傳統的道德轉變成現代化的道德？我認為，在某種意義上講，是完全可以完成這種轉化的。在現代化的理性當中，你心中感覺什麼並不重要，重要的是你應不應該感受它。所以，康德特別強調的一句話就是情感不是道德，任何具有情感道德的動機，或者說任何具有情感因素的動機都不是道德，或者說任何具有動

機性的行為都不是道德，道德是絕對理性的必然因素。所以，最好首先說明道義上的現代性是什麼。知識上的現代性使一切對象成為知識的對象。比方說，你是我看到的一種對象，你便是我的對象，我的知識的一種對象，我就要去研究。

這裡有一很有意思的例子，就是中國人看到什麼東西都想要去吃，而西方人看到什麼都想去研究，西方人看到中國人竟然會吃湯圓，他就想不通湯圓外面並沒有縫，那裡面的餡是怎麼放進去的？在我們看來，湯圓裡放餡是很簡單的事情。但是西方人不明白，他就要去研究，所以，這也可以說是很有趣的問題。

我舉這個例子，是想說明現代性在知識上的要求是可以操作的，是可以控制的，是知識化的，是對任何對象，或者說是對任何一種存在對象本身一種知識上的要求，在道德上則是追求一種理性的、普遍化的道德規律。

這是從傳統意義上講的。傳統也就是指傳統文化，指古典的傳統文化，對於中國來說，中國的文化也就是其自身的文化方式，但是我覺得，至少這個傳統不管是古典的傳統，還是具有現代性的傳統，至少我們都可以提出這樣一個說法：就是當一個傳統變得更好的時候，我們甚至不知道它還在起作用。在那個時候，傳統實際上已經變成普遍的東西。而有些傳統，它實際上還在我們身上發揮作用，就是我們有很多明清以來的文化特徵。比如說儒家歷史，實際上就是還在起作用的歷史。當然還有一些歷史，它們並沒有起到什麼作用。

當然，古典的東西是可以體會到的。但是古典的東西往往還是需要通過文本來了解的，因為你不知道它是怎麼一回事。可能你並不知道中國的傳統文化，中國儒家思想的純粹理論。但是你知道在傳統文

化中孝的概念，你知道孝是什麼東西，知道自己的行為是否符合古典傳統中孝的要求。因此，大家都是對孝在現代化層次關係中是有個大致了解的。

我們中國現代所稱的「現代性」，從古典性中的傳統到現在的現代性，實際上是由外國的衝擊所造成的一種現象，它不是一種自覺的認識。也就是說，西方在十七世紀，再到十八世紀，也許可以延伸到十九世紀初期，它可以自覺地延伸到一種對理想的追求。而我們對現代性的了解，是從五四以來，並且往往是一種外來的價值。這是一個重大的問題。它從傳統中國到現代中國，所受到的衝擊就很人。這種衝擊由一種外在力量的壓迫所使然，進而變成一種內在的需求，可以說是逐步的覺醒。但是，僅僅局限於一種覺醒，並不會產生一種強烈的本位意識。因此，到現在為止，中國還在進行一種所謂的中西文化之爭。

現在，我再主要談談前現代性和後現代性、後後現代性。現代性為什麼會發生問題？剛才我講的一種情況，就是西方過分地強調了人的存在，而科學技術界定了人的存在，這是知識系統中的一個複雜問題。就是說，人就是可以在手術臺上被解剖的這麼一種形象，人可以被創造，人可以創造他自己。那麼在生化科學中，人可以成為一種物質對象，在這種情況下，人會產生反抗。這是第一個反抗。

你也許可能會問：不對呀，好像我自己只是我自己，難道我只是科學技術的對象嗎？所以正是這種需要、這種感受造成了一種反抗。再第二個，是一種規範，是一種道德的規範，讓人有一種失掉自我的感覺。也就是說我的過去是在什麼地方，我的存在是在什麼地方。當然說，追求個人主義本身就有很多麻煩，這種麻煩體現在現代性中就

是：現代性可能只是某一種個人主義。也有人說，可以把它界定為後現代主義。但是我不願意在一種強烈的理性規範中去尋求生路。所以我要打破這個問題，打破宗教，打破道德的規制。

所以，到了十九世紀，尼采、海德格爾等人都可以說是對現代性的反抗，是對現代性在道德上的反抗，在知識上的反抗。他們要追求對人的另一種界定，尋求對人的第三次界定，就是如何再一次說明人究竟是什麼。在這種要求當中，尼采甚至宣告上帝死掉了。他這種理論的意義是很多的，就是他不願意受到這種控制，我要回到我自己，我要找到我的主體性，我不要被客觀的知識所限制。

從尼采到海德格爾，也是一個明顯的說明。他們都反對對象化，反對本質化，反對把人看成是一個物質的過程，他要人自我自覺，自我懷疑，要求人在自我的懷疑中去把握人的存在。這個存在並沒有什麼本質上的規定，所以他並不想說人是理性的存在。他只是想說人就是這樣一種在那的存在。人就是「Be there」，而不是「Be here」，那麼，那裡與這裡有什麼差別？「There」和「Here」都是一種指示代名詞。顯然，他是想通過一種自覺的說明，那裡的存在就是這裡的存在。所以，莊子有彼此相映的說法。有彼就是有此，這裡也就是那裡。所以，這樣一來，彼與此是相互聯繫在一起的。所以，他又回到在現代化中有一個自我的評價。那麼，在自我存在當中去建立自己，在現實當中，發現人原來有許多問題，內心就會產生許多恐懼。在這種情況當中，就是要把這些規範、知識都打掉，去掌握自己的規則生活實踐史。所以，這就是我所認為的後現代性——即追求個體的生命，去掌握個體的現實性，而且打破一種普遍知識系統，打破傳統的道德規範，也就是所謂的「解構」。

那麼，由於現代性包含了各種問題，所以，堆積了對立於現代性的許多反抗。所以，有人就把前後現代性的關係稱為一個是建設性的，一個是破壞性的。我們也不能夠忽視了後現代性，後現代性在解構中也能夠實現「打倒」，「打倒」了之後怎麼辦？各自為政吧，但那也是破壞性的，因此「打倒」了之後也要強調個人的生命，強調個人所作的追求，強調重新建構。

　　那麼，我們現在為什麼提出前後現代性呢？因為要想成為一個建構性的，它就必須回到古典性的問題上。所以，現在為什麼在這一方面來講，後現代性的體現往往回到希臘，回到蘇格拉底時代。但是中國人的古典性中沒有這樣的要求，使人能夠隨心所欲地生活，能夠和自然非常協和地去生活，不再追求那麼多的物質文明。

　　這樣的一個構想，當然可以說是非常美好的。正像老子所說的，「無為無不為」，孔子所謂「己所不欲，勿施於人」，至於什麼是一個人該做的，我不管，至少我做好我該做的，不就可以減少一些矛盾嗎？所以，包括古典性。在前後現代性背景之下，產生了後現代性。

　　因此，中國文化在人類現代性中，擔任了一個批判現代性的角色。因為它是一個非常豐富的古典人類自覺的過程。這是第一次，再後就是再一次的認識，就是後現代性。所以這些都是融合中西歷史的經驗來建立一個人和人性的思想，叫做後現代性、後後現代性，這是一種雙方對話，中西溝通中的一種彼此詮釋，彼此理解的文化形態，我們都是處在這樣的歷史階段。後現代性是基於對古典現代性的批評，引進了這樣一種文化的典型。然後進行後現代性的新的建構。這個建構，使我們更面臨著西方文化和中國文化在彼此發展階段上的對立與不同。而正是由於這種不同產生一種了解的需要，一種彼此溝通

的認識，也產生了一種科技文明需要精神文明的認識，也產生了精神文明成為一種工具價值而不是目的價值的認識，進而在這種認識之下來掌握一種新的文明的自覺，掌握人的新的自我界定、自我反省，以及人的、或者人性的定義。

這第三次界定的最大特點就是，文化貫穿古今，不要以為過去的就已經過去了，過去的並沒有過去。過去仍然可以構成現代，現代永遠可以用過去作為資源。所以過去一方面是現代發展的資源，也是對現代性批評的一個源泉，這是一個溝通，而這個溝通不但是跨時代而且是跨空間的，因為透過現代性，我們再找到空間上的一致性。在現代性裡面，人們對現代性提出另外一種後果，就是全球化。全球化就是不僅是經濟上的定義，還是政治上的定義，像如今的美國推行霸權主義，它想統治世界，這也是一種全球化。因此，西方人早就有現代性的這種理想，他們追求利益的復活，這最主要的是要符合美國人的利益。它以直接的控制來對現代進行說明。傳統是很有意思的，中國有句古話，就是「以禮殺人」，在美國，則是可以「用科技殺人」。因為現代性可以帶來權威，帶來力量，帶來控制，因此，可以把現代性作為權威的控制的一種象徵，一種價值。那麼，從實際上講，在這種情況下，全球化就是一種在政治上和經濟上的全球化。那麼，文化全球化也就是意味著所有的文化都將走向一體化。

是不是可以把古典作為一種資源？這也就是所說的古典資源論。古典可以作為一種泛指、一種泛神論。從這樣意義上說的話，中國文化它的作用是什麼？它是人類文化重建的一個模型，這就是中國文化的意義所在。它在整個中國現代化的過程當中，體現了中國文化的重要性。

當然，我們還應當再回過頭來說明一下中國文化所謂的「歷史的命運」。採用「命運」這個詞，可以進行一種比較深刻的認識。這也可以看出來中國文化作為現代人了解自我的一個參考。現代人怎麼去了解他自己，現代人作為人，有沒有本性？現代人的價值來自何處？現代人只是一個生產者，或者說是生產系統中的一個產品。現代人應該有他自我的一個內涵。我不認為人已經具有一個絕對不變的本性，這是第一點。第二點，我也不認為人完全沒有理性，意思是：人是長久進化的一個產物。至少從歷史上來看，人是逐漸發展而來的，經歷了一個漫長的發展過程。我們甚至還不能完全了解這樣一個過程。當然，這允許一個不變的，允許一個自我超越進化的思想，也就是說，人在逐漸發展過程當中，他經過周遭環境的選擇，同時也再選擇周遭環境。他是一個能夠自我控制、自我實現的生命體。人在適應環境的同時，也在超越環境。其他生物只能適應環境，而不能超越環境，所以，除了人之外，其他生物的發展都證明了它們自身只是環境的適應體。但是，究竟在哪一種情況下，這種生物可以變成另外一種生物，到目前為止，人們還是都不知道。這些都還很難說。

　　但是，至少從哲學角度上來講，人之所以成為人，在他的發展過程當中，他既適應了環境，又超越了環境，所以他不甘於作為一匹馬，也不會再變成馬。但是，若是在傳統化的情況下，他又有可能變成另外一種生物，這也就是我早先要說明哲學重要性的原因。我不知道在座的同學們中有哪些是學哲學的，但是我要說，哲學可以把你教成一種「不是專門的專門」。什麼叫「不是專門的專門」，它的意思就是要你不要過分的專門。現在有個專門的哲學觀，認為過分的專門之後，並不一定會導致預期的很好的效果。因為一個科學家，可以成

為一個科學家，他最好不要因為作為一個科學家而失掉人性。愛因斯坦就是一個很好的典型，他喜歡拉小提琴，喜歡關心社會，喜歡談科學的社會哲學，他不要因為作為一個科學家而失掉了寶貴的人性，變成一個機械性的科學家。那麼，人類在變成一個專門化的物體之後，他就會被他的知識系統所籠罩，產生一種人機結合的現象。

因此，我認為，人最後之所以能夠實現他自己，是適應環境並且同時超越環境的結果，不走向一個固定的專門，而是能夠超越專門，永遠去追求一個一般性的人性的實現。我提出來這一點是希望不要把人性完全看作是一個空白。從生物學上講，它一定有一個基因的方向，我們也不是要宣揚「基因決定論」。基因本身是存在的，它的存在也說明了人的存在具有一種未來的潛力。人都是半開闊的，他不是完整的、全封閉的，他也不是一張白紙，一個平面，他具有一個開放的立體性。正是因為這種立體性是開放的，所以它不但能成為一種現代性的東西，它還能成為一個更高層次的生物。更高層次在這裡說的是，能夠更深入地掌握現實中的問題，而不是說滿足現實生活就完了，而是要真正地掌握自我的一種更好的實現——這就是我所說的關於人的、人性的、人類的自我界定。

所以，人一方面會對過去做出界定，另一方面，他對過去自己的自覺也建立一種界定，對他自己未來的期望也建立了一種界定。所以這裡至少有三種界定。因此，從這樣的意義上講，人創造了他自己，那個能力，那個現象，我們叫做後後現代性。但是在這裡，從中國的文化底蘊來講，因為中國的文化從根本上來說，採取的是人的一種開放的發展。在這裡我必須回到《周易》，《周易》裡有一個很奇怪的現象，有人把《周易》看成是命運論，另一方面又把它看成是生生不

已，生命是不斷的，自強不息，自己在不斷地發展，那麼這也說明了一種自我超越的能力，這在中國具有強大的力量。所以在我們重新整頓過去的資源，在面對現在的問題的時候，中國的哲學，或者說是中國哲學自己本身就具有一種超越現代性，而又重新改造現代性的意義——這就是中國哲學論的一個基本意義。

因為我們所說的命，就好像人性一樣，一方面它具有自己的層次，歷史為它提供了存在的資源，另一方面它又是能夠面對未來，進行復興的一個自我創造——這才叫做命。這個命與性是不可分的，因此也才會有「天命之謂性」的說法。從心理學的方面來講，性格決定命運。文化的性格決定了文化的命運。因此中國文化也當然具有它自己的性格。究竟該怎麼去掌握它的特性，掌握它的性格呢？這是需要大家仔細去探討的。

我今天的演講就到這裡，謝謝大家！

二〇〇二年在華中科技大學的演講
胡維平根據錄音整理

儒家與全球化中的人權對話

陳　來　北京大學哲學系教授

　　自一九八九年以後我只在北大作過一次講座，已經不太習慣作公眾演講，加之我自己做的研究也越來越專，所以就把這些年來我做的研究中稍微有些公眾性的心得跟大家談談！

　　之所以說這個題目有些公眾性，是因為聯合國將去年（二〇〇一年）定為「文明對話年」。文明之間是需要對話的，文明能夠進行對話的背景是文明之間的衝突。近十年來在西方世界有一種說法，即現代世界主要的衝突來源是文明之間的衝突。冷戰時是社會主義陣營和資本主義陣營之間的衝突，冷戰以後則認為世界衝突會發生在不同文明的交界線上！這個理論的假設是：文明之間有很大的衝突，能夠造成戰爭等一系列的情況。「9‧11」事件以來所發生的事情，部分地證實了西方學者的這個假設。

　　文明對話是針對文明衝突所提出來的，哈佛大學的撒母耳‧亨廷頓教授提出「文明衝突論」以後，大家都在考慮文明之間是否有衝突，而且是否可以通過對話來解決這些衝突。那麼文明的主體是什麼呢？比方說我今天跟大家對話，我們都是很現實的個體，是對話的主體。但文明之間怎麼對話，誰能夠代表文明進行對話？這還不是很清楚！一般指的是文明覆蓋下的國家，比方說中華人民共和國是一個民主國家，日本是一個民主國家，通過這些國家來實現文明之間的對

話。世界各國的知識分子都在考慮這個問題。因此，聯合國將二○○一年定為「文明對話年」，這是比較有道理有遠見的。

　　就在這一年，「9‧11」事件就出現了，而且一年來衝突不斷。亨廷頓認為：西方文明的衝突對象可能有兩個：一個是伊斯蘭文明，一個是儒教文明（西方比較喜歡稱呼「儒家」為「儒教」）。我今天就只談後者，在世界文明的衝突與對話的大背景下考慮西方文明與儒家文明的衝突問題，這個問題對大家來講可能沒有什麼實際的意義，但是可能會引發大家進一步去思考。如果能夠這樣，我今天的目的也就達到了！

　　我講一個小故事：我國自一九八九年以來受到來自西方很大的壓力，一九八九年九月，美國哥倫比亞大學有位教授訪問北京，他是來參加紀念孔子的一個會議的。江澤民總書記接見了他，他向江澤民總書記提出可不可以由兩國的知識分子，而不是外交部，來談談人權問題，來討論人權與中國傳統思想的關係問題。江澤民總書記說可以談。大家都知道，近十年來，我們政府是支援與西方文明進行對話的。但大家所了解的人權對話，都是在外交這一政治層面上進行的，如何上升到哲學層面，特別是從文明對話與衝突的角度，從純學術層面而不是政治層面來進行討論？對這位美國教授的建議，曾開過兩次會：第一次是一九九五年在美國夏威夷大學開的，不過會議開得不太成功。原因是在會議之前中國的學者突然接到外交部不許參加會議的通知，因為當時美國政府做出了不利於兩岸和平的舉動。那位哥倫比亞大學教授卻很有韌性，繼續組織召開第二次會議討論這個問題，會議是在北京開的。

　　大家知道西方人非常重視人權觀念，這位教授認為人權是一個非

常普遍的問題，怎樣才能不受阻礙地將其傳播到世界各地去。如果受到阻礙，他就想這個阻礙是來自哪裡？比如說東方人不喜歡講人權，是不是到其他文明的國家和地區東方人也是反對人權的。如果這樣，他就認為對人權的拒絕可能不是政府的事，而是整個民族的事了，是不是與整個民族幾千年來的文化傳統有關，這是這個問題的一個思路，但是他並不肯定這一點。

在這個思路下，有兩個值得討論的假設：一是這個民族文化傳統有兩三千年了，裡面就應該有尊重人權的要素，那麼就比較容易接受現在所講的人權觀念，這算是一個比較合理的假設；另一假設就是你的文化傳統裡沒有剛才提到的那種人權觀念，大概就不那樣容易接受了——這又是一個思路。

現在給大家講的就是這個教授提出的一個問題，即在文明對話下怎樣考慮中國傳統思想與人權觀念的問題。這就是我今天所講演的題目，這個題目具有一定的公眾性。

近代從歐洲發展起來的現代化過程是基於歐洲現代性的一個方案，這個方案經過幾個世紀的擴充，可以說已經成為全球性的範本。不過最近幾十年的歷史發展表明，也是最近幾年亨廷頓自己所承認的，儘管大家都在以歐洲為範本進行發展，但是這個世界正變得更加現代化而更少西方化。其中的基本原因是，雖然各個非西方國家都把現代化作為各自發展的目標，但是在實際發展的過程中，非西方國家並不照搬西方國家的現代化方案，也不照搬他們的觀念和制度，而是在實踐中不斷地與他們的社會文化相調和，從而形成與西方現代性不同的現代化的文化方案和政治方案。也就是說在這個過程中，出現了各種不同的意識形態模式和制度。這些不同，不僅僅與西方不同，而

且他們相互之間也不同。這種發展，社會學家艾森斯塔特把它叫做「多元現代性的形成」，現代性其實並不僅僅只有西方一種模式，而是多元的現代性。用哲學的話語講，現代化是不是帶有普遍性？同樣是不是包含特殊性？所以說全球性和本土性，普遍性與特殊性，是一種辯證的關係。因此，對於我們這樣一個非西方的社會來說，我們不是簡單地模仿西方的現代性，也不是要根本否定西方現代性中帶有普遍性的東西，而是在現代化過程中如何聯繫自己的文化和社會實踐。我們今天討論的，就是重新解釋和理解在西方發展起來的有關概念和制度，重新構建適合我們自己需要的概念和制度，比方說人權，我們必須重新構建自己的人權概念與制度，思考這些概念和制度與我們自己傳統的概念和制度的相互關係。

人權概念是體現多元現代性的一個典型例子。一方面，我們說人權概念對於現代化社會具有普遍意義。另一方面，究竟怎樣去理解人權概念？究竟應該怎樣看待它在一個國家的社會實踐和政治實踐中的地位？在不同文化背景下，人們的選擇是不一樣的。那麼西方式人權理論觀點與一個國家的實際要求之間有沒有一種文化距離？西方式的人權觀念有沒有超出它實際具體要求的一些特殊的哲學假設？這些都是我們現在所要研究的問題。

儒家傳統裡面究竟有沒有與西方人權思想相類似的東西？如果有的話，它的重點是什麼？它跟西方人權觀念的區別是什麼？它跟我們現代的人權觀念的協調性怎樣？最終我們還要看儒家會不會與西方人權觀念有一些認同，但又不同於西方的人權觀念？今天我就分幾點來講。

第一點，所謂人權的概念，它是從西方文化中發展而來的。人權

觀念本質上是一種注重權利取向的文化體現。假如一個社會的文化不是權利取向的，而是比較注重跟權利相對立的義務、責任的話，在這種社會裡，當然是很難找到人權這樣的概念或者類似概念的。而儒家文化就是一種以責任與義務為取向的文化，所以很難在其中找到人權的概念或者相類似的概念。換個角度來講，我們先不考察它有沒有這個概念，就近代人權思想所關注的具體的內涵來看，在中國古代文化，特別是在儒家文化裡面，也不是全然沒有它的對應物，也就是說它具有類似的觀念，不過，它通常是以不同的方式來表現的，而且有與西方不同的側重點與方向。了解了這些，不僅有助於我們理解中西文化在價值取向方面的差異，也可以由此來思考如何以古代儒家思想為基礎來接應、豐富西方世界的人權觀念。因此我們說，儘管在中國古代文化裡並沒有權利這個近代概念，但是我們仍然要以人權的框架來討論剛開始所提出的問題。

首先我們來談談人權這個概念。人權的概念有很多的定義，在眾多的定義裡面，有一些說法比較適合我們今天的討論。比如說美國學者韋爾曼說：人權是個人在面對國家時所享有的一種權利。另一個美國學者路易士‧亨金說：人權是每個人對他的社會與政府所提出的在道德和政治上的要求。這些說法比較適合我國的儒家思想。

另一方面，從第二次世界大戰後發布的《人權宣言》以來，人權已經經過半個多世紀的發展。我們不僅有《人權宣言》這一綱領性的文件，還有兩份重要的國際性文件：關於「公民與政治權利」的檔和「公民社會權利」的檔。因此，我們現在討論的人權問題，至少大家都知道，人權一般要包含兩個方面的內容：一是公民政治權利，一是公民經濟社會權利。實際上這兩個權利在用語上是有區別的：關於公

民政治權利習慣用「公民個人享有的權利」來表達，而在涉及經濟、社會權利時，則使用「國家公眾性行為」來表達，這是一種非個人權利的措詞。這兩個各方面是相輔相成的，因為所謂個人對國家所要求的權利，反過來說就是國家對個人所負的義務。

我們回過頭來理解人權這個概念，人權可以表達為「一個政府所應保障其人民所享有的最低權利」，這不是我個人的觀點，而是一份歷史檔裡的內容。那麼人權在本質上就變成了一個政治概念，當然在它們的後面，也有一種道德觀念作為基礎。這樣理解的話，儘管我們在中國古代儒家思想中找不到人權概念，但是我們把對人權理解的重點移向政府，即統治者對人民的關切、對人民所承擔的義務，這樣的思想在我國的儒家傳統裡面可以說俯拾皆是。因此古典儒家思想是就政府的義務，而不是以「個人權利」來表達近代人權的內涵的。

第二點，我們來回顧一下儒家文化的論說。在早期的中國政治文化裡面，關於統治者與被統治者的關係有一個理想的模式：在三千年以前，周朝的統治者與被統治者的關係模式是父母與赤子，如《尚書》所說的「天子作民父母……若保赤子」，典型地反映了這樣一種模式。因此，整個周代的政治思想核心是在保民，與此相應的，也是在《尚書》裡，與「保民」相對應的是對「虐民」的指控，這是我國政治思想發展的源頭，後來就形成了我們大家都了解的「民為邦本」的思想，意思是說「人民是國家的根本」，而且把「養民」作為統治者的最基本的責任和義務，後來逐漸地形成了中國儒家傳統思想的基調，這個基調一直影響到我們現在。那麼換成現在我們要討論的語言就是：政府或者主政者要以保障人民的富裕和安寧作為根本任務，其內涵就是「養」和「安」。「養」就是要滿足人民的基本生活需求，

「安」就是要滿足人民的和平需要。這樣的政治思想的哲學基礎就是承認人民有欲望，即所謂「天生民有欲」，而「民之所欲，天必從之」。在這樣的思想裡面我們可以看到，上天是老百姓意欲的終極支持者和至高無上的代表。由於民眾的意欲具有體現上天意志這樣一個強大的道德基礎，而且又是神學基礎、宗教基礎，所以從理論上說民意與君主比起來具有優先性。因為皇天上帝授命君主的目的是讓你作為天的代表，代行天意來「保民」的。所以在這樣的思想信念裡面，在上天面前人民和君主不是平等的，人民對君主來說更有優先性，人民對君主絕對沒有無條件服從和忍受壓迫的義務，反過來人民以皇天上帝作為終極的支持者，有權要求君主實行法政，若君主不實行法政而「虐民」的話，那麼人民對這個君主的批評和反抗都是正常的——我們中國兩三千年以前的政治思想就是這樣來表達的。

那麼到了西元前五百年有了孔子，孔子對這個看法的論述不是很多，孔子在講學中所說的「先富後教」的思想，就是說統治者的首要任務是使人民富裕起來。我們要強調的是：真正全面繼承了《尚書》思想的是儒家的另一個代表人物——孟子。正如《人權宣言》出現在慘絕人寰的「二戰」後，孟子的仁道思想也是在戰國時期，在人們對人道主義呼籲的基礎上產生的。因此孟子認為王者最主要的任務是使人民免受戰爭和饑餓之苦，孟子和好多的帝王都討論過這個問題。孟子假定帝王實行戰爭，使人民死亡，這是帝王的責任，無論你承認不承認。就像有個人拿著武器去刺人，刺死了人說責任不在我，而是在於刀劍一樣，那麼人民死於戰爭的責任，不在戰爭本身，而在於帝王。

在孟子的思想裡，特別是在他的理想社會裡，有很多這樣的表

達：君主應該使人民免於饑寒、有一個生存的保障，應給予人民特別的關懷。孟子是在農業社會，也就是我們現在稱之為「小農經濟」的社會裡進行假設的，但是他強調：你要使你的老百姓不饑不寒，在一定程度上吃好穿好，這樣你才真正滿足了「然而不王者，未之有也」的條件。一旦老百姓的生活達到這樣的水準，就說明你實現了「大治」。因此孟子認為一個統治者，其統治的合法性和現實性完全依賴於能否保障人民有最基本的物質生活條件，所以他說「全民能王而知能欲也」。「全民」是繼承了古代的思想，用「保民」來追求王者的事業，沒有人能夠阻擋你。

在孟子的政治思想裡面，他還有一些更進步的觀點，比方說，他與齊宣王有一段政治對話。他說，大王啊，假如你有一個臣子，這個臣子要到湖北去，即「楚遊」，由於他不能帶妻子和兒女，就把他們委託給一個朋友照顧，說：你幫我照顧三個月，我到湖北一趟。等他回到家發現自己的妻子和兒女在挨餓受凍。孟子問，這樣的情形你該怎麼辦？齊宣王說：棄之，這樣的朋友你該與他斷交。又假如有這樣一個官吏，他應該負責他的任務，但是他根本沒把他應該負責的任務做好，怎麼辦？齊宣王說：把他撤掉。又假如一個國家「四境不治」，就是說非常地混亂，怎麼辦？下面就是大家都知道有一句非常有名的話——「王顧左右而言其他」。齊宣王不能回答。因為照他的邏輯來講，這個王你就該把他去掉或者殺掉。齊宣王不能承認這一點。孟子指出當時齊國的情形是「四境不治」，其主要的責任在齊宣王。

這段話是說當人們把某種東西委託給某個人時，他有一個應當履行的受託義務。同樣的，一個官員，應當履行作為一名官員所應履行

的職責，而作為一名統治者，也應當履行其職責。君主在政治上的本質含義是，他是一名受託者。孟子就是用這樣的思想看待君主制度的，如果君主不能履行其受託的義務，他就應當被廢棄。

所以說孟子對《尚書》裡面「為民父」的思想做了一個發展。剛才講了三千年以前，我們古人的統治者與老百姓的理想模式就是「父母赤子」的關係，統治者對老百姓就應當像父母對剛生下的小孩那樣去愛護他，照顧他，去滿足他的各種需要。到了孟子的時候，對作為「民父」的統治者又有了其他條件，假如你作為父母，卻讓你的子女終年辛苦，還要去借錢，還要讓一家老幼四處遷徙。這樣的人就不是父母，也不配當父母。

第三點，關於政治合法性的問題。在孟子的思想裡面有兩方面論述都發展了《尚書》中的政治思想。一個是說「得天下有道」，意思是「得其民者得天下」，把「合乎民心」作為政治性與統治可能性的一個條件。另一方面，孟子明確地指出來，這個「賊仁者謂之賊，賊義者謂之殘，殘賊之人謂之一夫」，就是說假如一個君主，你如果是破壞仁義的這種人，你只是「一夫」，即獨夫。他也不是什麼君主了，如果你要殺掉他，也就沒有什麼殺君之罪名，在古代，殺君是一個非常嚴重的罪名。但是如果你殺的君主是一個殘仁害義的「獨夫」，那就不算是有罪。這樣看來孟子還進一步把道德原則作為一個統治者政治合法性的根據，如論天倫，在孟子的思想中，他肯定了違背人心、違背道德的統治者，人民不僅有反對你的權利，還有革命的權利。所以這點建議對歷代的封建統治者來說都是一個考驗，比如在孟子那個年代，他的君主就不願面對這樣一個問題，明太祖朱元璋看到孟子的這些話非常地生氣，甚至要求把孟子的塑像從孔子廟裡搬

走。當時經過許多大臣磕頭勸諫才沒有搬出來，但他還是把《孟子》中的有關章節全部刪掉，歷史上叫做「孟子截文」。所以到朱元璋時代，人們不能看到全文的《孟子》，只能看到孟子截文，孟子截文裡面沒有那些替老百姓說話的內容。朱元璋的這種例子是比較少的，大多數的統治者還是認為孟子思想是合理的，而所有的中國儒家學者都承認這一點。只有日本的學者不承認，在江滬時代，也就是我們所說的德川時代的日本統治者就反對孟子的這個原則，因為當時日本所處的時代是封建時代，日本的儒者是以忠君作為第一原則的，否定人民革命的權利，所以在日本的儒學裡，這方面的內容就和中國的傳統儒學不一樣。

現在我們從人權的角度再看看孟子的思想，我們說孟子並不直接反對言論自由和信仰自由，孟子自己也是十分重視人格尊嚴的。孟子認為：統治者對於人民承擔著很重要的任務。他們的首要的任務不是保障自由和平等，而是保障人們的基本物質生活條件，即基本的溫飽和安寧。那麼可以說在中國古代人民所要表達的人權要求，不是個人向政府所要求的權利，而是掌權者必須為人民承擔的根本任務和責任。應該指出的是：跟近代的思想相比較，中國古代人權思想中所講的個人要求的權利，其重點強調的是政府所負的義務和責任。

所以我們用現代人權思想的語言來看孟子的思想，可以說儒家所重視、強調的是人民的經濟權和生存權。剛才講了人權有不同的內容，有經濟權、政治權、文化權，等等。那麼儒家所注重的是比較符合現代要求的經濟權利，也就是說是最基本的人權。在孟子的思想裡面沒有涉及政治權、參政權、文化權，他始終把經濟權利作為優先的部分突出出來，就是「仁政」，其首要任務是保證人民有好的生活，

也就是說要保證人民有一份產業——這是政府的主要任務。

　　從上面的論述中我們知道，如果說人權採取第一種表達：人權是個人對國家所要求的一種權利。那麼，我們說儒家的傳統思想裡面沒有人權這種觀念。但是人權的訴求又可以相應地表達為政府應負的責任和義務。如果把人權的內容從「政府應當保障人民所享有的權利」這樣一個角度來看的話，我們說在古典儒家思想中確實可以找到一些類似的言論。那麼對照《世界人權宣言》來看，中國古代的儒家是重視人民的經濟社會權利的。只是從來沒有設想過參政這樣的政治權利。那麼如果說儒家曾經考慮過政治權利的話，那麼也只限於革命的權利，而且我們知道革命權屬於自然法，屬於天道、天理。所以說歸根結底，儒家所要求的政府和統治者所負的保障國家和人民的義務是其思想的重點，即強調基本生存權的滿足。

　　第四點，其實剛才我講中國古代沒有人權概念的觀點並不足為怪。因為在中世紀的西方也沒有人權的概念。我們知道在古希臘、古羅馬，奴隸、農民是沒有人權的。到了十六、十七、十八世紀，人權的思想在歐洲才開始出現。當時重點是反對教會的統治，反對封建特權，人權的思想是適應這種需要而產生的。以後在一些主要的思想家如在洛克、盧梭等人的影響下，歐洲和北美才開始有了像「人權宣言」這樣的檔。這些人權的思想和理論都與資產階級上升時期、與資本主義發展的推動是分不開的。可是這些人權思想和理論在產生之後，就不再屬於那一個特定階級，日益變成各民族，甚至各階級維護自己利益的口號。尤為明顯的是在近五十多年的歷史發展當中，人權的思想和理論不僅是抽象的、普遍的口號和旗幟，而且在理論上，已經從第一代人權發展到第三代人權了。

第一代人權只講言論自由和政治自由，第二代已經開始有了經濟的、社會的權利。在這樣發展過程中，社會主義的理想和要求在很大程度上已經成為人權體系中的一個重要內容。

但是我們說過人權是人類的一個價值理想，正因為它是一個理想，所以說它的實現註定要經歷一個非常漫長、非常困難的發展過程。或者說正是因為人類生活有背離人類觀念的內在東西，即人類社會可能永久有這樣的一種缺陷，才使人權理想變得有意義。如果人權到明天就可以實現了，這個理想的意義可能就不那麼重要了。正是因為人權的實現要經歷一個非常艱苦、非常困難的過程，所以當人們回頭看歷史會發現，歐洲作為人權思想的發源地，在法國大革命時期就提出了人權的思想，可是從法國大革命以後，歐洲人對亞、非、拉美、北美洲曾經進行過長期的殖民統治，這是違背人權的。而且在二十世紀最違反人權的法西斯主義與反猶太主義都是在歐洲出現的，不僅給歐洲帶來了巨大傷害，而且把戰火燒到了全世界，可以說，這是有史以來對人權的最大破壞，本來歐洲是人權觀的發源地，但歐洲卻出現了那麼大的問題。

美國在世界大戰後成為經濟最發達的一個民主國家，但在美國，黑人爭取其應有的權利是多麼的困難。我前些天在電視上看到，美國國務卿鮑威爾將軍做軍官的時候，也受到過種族歧視。從外部來看，美國所發動的各種戰爭，如越南戰爭對越南人所帶來的傷害，以及對整個越南國土環境所帶來的破壞，可以顯示出美國的人權狀況是如何的差，這些都說明了人權的每一次進步都是多麼艱難。

大家知道，美國是很積極鼓動人權發展的，可是在最捍衛人權的美國，直到今天也沒簽署聯合國大會所通過的一些重要的人權公約和

有關保護種族、婦女的國際人權公約，美國尚且如此，可以說人權在全世界範圍內的實現，是短期內期望不到的。當然，這也不是說，由於人權的實現不是短期內可以期望的，人們就可以對周圍發生的一些違反人權的現象採取縱容或寬容的態度。基於以上現實，如果要推動人權在全世界範圍的發展與改善，就不能僅僅持一種理想主義，而應該抱有現實主義，團體和個人要在理論上、觀念上承認人權是超越文化具體性的普遍價值觀念。首先，應當承認這一點，然後不同時代、不同民族以其具備的條件逐步實現整個人權的規劃。

第五點，讓我們回到「文明對話」的這個主題上，現在開始討論儒家文明與人權的關係。迄今為止，理論上的討論常常集中到一個問題上，就是在中國本位思想裡面有沒有人權觀念的概念或聯繫？首先從方法上看，就覺得這還是有點問題，中國思想裡面有沒有人權觀念這個傳統，很大程度上是剛才所講的，你若認為儒家文明裡面有人權觀念這個傳統，這個儒家文明就比較容易接受現代的人權觀念；假如你沒有，你的這個儒家文明就很難接受人權的現代理論。這種理論假設說起來好像是有道理的，但是任何傳統都是一個不斷豐富、不斷變化的漫長的歷史過程。因此，總有一些東西是從來沒有，但將來可以實現、可以接納的。因為傳統具有特殊性，如果傳統什麼東西都可以接納進來，這個傳統也就沒什麼特色可言了。所以，一個擁有悠久歷史的傳統，就一定有一些它自身本沒有，而且是它將來也很難接納的東西，同時又有些東西從來沒有，但到了將來又可以接納的東西。因此，「本無」並不排斥「後有」。儒家傳統的思想，就有不斷地吸取、不斷地接受其他文化優點的功能，比如說，中國所謂的「儒釋道」，「儒」就是「儒家」，「釋」就是佛教，「道」就是「道教」。「儒釋道」

三教合一，這在唐宋以後成為一種趨向，儒家思想接受了很多道家、佛家的思想成分，這並不奇怪。又比如，儒家文明起初並沒有「科學」這個詞，可是自十九世紀後期以來，我們看到中國人接受科學的觀念並沒有什麼障礙。大家也可能會說那是因為我們迫切需要，但是同樣迫切需要，在觀念上是不一樣的，假如你是一個有很強的有神論傳統的人，你的世界觀與自然科學所假設的世界觀非常衝突的話，那麼你就會拒絕接受科學。但是中國人自十九世紀以來接受科學觀念並沒有什麼阻礙。

從方法論的方面來看，人權的問題不在於我們中國傳統思想裡面有沒有現代人權的概念，而是在於儒家思想能否接受人權的觀念，並成為自身新的一部分。我們還要用「權利」的語言來表達。人權是具有權利取向的文化。以權利這一概念為基礎，這種語言的確是西方化的一種語言，中國古代並沒有人權的概念，也沒有權利的概念，在這個意義上，我們說人權這個概念確實是在西方的環境中產生的，而且適應西方的市民社會。可是正如我剛才分析過的，如果我們不拘泥於權利這個概念，而是注意人權觀念所表達的一些具體內容和要求，特別是如果我們留意二十世紀六〇年代以來所有人權的理論和國際文書，中國的傳統是能夠肯定和接受這些理論或者要求的。這樣我們才能真正地了解儒家文化和人權理論的相互關係。那麼就要求我們首先把人權的概念還原。「還原」的意思是說我們要從各種各樣的關係和權利觀念形式上還原出它所要表達的具體的主張和要求，以此來了解儒家思想能不能接納這些具體的要求。

第六點，在《世界人權宣言》的開始部分，強調人權的價值的四個原則：第一是人人享有言論自由和信仰自由；第二是使我們免於饑

餓和貧困，這當然是針對戰爭了；第三是男女平等；第四點就不說了。這四點，我們認為是包含了人權要求的不同方面，這裡面涉及了公民的政治權利、經濟權利、社會權利、法律權利，這四點在儒家的精神裡面明顯是被肯定的。因此，我們可以認為，現有的人權文獻與儒家思想並不是格格不入的。

但是，在儒家傳統裡面，關於男女平等的資料很少，在儒家傳統的文化中雖然很重視夫妻關係，夫婦是陰陽合道，但它卻是肯定男尊女卑的。但是我們可以看到，在過去的幾十年裡，中國已經成為世界上，在男女平等、婦女解放方面最先進的國家之一。

回過來，我們來看看法國《人權宣言》。在法國《人權宣言》裡面，前面有三條概括了宣言的主要內容：第一條是人的權利生來平等；第二條是自由、財產、反抗壓迫、天賦人權；第三條是國民是一切主權、人權的源頭。這些有關財產權、安全權、反抗壓迫以及國民是主權的根源的思想，跟儒家傳統的民本主義所表達的形式和程度雖然不同，但在內容上有相同之處。

在《世界人權宣言》裡面，對人權保護的規定就比較具體，比方說，宣言規定了人人都享有生命權、自由遷徙權、婚姻權、財產權、受教育權、受社會保障權、工作受酬權、參加文化生活權、母親兒童受保護權、病殘寡老受保障權等權利，明顯地可以為我國傳統儒家思想所接受，也樂於接受。

在人權公約裡面，把《世界人權宣言》的理想具體化，到了二十世紀六〇年代以來的各個人權公約把這四個價值分化為不同的國際公約，一個是把「免於憂懼和貧困」發展成為《經濟、社會、文化權利國家盟約》，把言論自由與信仰自由發展成為《公民和政治權利國際

盟約》。這樣就比《世界人權宣言》裡面規定的更加周全，如果我們現在看這兩個檔的話，會發現其很多內容對傳統儒家思想來說是可以接受的，也可以說是儒家精神予以積極推動的。

第七點，我們再來看《公民和政治權利國際盟約》，其與東方的最大爭論，不在於人權的整個領域，而在於人權的某些方面。所謂的「人權的衝突」，以及所要求的「人權的對話」，最大的爭議是在有關公民的政治權利方面。

由於歷史的原因，對公民特別關注是美國立國的基礎，因為美國建國源於受到英國的宗教壓迫。那麼儒家對於自由言論、自由信仰的理念究竟是什麼態度呢？如果僅僅是就先秦看的話，法家比較注重對人民的控制，而儒家在百家中是比較接近自由派的，那麼漢代的董仲舒講到「罷黜百家，獨尊儒術」，但是這也只是說朝廷的正統指導思想只能有一個，那麼這個主張也並不是說禁止人們的其他思想。從這一點看，與我們剛才所講的宋明清以後的「三教合一」，等等，儒家並沒有反對宗教信仰自由與言論自由，當然這也是有限制的，這個限制就是以尊重君主的權威和名譽為首要。如果你違反了這一條，那也就沒有什麼自由可言了。但是，這也並不意味著儒家反對批評君主，在中國歷史上的政治實踐中，儒家並不僅僅以批評君主之惡為自己的道德義務。所以說，儒家不是反對批評君主，而是要以生命為代價去建立這種道德義務，在歷史上，類似的例子是很多的。

根據《公民和政治權利國際盟約》的規定：人有思想、宗教、信仰、言論方面的自由，而這種自由要有一些限制，那就是保障國家安全，保障公共秩序，保障衛生、風俗和尊重他人名譽、權利。如果這樣看來，它所強調的公民的自由以及對公民自由的限制，在儒家精神

立場上沒有什麼障礙。不過由於儒家本身不是宗教，儒家在傳統上雖然不反對宗教、不反對信仰自由和言論自由、不反對思想自由，但是儒家始終主張有統一的道德宣傳和道德教育，這就是中國歷史上所謂的「教化」。

因此，我們說在現代社會，儒家不會反對公民的政治權利，不會反對政治思想上的自由，可是它一定反對道德倫理上的自由和道德倫理上的相對功利，它仍然會贊成政府在道德倫理方面、非意識形態方面的教化和示範性，這個立場與西方自由主義的立場是不同的。

第八點，當我們用還原法把人權的語言概念還原以後，與儒家的思想進行交流，我們就可以發現已有的人權國際公約中的內容沒有什麼是儒家傳統所不可以接受的。因此，儒家傳統思想裡面有沒有人權思想並不是一個根本的問題。但是，也並不表明我們跟西方在處理人權問題時就應該是全部一樣的，相反是有不少差異的。差異是什麼呢？讓我們再回到原來的那個概念上，假如說按照西方所講的，人權是個人對社會所提出的要求和權利，人權的基礎觀念就是個人優先、個人自由優先，我們把它作為共同的道德觀念來接受，來要求所有的公民，否則就違反了人權中所要求的自由，那麼我們說儒家傳統思想是永遠也不可能認可這種權利優先的態度的，儒家與西方的各大宗教，比如說跟基督教、天主教等各個宗教倫理一樣，都強調社會公眾的「善」，強調有益於社會公眾的責任，強調有益的美德。

因此，從儒家的精神立場，從中國幾千年傳統思想的精神立場來看，我們可以接受《經濟、社會、文化權利國際盟約》，可以接受《公民與政治權利國際盟約》的所有內容，但是在儒家文明裡面，在處理人權的概念究竟是什麼，和應該怎麼運作的問題時，它一定是在

一個責任、義務、公眾優先的背景和框架下，來肯定與同意這些國際文書的有關內容的。

因此，當實現人權的規劃，在對待公民權利、政治權利、經濟權利、社會權利的時候，如何擺正這些權利之間的邏輯層位，誰在先，誰在後，在這一點上，儒家傳統安排就與西方不同。西方是個人權利優先，而儒家傳統是非個人權利優先。這也與中國的歷史條件有很大關係，也與中國不同文化的定位有很大關係。因為人權雖然在今天已經成為在世界範圍內普遍接受的個人價值和理念，可是人權的觀念對每一個個人來講，定位並不是一樣的。有的人把它看得非常非常高，認為是自己最高的觀點；有的人則認為人權對他很重要，但是還不是他最高的觀點。而在西方的教育裡，人權就是最高的。我剛才講了，這與美國的歷史背景有關，因為在中國沒有逃避宗教迫害的背景，中國也不像美國那樣，有一個與西方殖民者進行鬥爭、取得獨立的歷史。雖然我們也有過十四年抗戰，但是並不是殖民背景。我們沒有一個像歐洲那樣的市民階層，我們中國的歷史環境，在儒家傳統裡面，始終不是把個人對國家的要求和權利放在首位，因為儒家思想中已經規定了統治者、政府所應當保障人民的義務，重點是在經濟權利和社會權利方面。儒家思想經過幾千年的發展，特別是唐代以後的儒家思想，是一種士大夫的思想。而士大夫既是知識分子，又是履行政府職責的官員。這樣的士大夫思想始終要求把對社會要承擔的責任和美德，把對公民的責任和關切放在首位，而不是像西方那樣，把個人的權利與個人的自由放在首位。儒家的民本主義也始終要求，士大夫一定要對老百姓的「民生」有高度的關切。這樣一來，就形成了儒家憂國憂民的精神傳統。從十九世紀以來，面對外來的衝擊與壓迫，中國

知識分子的這種精神傳統更加強化。

因此，受儒家傳統思想影響的中國當代知識分子，一定是樂意認同與接受人權思想的。可是這種接受與認同，不會超越他自己所固有的憂國憂民的社會意識，不會超越他那種責任觀念優先的倫理態度，這跟中國的知識分子的傳統文化價值處於一個複雜的互動之中有很大關係。

其實，這種現象不僅中國是這樣，世界各個大的宗教的傳統下面都很可能碰到這樣的問題。因此，我們所提出的儒家思想對待人權觀念態度的這個問題，可以說是在多元文化背景之下所出現的一場討論。多元文化的體現，現在應該是推動全球化倫理和文化對話的，也應該特別受到關注。我們近十幾年不是都在講全球倫理嗎？從德國神學家開始，現在的亨廷頓又講文明衝突引導的文明對話，在這樣一個全球的文明衝突和文明對話裡面，我們一定要注意到世界的文化是一個多元的文化，多元文化應該受到應有的關注。

謝謝大家這麼耐心聽我講完。我剛才講了，這些內容，是理論與學術上的思考，不一定都和我們的實際生活有關。但是我希望能夠帶給大家一定的思考空間，進一步地提升我們的思考能力。

二〇〇二年在華中科技大學的演講
胡維平根據錄音整理

中國文化的特質及文化傳統的重建

劉夢溪　中國藝術研究院中國文化研究所研究員兼所長

　　文化，寬泛的定義是指一個民族的整體生活方式和價值系統，狹義的定義應包括知識、宗教、信仰、藝術、哲學、生活、制度等。傳統文化是指傳統社會的文化，也就是一九一一年帝制瓦解以前的社會文化。文化傳統是傳統文化背後的精神連接的鏈條，它是看不見的，它是由文化精神的規則、秩序特別是信仰構成。秩序用西方的話講就是結構。精神是文化理性的一個表現。信仰是構成傳統的必要條件，如果沒有信仰的參與，傳統就不能形成。傳統所以給人以神聖感，是由於有信仰的因素。沒有信仰的傳統，是脆弱的不堅牢的。

　　中國文化背景下的信仰有自己的特點。孔子的有名的話是「祭神如神在」，這句話包含了對信仰對象的一個假設。意思是說，在祭神的時候要在內心保持一種莊嚴和崇敬。怎樣才能保持呢？不妨假設有一個神在那裡享受你的祭品。但孔子可能沒有想到，這種假設的本身，包含著對信仰的折扣，因為真正的宗教信仰是不允許假設的。也還可以做另外一個假設，假如神不在呢？孔子沒有說。

　　中國的本土宗教道教，也有同樣的問題，它沒有單一的神，帶有泛自然的傾向。道教的信仰層面其實也不是很堅牢。佛教是外來的宗教，傳入中國後它走了兩條路：一條是往人文知識分子層面走，成為禪宗。如果仔細分析禪宗，會發現它顯現的信仰因素也不是很堅牢，

特別是禪宗的一些「話頭」，如問「如何是禪心？」，回答竟是「鎮州蘿蔔重三斤」。這是禪意，跟信仰無關。最後禪宗流於智辯。但對禪的內心調適作用也不可低估。佛教的另一流向是往民間走，形成時俗性的民間佛教。民間佛教香火很旺盛，信仰不能說不真實，但有時也難免打折扣。二十世紀七〇年代臺灣流行炒股票，有的炒家許願，如果炒贏了，將重塑金身，結果炒輸了，牌位都砸掉了。對信仰的為我所用的態度未能避免。

在中國人眼裡，還有一個至高無上的神——「天」。中國人對天有一種特殊的感情，甚至有一種皈依感，但是這種感情不是信仰，而是崇拜。中國人感到天的浩渺，無限蒼茫，不可測量，有一種不可琢磨的神秘感和畏懼感。但對天的態度有兩重性，有時候信任，有時候不信任。中國民間有兩句話：一是「蒼天有眼」，可是委屈得不到解決，也會抱怨「老天瞎了眼睛」；二是對「天」的態度，有時敬重而畏懼，有時又不無嘲弄。

中國人這種信仰的特徵，是好還是不好？不能簡單做價值判斷。正面講，它使中國沒有宗教戰爭。中國儒釋道「三教合一」，這跟中國文化對信仰的態度有關。東漢時佛教傳入沒有引起大規模的衝突，幾乎是靜悄悄地進來。儒家作為當時社會主流思想的代表者對外來的佛學思想採取了包容的態度，倒是道教的信徒對佛教有批評，例如南北朝時期寫《神滅論》的范縝。為什麼儒家包容道教甚至佛教？因為儒家不是宗教。在民間，中國文化也有很大的包容性，即使窮鄉僻壤，也不排外，對陌生文化現象採取理解的態度。中國人的文化取向，有一種多元的趨向，對文化現象能做到多元的欣賞。這個原因，由於中國文化本身是多元的。儒家、道家、佛家構成了中國文化的主

幹，它們彼此相處得很好，甚至是合一的，所謂多元一體者也。

　　不僅中國文化思想是多元的，而且中國文化的發生也是多元的。中國文化也是兩河流域的文化。黃河文化是它的一元，長江文化是它的另一元。過去講中國文化是黃河文化，是黃土地文化，是內陸文化，現在看這樣的講法未免失之偏頗。因為長江文化有黃河文化所不具備的特徵，長江自古航運便利，東面有直接的出海口，已經不完全是內陸文化，而在一定程度上帶有海洋文化的一些特點。甚至長江文化的上游、中游和下游，文化特徵也不相同。在四川人身上你會看到有青銅器的味道，楚地則是中國文化浪漫主義的源頭，在浙江人身上你會看到有玉的味道。黃河是我們的母親河，長江也是我們的母親河，中華文化的「兩河流域」的文化脈動是如此之美，我們中華兒女感到很自豪。

　　中國文化從北到南、從東到西，多元一體，是長時間形成的，不像有些國家那樣很晚才形成，所以才容易出現這個要解體、那個要解體。中國怎麼可能解體？它是命定地連在一起的華夏聖土。舉例來說，廣東廣西跟湖南湖北、跟武漢，是分不開的，湖廣一直連在一起。廣東廣西離開兩湖，就沒有後座了，有了湖北湖南的大後院，廣東意義才能夠凸顯。因此可以說，嶺南文化是湖湘文化的延伸，湖湘文化是嶺南文化的後盾。同樣，黃河流域的文化有長江文化為伴，才構成了中華文化的整體，兩者相輔相成，缺一不可，缺一便不能成其為中華文化。

　　我還要補充一點，以增加各位對中華文化特點的了解。首先從歷史演變來講，中國文化在不同歷史時期有不同的特點。我們學歷史，大家會知道「漢承秦制」。這是告訴我們，秦朝和漢朝是中國制度文

化的成熟期，秦、漢形成了完整的帝制時代的政治制度的架構。所以你要談秦、漢，會知道它是制度文化的典範。可是到了隋、唐，隋朝短，主要是到唐朝的時候，當時的文化是多元繁榮的文化。在中國歷史上，沒有一個朝代像唐朝那樣，跟四面八方的文化都建立了廣泛的聯繫，特別是跟中亞各國的文化往來密切。很多帶「胡」字的東西都是在這個時期傳到首都長安的，然後又通過長安向中華大地各處蔓延。

在唐代，胡人可以到朝廷做官，在長安的街上，到處是各種奇裝異服。所以，如果你看《東城老父傳》——一本筆記性質的書，書裡就記載有「長安少年有胡心」的話。這就像現在的青少年喜歡西方的新奇事物一樣。正是在唐代，由於跟西域的交流，形成了有名的絲路文化。更不要說唐代詩歌的繁榮，那麼多的詩人，那麼多的流派，那麼大的氣魄，真可以說是「前不見古人，後不見來者」。唐詩毫無疑問是中國詩歌的高峰。到了宋代，你會發現又一個新的高峰，就是宋代的思想高峰。宋代產生了理學，以朱熹為代表，他是理學的集大成者。宋代的濂、洛、關、閩四大家，濂是周敦頤，他是湖南人，家前面有一條溪水叫濂溪，所以他的學派稱做濂學；程顥、程頤「二程」，是河南洛陽人，稱做洛學；張載是陝西人，他的學派叫關學；而朱熹出生在福建的龍溪，所以後人稱朱學為閩學。

宋學的代表，濂、洛、關、閩四大家，把中國的思想推向了一個高峰，其標誌是他們既承繼了先秦以來的孔孟儒家思想，又吸收了佛教特別是禪宗的思想，還吸收了道家和道教的思想。所以宋代形成了中國文化史上的思想大匯流，而朱熹也例外地建立了自己的一個哲學體系。中國的學問是不追求體系的，這跟西方的學者動輒要建立自己

的體系不同。你看西方的思想家，不論是柏拉圖、亞里斯多德，還是康德、黑格爾，他們都有自己的完整的體系。中國的學問，文學思想方面，南北朝時期的劉勰的《文心雕龍》，是有完整的理論體系的，這和受佛教的義理影響有關，劉勰晚年正式出家做了僧人。劉勰是一個例外，朱熹的理學的哲學體系也是一個例外。朱子對儒家思想的貢獻，也可謂集大成，就如同孔子是集大成一樣。

那麼明代的文化有什麼特點呢？當然明代的學術思想有王陽明，有心學，儒學的新的流變。再就是明代的中晚期城市生活相當發達，城市文明達到很高的程度。高到什麼程度？高到因過於講究而出現腐敗，商業化、世俗化相當嚴重，《金瓶梅》就是在這樣的背景下產生的。明式傢俱的高度審美特徵，也可以作為一個例證。大家都知道明式傢俱現在是珍貴的收藏品了。它的線條，它的式樣，它的審美特徵，幾百年過後，仍然不感到過時，因為它已經帶有現代性的因素。由此我們可以看出，中華文化在不同的歷史時期，在各朝各代，都有不同的特徵。

但是講到這裡，我們對文化中國的輝煌的過去作了一番梳理和回顧之後，不能不承認一個事實，即晚清的時候，在西方文化大規模進入以後，中國的傳統文化的價值發生了危機。所以發生危機，一是和國勢的強弱勢有關，當時已經是清朝的咸豐、同治以後了，國勢衰弱不堪，面對西方強勢文化的到來，陣腳慌亂，手足無措，出現了劇烈的文化振盪。佛教在東漢傳入中國，那是靜悄悄地傳入的，未能動搖中國文化的主體，因為當時漢朝強大，對外來思想採取歡迎的態度。明朝天主教入華，以利瑪竇為代表的西方早期的傳教士，他們對中國文化採取的是尊重的態度，傳教的同時也把西方的科技文明帶給中

國。早期的傳教士不忘執賓禮，是有禮貌的客人。利瑪竇很尊重中國的習俗，把自己打扮成中國的一個儒者，他們是文化交流的使者，不是居高臨下的強權的代言人。

本來天主教的基本教義精神，跟儒家思想是不同的。雖然以儒家思想為主導的中國人，對上天也有一種敬畏，祭天是國家最重要的祭祀大禮。與此同時，中國人還有祭祖的風俗。但拜天和祭祖，都不能看作是宗教信仰，這和西方的天主教信仰並不相同。可是，利瑪竇這些人寧願在禮儀方面和中國文化做了一個調和，而沒有和中國的傳統習俗發生衝突。後來由於羅馬教廷的干預，不准傳教士對中國的傳統習俗進行妥協，要求跟中國的拜天祭祖劃清界限，於是產生了禮儀與文化的衝突。衝突的結果是康熙末年和雍正乾隆時期，傳教士很多都被驅逐出去了。清代的閉關就是此時開始的。閉關的原因，西方不是一點也沒有，但主要的原因不在西方，而在於自己。康熙和乾隆，他們的統治時間過長，兩個六十年，一百多年的所謂「海宴河清」，就是相對比較安定罷。他們覺得自己很了不起，看不起西方，認為西方有的只是奇技淫巧，是些雜耍玩意兒而已，而我中華天朝勝國，禮儀之邦，四夷小邦怎能跟我們相比？只知有中，不知有西。中國落在了西方文明的後面。於是在這次文化碰撞面前中國一方打了大敗仗。說到底，還是清中葉的閉關鎖國埋下的禍根。

中國文化有很多輝煌，我們講了，但中國文化也有天然的弱點，譬如由儒家思想而產生的重農輕商。在我看來，這也是中國人不善於和外界的商業社會打交道的一個潛在的精神的宿因。一七九三年，英國特使馬戛爾尼訪問中國，時值乾隆皇帝八十大壽。乾隆皇帝打算接待，但圍繞用什麼禮儀來見面的問題上，雙方發生了爭論，中方提出英國特使要行三跪九叩之禮，對方不同意，說他們對女王也只是屈一

膝而已。為這個問題，雙方爭論了一個多月。最後究竟是誰妥協，有不同的說法。總之是英國特使最後在承德避暑山莊被乾隆接見，帶來的禮物收下了，但一件協議也沒有達成。乾隆送一個有八百年歷史的玉如意給英使，請他轉贈給英國女王。馬戛爾尼在其《1793乾隆英使覲見記》一書裡說，在西方人看來，中國皇帝所犯的錯誤中再沒有比這次更大的了。當時英國人是想建立一種正式的有條約保證的商務關係，而不是訴諸武力，想佔領中國領土。但中國商業文化的觀念匱乏，不懂得國際貿易的重要，直至自己的大門被列強的船堅炮利打開。西方已經是走向現代化的國家，而中國依舊是老大的體制，固有的文化根本無法抵擋，直到一九一一年辛亥革命爆發，最後一個皇帝被趕下龍椅，幾千年的傳統社會走到了盡頭，現代社會的進程於是開始。

以儒教文明為基礎的文化，其核心思想是「三綱五常」。「三綱」是君為臣綱、父為子綱、夫為妻綱。中國傳統社會是以家族為本位的，家庭是社會的基本細胞，它用血緣的紐帶將人們連接在一起，而西方社會是用契約的關係將社會擰在一起的。因為是血緣的關係，就會產生家國一體的思想，所以「三綱」當中，君臣，這是朝廷的方面，而父子和夫婦都屬於家庭倫理的範疇。辛亥革命使得皇帝退位，皇帝沒有了，「三綱」還能繼續用嗎？還能用「君為臣綱」來規範這個社會嗎？同樣，家庭成員之間的關係也發生了變化，父親難道可以講，兒子必須聽自己的嗎？夫婦之間更不用說，現代的關係是平等的關係，丈夫是妻子的「綱」的時代，無論如何無法繼續了。這一變化，實際上是以儒家思想為代表的中國傳統文化的核心價值的變化。

中國從傳統走向現代的過程，是在非常規急迫的情況下在顛簸中走過來的。「五四」提倡新文化，反對舊文化，是現代文化運動的旗幟。當時一大批知識精英一起站出來，大膽批判挑戰自己的文化傳

統。他們很多人都認為，既然要新文化，舊文化就是要不得的。陳獨秀、胡適、魯迅、傅斯年，都是這樣的主張。一九一七年《新青年》從上海搬到北京，蔡元培出任北京大學校長，陳獨秀、胡適被蔡先生聘為北大教授，以《新青年》為園地，以北大為基地的新文化運動轟轟烈烈開展起來。他們對傳統文化尤其是傳統禮教的批評，是徹底而毫不留情面的。陳獨秀就講，你如果認為歐化是對的，那麼中國這一套就是錯的。胡適甚至提出了「全盤西化」的主張。有人批評他，他才解釋說，中國的傳統太沉悶了，即使是「全盤西化」，經過折中也還是個「中體西用」。所以「五四」時期，不是一個人，而是一大批人，是一大批社會的精英人物，幾乎用同一個聲音向傳統發起了總攻。其結果，傳統在民眾當中受擁護的程度大為減弱。可是，我們應該曉得，傳統受到民眾的擁護是傳統傳承的一個必要條件。

「五四」時期對傳統文化的檢討和批評，主要針對的是文化的大傳統。按照人類學家的理論，傳統有大傳統和小傳統之分，大傳統指社會的主流文化形態，小傳統主要是指民間文化和民間信仰，包括民間宗教、民間藝術、民間習俗，等等。小傳統跟大傳統的關係，是大傳統借助於小傳統才能形成一個社會的文化輻射面，而小傳統因為有了大傳統導引，才能使得文化精神得到提升。中國傳統社會的小傳統特別發達，這是因為中國長期有相對完整的民間社會，造成了中國傳統社會的諸多的文化空間。儒釋道三家思想影響的結果，使中國的知識人士總是有路可走，而不必走上絕路。所以對於中國的傳統社會，是不能簡單用「專制」這個詞來概而括之的。

「五四」知識精英對傳統的批評和檢討，目標主要是大傳統，特別是儒家思想和傳統社會的禮教，對小傳統的傷害並不是很大。「五四」時期的一些文學作品，有的寫覺醒的青年離家出走，悲劇常

常會發生在出走者的身上，他的家庭並沒有發生太大的變化。但「十年動亂」時期中國社會的小傳統遭到了巨大的毀壞，幾乎到了無法彌補的程度。所以，從晚清以來的百年中國，文化傳統出現了大面積的流失。流失到什麼程度？流失到在現代中國青年身上幾乎看不到多少傳統的蹤跡。二十世紀九〇年代初，我在香港中文大學與金耀基教授探討傳統文化時，他說中國文化，二十世紀二〇年代不想看，二十世紀八〇年代看不見。因為二十世紀二〇年代是全面反傳統的思潮，傳統文化的好處人們看都不想看了，結果到二十世紀八〇年代，想看也看不見了。

近三十年隨著改革開放的展開，經濟發展的同時，文化傳統的重建越來越受到重視。但由於傳統的重建是非常細緻的事情，短時間內不容易看到成效。直到現在，在現代化的過程中，跟自己的傳統脫離仍然是一個待解決的問題。好消息是很多學者和教育工作者開始注意到這個問題的嚴重性。我個人認為，文本的經典閱讀和禮儀的重建，是兩個比較行之有效的途徑。儒家思想的最高經典主要是「六經」，即詩、書、禮、樂、易、春秋。而「四書」，包括《論語》、《孟子》、《大學》、《中庸》，則是「六經」的簡讀本，它們的義理都是一致的。我特別提出「敬」的概念，它是中國文化中具有普世價值的的概念。「敬」不只是體現對別人的尊敬，主要是一個人的內在的精神尊嚴。禮儀的核心也是一個「敬」字，所以孔子說「無敬不成禮」。

我想，至少我們首先應該對自己的文化，對中國幾千年的文化傳統，保留一份敬意與溫情，而不總是一味地否定的態度。

二〇〇七年在華中科技大學的演講
歐陽來祿根據錄音整理

關於國家形象大傳播的思考

明安香　中國社會科學院新聞與傳播研究所研究員

　　今天非常高興能來到華中科技大學，晚上時間有限，我主要想和大家集中探討一下中國國家形象大傳播的戰略問題。

　　為什麼要探討這麼一個問題呢？大家都知道，現在中國是世界公認的最大的發展中國家，中國是一個正在迅速發展中的大國，所以中國的國家形象也在迅速地發展，而且影響在迅速地擴大。迅速地發展很好理解，過去中國的國家形象在國際上有一些影響，但是非常非常有限，而現在可以說，中國打一個噴嚏，也能在世界上引起一個不大不小的感冒。那又為什麼說迅速地擴大呢？過去所認為的中國是一個人口大國、地域大國，中國的國家面積世界第三，人口世界第一，那麼過去世界各國所知道的中國形象主要是這些。現在中國已經發展成了一個經濟大國，在黨的十七大的會議上，黨中央作出了最新的規劃，就是計畫在二〇二〇年，人均國民生產總值翻一番，達到四千美元。現在世界各國都知道，中國共產黨、中國人民說話是算數的，因為過去提出的國民生產總值十年翻一番都是如期或者提前實現的，因此現在人們絕對相信到二〇二〇年，人均國民生產總值會翻一番，達到四千美元，那麼這個規模肯定就超過日本了。

　　中國像這樣的人均國民生產總值十年翻一番能夠翻多長時間呢？西方持中國崩潰論的人認為，中國經濟很快就要崩潰了。中國崩潰論

鼓吹了好幾年，但是現在中國的經濟不但沒有崩潰，而且發展得更加壯大。我認為只有中國人民在中國共產黨的領導下，能夠堅持像現在這樣的正確的發展路線，而不是像「文化大革命」那樣的自己折騰自己的路線的話，應該說中國經濟像現在這樣的發展還能夠持續二十年、三十年，甚至更久。根據最新的統計資料，中國的農業人口現在還有五億六千萬，也就是將近總人口的一半，中國國民經濟的發展其中一個最重要的問題就是要把五億六千萬農民解放出來，成為有知識、有文化的城市人口。當然不可能都是城市人口，至少讓四億人成為城市人口，餘下的一億多人是現代化的農民。而我們現在能夠讓農民轉化成城市人口的速度如何呢？就是每年要讓一千萬、一千五百萬或者二千萬農民轉化成城市人口，這是中國經濟現代化的最基本的、最根本的硬指標。從四億人中每年解放一千萬到二千萬農民，這要持續多長時間呢？很顯然要持續二十年。所以，像中國現在這樣經濟持續地、高速地發展，只要我們的路線正確，堅持二十年、三十年，是完全有可能的。這二十年、三十年意味著什麼？二〇二〇年人均GDP翻一番，達到四千美元，如果再過十年，到二〇三〇年，翻一番達到八千美元，再過十年，二〇四〇年，達到一萬六千美元，就可以真正達到發達國家的水準，在經濟的總規模上超過美國，成為世界上最大的經濟大國。

這就是中國的國家形象——還會向經濟大國、經濟強國，文化大國、文化強國和軍事強國的方向發展。在我們國家這樣迅速發展的情況下，從人口大國、地域大國發展到經濟強國、文化強國和軍事強國的發展前提和趨勢也帶來很多問題。因此，如何樹立以及傳播中國在世界上良好的中國國家形象，已經形成了一個十分緊迫的課題。這個

課題不僅僅是我們學習新聞傳播的同學、從事新聞傳播教學研究的學者、從事新聞傳播的新聞工作者，要完成的一個重要任務，而且也可以說是我們各行各業需要思考和完成的一個任務。在這樣的前提下，西方國家的敵對勢力，比如一些新聞媒體出於各種心態，在中國的國家經濟迅速發展、中國的國家形象迅速擴展的情況下，拼命地在中國的國家形象上塗抹各種各樣的油彩。因此，現在中國的國家形象就像中國的京劇臉譜一樣，花花綠綠的。比如他們製造的「中國軍事威脅論」「中國經濟威脅論」「中國環境威脅論」「中國崩潰論」，還有前不久的「有毒的牙膏」毒死了美國一個家庭的一條狗、含鉛的玩具、有安全缺陷的輪胎、太湖滇池藍藻的大面積爆發，等等，這些都成為他們往中國國家形象上抹五顏六色的色彩的大好機會。所以這就為我們提出了，在新時代的條件下怎樣樹立和傳播中國良好的國家形象的問題。

在這裡我想談的一個大的問題是：樹立和傳播良好的國家形象的重要意義，然後談一談樹立良好形象和新聞傳播之間的關係，以及中國的國家形象和美國的國家形象、日本的國家形象之間的比較，提出一些樹立中國國家形象大傳播的戰略思考。

首先探討第一個問題，樹立和傳播良好的國家形象的重要意義。什麼是國家形象？現在很多人把形象簡單地理解為一種宣傳、廣告的表面文章，其實遠非如此簡單。我給國家形象的定義是：國家形象就是一個國家在其他國家和人民的心目中，也包括本國人民的心目中，形成的總體印象。國家形象是如何構成的呢？首先是由這個國家長年累月的實行的行動、言論，以及產生和積累起來的物質成果、非物質成果，給國內外的公眾形成的總體印象和影響所決定的。所以國家形

象包括言論、行動、物質成果和非物質成果，以及給國內外公眾形成的總體印象和影響。國家形象首先具有強烈的客觀性，不是一個主觀性的東西，比如中國人都認為我們中國是一個愛好和平的、維護世界和平的、負責任的、人口眾多的、人民勤勞勇敢的這樣一個國家形象，但是國際上對中國的國家形象現在還沒有達到這一點。現在從國際上一些主要的新聞機構、調查機構所進行的調查結果來看，中國的國家形象和我們心目中的國家形象，還有相當大的距離。過去他們認為中國是一個貧窮落後的形象，現在認為中國是一個生產劣質產品、污染嚴重的一個國家形象。國際上特別是西方媒體現在形成的是這樣一種情形。所以國家形象具有客觀性，這種客觀性是無法否認也無法回避的。另一方面，國家形象首先是客觀形象，具有客觀性。一個國家對於自己的形象的形成，並不是完全無能為力的，還是可以有所作為的。一個國家通過自己的主觀努力，可以逐步地樹立起自己預期的國家形象。所以我認為國家形象的主觀性包括幾個要素：第一個要素就是一個國家至少要確立起在一個時期內國家形象的目標；其次，通過有意識、有計劃、有步驟地制定一系列的方針、政策，並且採取相應的言論和行動，在外界逐步樹立和改善自己的形象，這樣就形成了國家形象的主觀性，國家的主觀形象。

根據上面所說，國家形象是一個國家的綜合實力和全面影響力的表現。我認為國家形象的綜合實力和全面影響力主要表現在下面幾個方面。

第一，形象是凝聚力、吸引力和號召力。良好的國家形象對內可以形成強大的凝聚力，可以增強人民的自信心和向心力，對外可以形成強大的號召力，便於吸引外資、開拓市場，加強國際合作和交流。

就拿我們國家現在的國家形象來說，雖然西方的媒體給我們的國家形象抹上了形形色色的色彩，但是由於中國經濟發展的客觀實際，在國際上仍然具有一定的吸引力和號召力，可以說現在世界五百強的企業都想把自己的企業搬到中國來。很多西方人，甚至包括生活在北歐的瑞典、瑞士這樣的最富裕的、生活最安定的國家的人，到了中國來，特別是到了北京、上海這樣的大城市來，都感覺到每天的太陽都是新的，中國人都是朝氣蓬勃的、勁頭十足的，到中國來幹特別帶勁兒，而西方的新聞記者到中國來採訪就有新聞。這就是形象的吸引力、凝聚力和號召力。

第二，形象就是信譽。有了良好的形象就容易得到國際國內人民大眾的信任與支持，商品是這樣，企業是這樣，個人是這樣，國家和民族也是這樣。

第三，形象就是效益。良好的形象具有無形的穿透能力和強大的溝通能力，它在一定程度上具有化風險為保險、化阻力為動力、化干戈為玉帛，具有不戰而屈人之兵的神奇的效力。舉個例子來說，我們中國的經濟為什麼能夠持續三十多年高速發展，其中一個很重要的原因就是中國自從解放以來，中國國家的周邊環境非常安定，任何一個國家都不敢侵略中國。比如香港的回歸，柴契爾那麼厲害的鐵女人跟鄧小平談判時，鄧小平說香港的主權是不能談判的，若不交出到時候我們如期收回。柴契爾聽完，走出人民大會堂心神不定摔了一大跟頭，國際網上還有她摔跟頭的照片，說她是向中國的毛主席紀念堂跪拜。柴契爾這樣的鐵女人為什麼不敢跟中國叫板？阿根廷要收回他們的群島，英國離得千里迢迢上萬里開著軍艦去把他們打敗了，而為什麼不敢到香港來跟中國幹一幹呢？柴契爾知道要是跟中國幹，就徹底

死定了，只好乖乖把香港交出來。另外一個就是抗美援朝。在中國剛解放的時候，發生了朝鮮戰爭，戰火已經燒到了中國的鴨綠江邊。毛主席經過幾晝夜的思考之後決定派兵即中國人民志願軍到朝鮮。中國人民志願軍在朝鮮冬天那麼冷的環境下，很多人都穿著單衣，就靠著小米加步槍，愣是把世界上裝備最先進的、第二次世界大戰剛打完勝仗的美國兵從鴨綠江打到三八線，美國人徹底服氣了。如果中國人民志願軍有美國的裝備，有可能打到華盛頓去，這是一位美國將軍回憶說的。所以毛主席領導的人民解放軍這一戰算是把美國打服了，到現在五十多年了，雖然美國一再要協防臺灣，但是底氣不足，想要把日本拉上，把澳大利亞甚至印度拉上，有點想要叫板。這就是毛澤東時期中國人樹立起的說話算數的形象產生的效益，管了五十年。這個形象的效益多厲害，當時朝鮮戰爭發生的時候，周總理一再代表中國共產黨說，如果美國兵打到鴨綠江，我們絕對是要管的。美國人不相信，八路軍那麼窮，武器那麼落後，剛建國還來打我們。所以真的打到鴨綠江邊，最後被中國人民志願軍打得落花流水。抗美援越的時候，周總理又說，美國兵不要過南北分界線，如果過了中國人是一定要管的，美國人這次老實了，在抗美援越時，他的飛機往哪轟炸都不敢過南北分界線，最後被打敗了。這就是毛澤東時代用軍威、國威樹立的形象產生的效益，五十年到現在還在發揮作用。所以國家形象好了可以朋友遍天下、化敵為友，國家形象不好可能就會樹友為敵，雪上加霜。在非洲、在伊拉克發生綁架中國人和韓國人的事件，韓國在美國的幫助下都解決不了，而中國就靠在這些發展中國家中的良好形象，很快就化解、放人，平安歸來。這都是中國國家形象好的例子。

　　要樹立良好的中國的國家形象，當然我們首先想到了新聞媒介、

新聞傳播，還有泛大眾的傳播媒介的傳播。為什麼說中國的國家形象要得到改善，首先要運用新聞媒介？這是因為，現在中國的國家形象從國際上來說，主要是靠西方的新聞媒介來描繪的，甚至從某種程度上來說，是由他們任意塗抹詆毀的。其中一個很重要的原因就是，到目前為止，我們中國的新聞媒介在國際新聞輿論傳播當中，仍然沒有什麼話語權，中國的新聞媒體在國際新聞傳播中的可見度仍然很低。舉個例子，我們新華社的一位攝影記者，在雅典奧運會的時候，去採訪中國奧運健兒的風采，拍攝照片。其中有一位記者，為了拍攝游泳健兒奪冠的照片，在奧運會游泳比賽之前，就到雅典奧運會游泳場館去踩點，他當時想，踩哪裡的點才能拍攝游泳健兒最佳的角度，找來找去都不理想，最後從一個游泳館的背後的縫裡面發現，從這裡拍照游泳健兒游泳的姿態是最好的，能夠最好地展現風采。於是對陪他一起看的游泳館的經理說，明天我就準備在這個位置拍中國游泳健兒的比賽，請你給我留個位置。那位經理當時沒給他明確的答覆，就說等比賽了再看。第二天這位新華社記者等比賽的時候，到游泳館的場地一看，那個位置豎了一個牌子，叫做「攝影師的專用位置」，他以為是留給他的位置，但是那位經理說，這裡沒有你的份，這是留給三大世界通訊社的，也就是留給美聯社、路透社、法新社。新華社記者憤然說，新華社也是世界性大通訊社，經理說，我不知道，只能等到比賽的時候再看，如果有三大通訊社的記者騰出位置了，你再上。這說明了一個什麼問題？這說明西方的有關人士，他們的眼中只有西方的三大通訊社，沒有新華社，另外也說明了儘管我們新華社這些年來確實發展成了規模上世界級的通訊社，但是影響仍然有限。西方的那些人士也就是認為新華社在國際新聞傳播中影響很小，因為在他們的國

家可能基本上看不到新華社的報導。這就是中國的新聞媒介在國際新聞傳播當中的一個現狀。

所以我們要樹立中國的國家形象，改變當前不合理的國際輿論格局，要營造有利於中國發展的國際輿論環境，首先就要加強和改進國際新聞輿論傳播。在這裡我想簡單講一下如何改進我們的新聞傳播。

第一點，進一步加強中國的主流媒體對中國國家形象的報導。現在中國的國家形象主要是靠西方的主流媒體來報導的。到過美國、在美國生活的人都知道，前些年，中國的新聞在西方的新聞媒體上面，特別是美國的電視、報紙上面，基本上是一年都見不到一兩次，見到一兩次也基本上是負面新聞。這幾年由於中國經歷的高速發展，中國製造遍布全球，現在對中國的報導增加了，但是增加的這些報導對於中國主要是負面的。我在承擔中國國家社科基金一個關於中國國家形象對外傳播的一個重大課題的時候，對美國的《紐約時報》《華盛頓郵報》和《今日美國報》二〇〇五年的報紙版面進行過一個抽樣調查，調查結果證明，這三家美國的主流日報對中國的報導確實比過去增加了，但是對中國的報導中大部分是負面的、消極的。最近西方的新聞媒體和我們的記者對美國的媒體、英國的媒體、德國的媒體進行的調查結果再次證明，這些西方主要國家的新聞媒體對中國的報導，雖然有所增加但是數量有限，而且增加的主要是負面報導。所以到現在為止，美國人、英國人對中國人的印象，仍然是帶著瓜皮帽、穿著長袍馬褂、梳著長辮子的形象，沒有改變多少，這是當前存在的一種實際情況。由於種種原因，我認為西方新聞媒體對中國形象的報導的這樣一種狀況在短期內也不要期望有顯著的改變。所以我們一定要想方設法加大中國的新聞媒體首先是加大中央電視臺和新華社這樣一些

主流的新聞媒體對中國的報導。

第二點，整合資源，加大中國媒體對國際主流媒體的報導。因為現在中國已經是一個世界上的政治大國了，在聯合國五大常任理事國中發揮的作用越來越多也越來越大了，敢於在涉及有損中國根本利益的問題上堅決地投反對票。我們雖然成為了世界上的政治大國，但是我們對國際的報導基本上來自西方的新聞媒體。中央電視臺的國際新聞報導，主要來自美聯社的電視新聞和路透社的電視新聞，還有美國的有線電視新聞網。這三家是我們電視的國際新聞的主要來源，偶爾還有英國廣播公司的。我們的電視記者和通訊記者在重大新聞發生的時候，很少能夠在現場進行直接報導，這樣的話我們的國際新聞節目，看起來好像國際新聞的事情都有報導，但是用什麼語言、用什麼角度、持什麼態度、報導什麼內容，這都是有區別的。由於我們沒有直接的、一手的報導，只能用他們的，就會受到很大的限制。所以西方國家看到我們國家和非洲國家關係那麼好，我們開一個非洲國家的高峰會，幾乎把非洲國家元首都請來了，中國有這麼大的吸引力使美國看了很難受，於是說中國忽視人權問題，拿人權做文章，實際就是挑撥中非關係。在這樣的問題上，西方大做文章，可是我們國內對究竟是什麼問題，卻並沒有直接的報導，也不知道怎麼回事，這和我們中國這樣一個大國是非常不符合的。因此，我們要充分利用中央電視臺和新華社遍布全球的記者站和其他的豐富的資源，加強對國際新聞的報導，做到凡是國際上有重大新聞發生的時候，都要有我們的記者在場，都有我們的電視新聞報導，都有我們的國際新聞視角，都有我們的聲音。現在俄羅斯、法國都成立了一天二十四小時都要這樣做的電視臺，阿拉伯半島電視臺也力圖做到這一點，那麼我們也應該有能

力做到這一點。

　　第三點，要增強中國主流的新聞媒體在國際上的影響力，必須做到首發用我。也就是說，凡是在重大新聞、重大事件發生以後，我們應該搶先發出報導。因為新聞事件發生以後，誰搶先報導了誰就能對新聞事件形成有先入為主的第一印象。報導晚了，別的媒體要糾正這種印象就會事倍功半、十分費力。半島電視臺作為卡達這麼一個只有五十萬人口的國家的電視臺，為什麼能夠在美伊戰爭時辦得紅紅火火，成為很多人在看美伊戰爭時除了美國新聞網之外的另一個選擇，甚至在美伊戰爭發生的時候很多阿拉伯人，甚至美國人不看美國電視新聞網，而先去看半島電視臺。因為它能夠以自己的語言文化優勢搶先報導，而且是現場報導，所以打出了名聲，打出了新天地。因此要做到首發用我。為什麼這麼強調電視新聞的首發報導？其中一個很重要的原因是，根據調查，現在電視新聞報導仍然是世界各國人民，特別是美國民眾獲取新聞的主要管道。根據美國電視廣告局公布的一個媒介研究公司最新的統計資料，美國人獲取新聞的主要來源是：第一，現在主要還是靠無線電視，占到了將近一半；第二是靠有線電視，占到了將近四成；第三位才是報紙。而互聯網對美國公眾獲取新聞的資源仍然是有限的。所以從這個角度來說，電視仍然是現在影響國際國內輿論的一種重要媒介。在給中央寫的一個內部報告中，我主張在整合中國國內資源的基礎上，提高我們中國電視新聞節目在國際新聞報導中的影響力，提高在西方主流社會的入戶率。這是第三點。

　　第四點，要擴大中國主流的新聞媒體在國際上的影響力，就必須有自己的獨立理念、獨立視角和獨立的用語。我們的新聞媒體在「文革」和「文革」以前還是很有自己獨立的語言、獨立理念和獨立視角

的，可惜那時候太獨立了，和國際一點也不接軌，所以外國人一點聽不懂我們在說什麼。而現在這些方面的獨立性也太少，基本上都是跟著美國和西方的媒體在跑。過去有人說，美國的新聞媒體是沒有固定的提法、固定的一套的，事實上並不是這樣。西方的新聞媒體在報導重大問題的時候，都有統一的提法和固定的表達方式。比如說《紐約時報》這樣一些主流的媒體在報導臺灣的時候，都經常要在臺灣這個名詞的後面加上一個幾乎固定不變的補語，就是「中國認為臺灣是一個叛逆的省分」，經常如此。這樣一句話符不符合新聞報導要客觀公正呢？看起來似乎公正，實際上是很不公正很不客觀的。如果真正客觀地說，那應該說臺灣在歷史上就一直是中國的一個省分，這才是客觀事實。而報導「中國認為臺灣是一個叛逆的省分」，這就暴露了主觀的看法。所以如果真正客觀地報導的話，應該說「臺灣從歷史上就是中國的一個省分」或者說「臺灣從來就沒有獨立過」。所以西方媒體的不客觀報導實際上都是有一套視角、觀念的提法的。在伊拉克戰爭以後，英國《獨立報》的記者曾經報導了美國《波士頓環球報》駐中東的記者，在新聞報導的統一口徑方面面臨巨大的壓力。美國記者說，我過去通常稱以色列的為右翼，但是國內的編輯一再告訴我不要再用這個詞了，因為我們的讀者不同意這個說法。這裡的「我們的讀者」多半是指美國國內猶太人讀者或者猶太人中的右翼。於是《波士頓環球報》的記者就不得不改變這種提法。所以西方的媒體並不像他們所說的是客觀公正的、自由的，沒有什麼內部的提法，實際上是有的，而且越來越明顯。因此我們的新聞報導不能夠人云亦云，要有我們自己的理念、自己的視角、自己的獨立的話語，要更全面、更客觀、更深入、更獨立，為各國受眾提供一個新的視角、新的視野、新

的選擇，這樣才能具有競爭力。比如，我們現在的新聞報導中經常用到「負責任的大國」，這是美國人提出來的，是美國的官方和美國的新聞媒體大用特用的一個詞，一個意思其實就是中國過去是不負責任的，今後要負責任，而美國才是一個負責任的國家。美國負什麼責任呢？三個聯合公報明確規定中美建交之後，美國向臺灣輸送的武器要逐步消減，規模逐步減小，檔次要越來越低，最後要停止，結果美國人賣的武器越來越多、規模越來越大，而且在中美建交之後，美國國會專門制定了《與臺灣關係法》，所謂臺灣遇到突襲事件時要協防臺灣，這就是我們中國和平統一最大的障礙。而且布希在中國來訪的時候，還把《臺灣關係法》和三個聯合公報並列在一起。一個是兩國政府具有國際效力的公報，一個是國內的法律，怎麼能並列呢？這不是負責任的大國。所以我們對「負責任的大國」不是不能用，而是不能盲目跟風，至少我們要有我們的解釋。

第五點，要加強對國際受眾的，特別是西方國家主流社會的受眾的研究和定位。我們要捨得花一些本錢花一些功夫對我們的外國受眾進行調查，他們有什麼興趣愛好，他們對中國希望了解什麼，他們對中國究竟有哪些誤解。而現在對這方面的調查還是一片空白，西方的媒體和調查機構卻幾乎輪番地每年開展幾次對世界主要國家形象的調查或者美國國家形象的調查，或者世界各國公眾的調查，因此他們知道各國的受眾想什麼，興趣愛好是什麼，誤解是什麼，這樣才能夠有的放矢。所以我們要加強對外國受眾的研究和定位，這樣才能使我們的國家傳播有的放矢，因此我主張我們國家應該儘快地成立組織調查國際受眾的機構，了解西方國家主要的受眾，他們心目中的中國形象究竟是什麼樣子的。我曾經給我國國家的有關部門設計過一個調查問

卷，從設計問卷再到去國外進行調查，當然目前我們還沒有能力直接到國外進行調查，須要委託一些西方的機構幫我們調查，但是問卷必須由我們自己設計。以後我們應該自己成立這樣的專門調查機構。

第六點，對於重大的國際議題，不僅僅要據理力爭，同時也要主動出擊。現在中國在國際輿論方面確實比較被動，被動有很多原因，因為我們的新聞媒介在國際上影響太弱，但是也有其他方面的原因，其中一個原因我認為是據理力爭不夠，主動出擊很差。我認為我們要對一些重大的議題，比如「經濟威脅論」「環境威脅論」、貿易順差、智慧財產權這些問題，既不能過分認真，也不能聽之任之，要理直氣壯地進行剖析駁斥。剖析駁斥包括兩個方面：一方面是進行一些有資料、有事實、有深度、有說服力的調查和報導；另一方面，對一些事關中國和世界的重大國際議題，比如說和諧社會、中國發展、臺海問題，我們要主動設置議題，寫出一批社論和評論，組織一些戰域來主動出擊。舉個例子，現在西方經常拿我們的智慧財產權來做文章，好像中國到處都是盜版，但是國外的盜版也不少。清朝時，美國、英國、德國、瑞典這些西方國家盜走了我國大批的國寶，還有智慧財產權。被盜走的中國國寶現在堂而皇之地被他們展覽成為他們的國寶。我們對此一直都沒有提出來說。希臘人最近就把英國人從他們希臘神廟裡盜走的希臘神像追回來了。我認為中國也應該把這作為一個智慧財產權定一個課題，希望西方有侵略劣跡的國家把盜走的國寶一個個送回來。這難道不是中國的智慧財產權嗎？

第七點，為了樹立國家形象，我們要善於多方位、多層次利用西方媒體。儘管一方面我們要壯大自己新聞媒體的能力，但是我們必須承認，現在西方輿論的主導還是西方媒體。我們必須要借用他們，但

是在借用的過程中，要有針對性、要細化，不能夠籠統。如何針對西方媒體呢？比如美國的四大電視網，是不是對美國主流社會的輿論影響最大呢？這並不能籠統地看，要看具體情況。根據二○○四年美國總統大選的幾個結果我們就可以看到，當時《紐約時報》等上百家主流日報都發表社論，反對選舉布希連任，但是最後選舉結果是小布希明顯勝出。這說明《紐約時報》等主流媒體對美國的影響雖然有但是有限。他們影響的主要是美國社會所謂自由派的精英人士和政黨人士，比如民主黨、商界人士和知識分子。但美國大多數民眾總的來說是保守派，所以《紐約時報》等上百家報紙的社論對他們沒起作用。根據調查研究發現，美國的地方電視臺在影響美國的保守派和美國的民眾特別是美國南部的保守派方面，起主要作用。地方電視臺的主持人當中，保守派的占到了百分之七十五，所以布希在競選期間都是通過地方電視臺向美國民眾說話。所以如果要對保守派和普通民眾做工作的話，就要通過地方電視臺這樣的媒體。

還有一個方面，要注重利用泛大眾傳播媒介。這是我提出的一個說法。在傳播學上，我們一般把報紙、廣播、電視、電影、雜誌、圖書這六大媒介，加上近年來崛起的互聯網，稱為大眾傳播媒介。但是現在我們要在世界領域樹立中國的國家形象，把視野僅僅局限在這個範圍裡面已經不夠了。要重視現在的動畫、漫畫、錄音、光碟、錄影、影碟，還有電子遊戲這些新媒介，它們的影響力不可忽視。我把它們稱為大眾傳播之外的泛大眾傳播媒介，他們多半是以消遣、娛樂、文化的形式潛移默化地影響受眾的興趣愛好、思維方式、行為方式，所以它們的影響力是很重要的。比如說現在美國的電影，主要影響的是中青年和白領人士；動漫影響的是兒童少年和部分成年人，看

起來輕鬆好笑，實際上灌輸了美國的文化、美國的消費、美國的觀念、美國的行為；另外電子遊戲也成為爭奪青少年的主要戰場，美國通過電子遊戲向我們灌輸的很多觀念行為是值得警惕的；學校教科書也是一個很重要的領域，對樹立國家形象也非常重要，根據最近報導，韓國在世界上最大的出版集團竟然在美國的教科書中，把中國的長白山脈改名為白頭山，我們的泛大眾傳播要做到這一步，和美國的出版商合作，從教科書裡就要正確地灌輸中國形象。從某種意義上來說，泛大眾傳播的重要性和新聞傳播媒介的重要性同等重要，甚至潛移默化的作用更甚。

　　以上就是我探討的第二個問題，中國的國家形象與新聞傳播媒介和泛大眾傳播媒介的關係。現在我要探討的第三個大的問題就是，美國國家形象不佳帶給我們的啟示。美國國家形象不佳是有事實根據的。今年四月分美國的《時代週刊》公布了這樣一組調查結果，英國廣播公司委託環球掃描公司對全球三萬名不同國家的中高層人士進行了一次國家形象的調查，調查結果表明，加拿大和日本在這個調查結果中得分最高、形象最好，法國其次，英國第四，中國第五，美國這樣一個超級大國排名竟然在前五名之外，在最近幾年的多次國際形象的調查都證明美國的國際形象不是太好。這個問題給我們一個什麼啟示呢？美國國家形象不佳主要出在國家政策、國家行為和國家信譽上，突出表現在在伊拉克戰爭中，美國總統布希為了石油不顧聯合國安理會的反對執意發動戰爭，造成了空前的人道主義災難，更為惡劣的是開了一個國家對另一個國家宣判和動武的先例。由於這樣做，美國的國家道德權威和國家信譽受到了空前的損害，美國的國家形象也就跌到了低谷。從這個角度我們就可以知道，國家形象的樹立和傳播

不僅僅要靠媒介大傳播來擴散弘揚，還必須有正確的國家理念、國家政策和國家行為來做堅實的基礎和可靠的支撐，否則大眾傳播媒介無論如何強大都是沒有用的，甚至會適得其反。我們要樹立中國的國家形象，就是要把我們的國家政策、國家理念、國家行為的基礎要夯實。在這方面我認為以毛主席為首的新中國第一代領導人形成了說話算數、負責任大國的信譽。亞洲金融危機的時候，中國政府堅決保證人民幣不貶值，挽救了東南亞國家，這些都有利於中國國家信譽的形成。黨的十六大以來黨中央的一系列政策可以說是中華民族振興發展的根本大計，第一是免除了農民幾千年來的農業稅，第二是實行了九年義務教育。中國十三億人如果人人有教養、有保障的話，中國的國家新形象不用做太大的努力就會讓人刮目相看。對此，我們應該滿懷信心。

接下來探討第四個問題，日本的國家形象出現明顯的反差所帶來的啟示。在樹立國家形象方面還有一個值得注意的現象，在前述的調查當中，日本、加拿大得分並列第一，近幾年的多次調查當中，日本的形象都不錯。在很多亞洲國家看來，日本對第二次世界大戰中所犯罪行的悔改態度與德國相比是相差甚遠的，甚至有軍國主義復活的傾向，為什麼還能獲得這麼好的國家形象調查資料呢？第一個原因，我認為戰後的日本雖然沒有像德國那樣痛痛快快徹徹底底承認自己的罪行，實行戰爭賠償，其中有許多的政治原因相當複雜。但是由於日本的戰犯被處決了，被迫承認投降了，起初的時候畢竟還是感到心虛和內疚，因此在經濟發展起來之後面對許多國家採取了提供長期低息貸款和無償援助的這種變相認罪的政策，這在很大程度上逐漸改善了日本的國家形象。第二個原因是，日本在戰後大力發展經濟，在產品的

設計、製作上精益求精，一舉甩掉了戰後東洋貨是劣質貨的帽子，現在許多質優價宜的日本產品進入到了世界千千萬萬的家庭，在消費者心目當中樹立和傳播了良好的日本國家形象。第三個原因是，日本進行了長期的普及教育，讓每一個國民受到了良好的文化教育和素質教育。絕大多數日本國民在大規模出國旅遊和國際交往當中，總體表現出有禮貌、有教養的特點，這也構成了日本國家形象的重要要素。

從日本的國家形象的反差可以看到，除了國家政策以外，實物傳播和人際傳播在國家形象大傳播當中起到很大作用。因此我們在考慮中國國家形象傳播的時候，不能只考慮新聞傳播或者泛人眾傳播，我們還要考慮到實物傳播和人際傳播。什麼是實物傳播呢？我給出的一個定義是，通過物質的各種實體傳遞出各種資訊。這個物質傳播包括企業生產的各種商品、舉辦的各種展覽會、提供的各種服務，比如烹調和公共交通。在國家形象傳播當中，實物與受眾、消費者的零距離接觸，是一對一的傳播，傳遞出的國家形象更加實在、更加具體、更加真切。我們每年出口幾百萬、上千萬件產品，百分之九十九點九九都是合格的，百分比很高，但是上千萬的產品裡面抽出百分之零點零零一的產品不合格，就意味著幾十萬件產品或者上百萬件產品是有瑕疵的，任何一個消費者買到這樣的產品產生的負面的評價就會影響到中國的形象。所以在國外，外國公眾主要是通過購買和使用一個國家出口商品的品質、造型、功能、價格來認識這個國家的形象。一個國家的對外大眾傳播搞得再好，一旦一個假冒偽劣的出口商品曝光，就有可能使一個國家長期樹立的國家形象功虧一簣、毀於一旦。

所以，要保證實物傳播構建好中國的國家形象，光靠食品監督、品質監督是不夠的，還要建立起保障企業誠信和產品品質的可靠機

制，形成保證產品品質的人民戰爭和鋼鐵長城。建立這種機制與我們的新聞傳播、大眾傳播是有密切聯繫的。我認為有幾條。比如第一條，要在無條件退貨上與國際接軌。最近國美電器實行了一個方案，任何產品在三十九天內，如果你覺得有問題，經過國家品質檢驗機構或者企業的質檢機構檢驗之後，確實有問題可以退貨，雖然實際操作起來很難辦到但是畢竟有這種許諾。第二條，要加大消費者在商品品質舉報上的權利和便利，消費者只要認為這個產品的品質有問題不滿意，要求退貨就應該給他退，消費者不滿意是最大的不滿意，不用找任何質檢機構。第三條，加強對生產銷售假冒偽劣產品的商家的懲罰力度。這樣就形成了高品質產品的人民戰爭的基礎，傳播出良好的國家形象。

此外一個重要的方面，就是人際傳播。人際傳播在樹立國家形象方面起到很大的作用。人際傳播的定義是，國家之間、人與人之間直接的交往和交流。這樣形成的傳播影響力很大。傳播學的研究表明，人際傳播的影響力在很多情況下大大高於大眾傳播，大家學過新聞傳播學都知道，擴散理論認為新產品、新技術的普及，往往主要是通過人際擴散，也就是口碑。同樣一個國家的國家形象和人際傳播也是有很大的關係的。人際傳播就包括政府官員之間的交往和交流，專家、學者、藝術家、運動員和知名人士之間的交往和交流，商界、企業界人士的交往和交流，還有普通民眾作為旅遊者和消費者之間的交往和交流，這是傳播我們國家形象的最重要的幾條人際傳播管道。二〇〇六年國內外的人際交往達到了五六千萬人次，這樣的交往在傳播中國的國家形象上面所起的口碑作用是很大的，所以怎樣提高普通民眾的素質很重要。另外就是學術界人士和專業人士，比如一個姚明以他的

奮鬥和競技對宣傳和改善中國的國家形象起到了很大的作用。還有企業界一定要樹立起誠信為本、誠信為榮的理念，要以製造假冒偽劣產品為恥，把製造假冒偽劣產品的企業加入黑名單。此外，各級政府官員廉潔奉公、愛國敬業、為國為民，是對中國國家形象最好的傳播。

　　總之，中國國家形象的傳播不能局限在新聞傳播，而要擴大眼界，做到大傳播，包括新聞媒介的傳播、泛大眾傳播媒介的傳播、國家政策的傳播、實物的傳播、人際的傳播，這就是我此次的題目——關於中國國家形象大傳播的思考。希望在座的各位以後都能為我們國家形象的大傳播做出貢獻，謝謝！

二〇〇七年在華中科技大學的演講

周小香根據錄音整理

通往大國之路的國際關係

高　恆　中國社會科學院世界經濟與政治研究所研究員

　　最近黨的十七大閉幕，在胡總書記的報告當中，關於國際形勢方面有段話我認為是非常重要的。這段話是：「當今世界正在發生廣泛而深刻的變化，當代中國正在發生廣泛而深刻的變革，機遇前所未有，挑戰也前所未有，機遇大於挑戰。」對於這段話我做一些自己的理解。我們都知道，在二〇二〇年以前，我們對於未來形勢的估計可以用一句話來概括，那便是「面臨戰略機遇期」，從國內來講叫「矛盾凸顯期」，也就是國內各種矛盾比較突出，總的來說就是「機遇前所未有，挑戰也是前所未有」。所以我認為這句話非常有針對性。我今天要講的主要側重於國際方面的問題，但是我們也要把國內問題加以討論。

　　從一九七八年以來，我們國家進入了新的歷史時期，特別是從一九八五年以來，中央對世界形勢最大的轉變就是對戰爭與和平問題的判斷。從二十世紀五〇年代、六〇年代到七〇年代，我們國家在周邊和世界面臨著戰爭的威脅，一九五〇至一九五三年，我們和以美國為首的西方國家打了三年半的戰爭，一九六二年我們和印度打了一場邊界自衛反擊戰，一九七九年我們和越南打了幾十天的戰爭，臺海也一直處於戰爭狀態，所以我們的周邊形勢並沒有離開戰爭狀態的背景。而在世界局勢上，美國和蘇聯兩個超級大國在爭奪世界霸權，所

以從二十世紀五〇年代到七〇年代，我們國家的工作重點是以國防建設為中心，準備早打、大打核戰爭，這個思想堅持了近三十年左右。我個人認為中央的這個判斷是有根據的，一九四五年美國最早擁有核武器，蘇聯在一九四九年擁有核武器，從此世界處於一種核恐怖下的狀態，在這種世界形勢下，中央堅持以國防建設為中心是形勢使然。直到現在，美國和俄羅斯擁有的核武器不少於一萬枚核彈頭，足以毀滅地球十次到二十次。

擁有這麼多核武器，對人類來說有兩個方面的影響。一方面，核武器是發動核戰爭的一個手段，它會造成社會的毀滅，但與此同時，擁有核武器的國家不敢輕易發動核戰爭，因為發動核戰爭意味著消滅了敵人的同時也毀滅了自己，大家很難取得核戰爭的勝利。當今世界有四十二個國家和地區擁有製造核武器的能力，像中國、巴西、日本等。這是我國這些年對世界形勢的看法，就是核戰爭會不會爆發？爆發的結果又如何？我們在核戰爭中怎樣爭取生存和發展？而排除了核戰爭那麼常規世界大戰會不會爆發？從目前來看，我們是存在潛在的戰爭威脅的。比如「9·11」事件後，美國在阿富汗部署軍隊，而阿富汗與新疆是相鄰的，中間帶是瓦罕地區，它過去是蘇聯部署導彈對付中國的一個基地，近年成為美國對付中國的導彈基地，《冰山上的來客》說的就是那個地方。而最近幾次，在離新疆邊界幾十公里的地方有美國的空軍基地，這是從西部來看中國的邊界安全。從東部來看，有日本提供給美國的核基地和航空母艦港，在我國正面的關島地區，美國有六艘航母艦隊集中於此地，所以我們的東面面臨著美國海空軍的威脅。事實上，我們的海軍東出太平洋，每一個重要通道都主要掌握在美國和日本的手中。在我國的臺灣和南沙，還在印巴等地，

美國的實力十分強大，所以從世界局勢來講，我們面臨著美國的壓力。美國、日本和我國的臺灣方面正在部署導彈防禦系統，如果如期部署成功，我們國家的二炮就會喪失絕大部分的反擊能力。二〇〇二年，美國廢除了一九七二年和蘇聯簽訂的條約，接著就在世界範圍內發展導彈防禦系統，一九八三年雷根總統時期就發布星球大戰的計畫，所以說美國爭奪太空的野心一直在加快進行。從地緣政治來講，我國正處於被美國勢力包圍之中，包括蒙古都有美國的軍事滲透。所以，雖然我們在報紙、電視上很少提及戰爭的威脅，但事實上我們是面臨著這樣一種客觀形勢的。我們的軍隊、軍工系統、情報系統，包括大學生，在內部我們應該有這樣的戰備觀念，叫「居危思危」而不是「居安思危」。

同時我們可以看到，除了軍事威脅以外，我們面臨著更多的非傳統的威脅，比如說美國的金融戰，用金融手段把我們整垮；資訊戰，可以使我們各種資訊系統癱瘓，而現在在資訊戰上我們處於弱勢。二〇〇五年中央召開科技大會，提出創辦創新型國家。資訊技術在我看來是占第一位的，我們研究戰爭與和平，除了看到傳統的武器之外，更要看到非傳統的武器。今年年初，我們國家用導彈打落我們作廢的一顆衛星，對西方國家是極大的震動，因為這表明我們國家的武器系統達到了一個相當高的水準；最近「嫦娥一號」上天，進一步表明我們國家控制太空的能力有明顯發展，但是我們國家的全球導航系統「北斗星」還不夠成熟，我們不得不去購買美國的一些技術，這在和平時期弊端不明顯，但是在戰爭時期卻十分致命，值得我們的警惕。在金融方面，美國在世界貿易當中佔據很大的優勢，在美國有四大組織：國際貨幣基金組織、世界銀行、世貿組織，以及瓦瑟納爾協定組

織（原名巴黎統籌委員會），瓦瑟納爾協定組織就規定要限定向中國轉讓先進技術。金融系統是我們比較脆弱的領域，從內部來講呆帳、死賬比例相當大；從外部來講，美國、歐洲的一些國家正在逼迫我們提高人民幣的匯率。提高人民幣匯率對我國的出口貿易會造成很大影響，我們國家的GDP其中的百分之六十到百分之七十是依靠外貿，中國的外貿一旦出現問題，經濟就會出現極大的問題。除了金融以外，我們還面臨著能源的短缺，中國每年進口的原油不少於一億噸，也就是說百分之五十以上的原油依賴進口，一旦如麻六甲海峽這樣重要的海上通道被截斷，我們國家便會出現極大的能源危機。除此之外，環境污染已成為我們面臨的重要挑戰。在聯合國世界衛生組織中，中國已經成為第一被告，這迫使中國放棄火力發電，而我國在短期內又很難改變能源結構，這樣我們在世界就面臨很大的壓力，而污染是我們現在無法回避的問題。據我國海洋局統計，現在我國百分之九十的江河湖海存在嚴重污染，中國南海、東海、北海和渤海都面臨污染，渤海已經成為死海，環境問題對我們是極大的挑戰。中央提出科學發展觀是有針對性的，國家環保局副局長潘岳同志提出，我們今後計算GDP首先要扣除環境污染的因素，如果嚴格按照這樣算下來我們可能已經出現負增長，中央提出科學發展減少能源消耗、改善環境保護這樣一個人類的生存條件是迫不及待的。所以傳統戰爭危險沒有過去，非傳統戰爭危險明顯增加，特別是我們周邊潛在的局部戰爭因素持續存在。

「挑戰前所未有」，這與現實是相符合的。從國內來講，這一時期可稱為「矛盾凸顯期」。除了新疆西藏的分裂勢力之外，我們還面臨著大量的人民內部問題：一是看病難、看病貴；二是就業難、失業

問題嚴重；三是收入差距過大；四是貧富差距也非常大，有相當數量的人口尚未脫貧和解決溫飽問題；五是幹部隊伍中的貪污腐敗現象嚴重；六是養老保障問題比較突出；七是教育亂收費現象使很多人無法正常接受義務教育；八是住房問題，房價虛高造成大量人口買不起房，大量的房地產通過銀行貸款來維持，對於銀行系統的穩定也構成潛在威脅；九是社會治安問題比較突出，上訪人次較多；十是社會風氣出現了嚴重的問題。所以如果我們不加快科學發展，我們的問題很難解決。中央提出要全面建成小康社會，在二〇五〇年前後達到中等發達國家水準，也就是說人均四千美元。目前而言這個任務是相當艱巨的，而社會問題的突出給我們國家和社會的穩定帶來困難，所以建立和諧社會是非常必要的，正是不和諧因素的存在，要求我們去消除社會的不和諧，為社會經濟的發展創造更加和諧的環境。我們有機遇也有挑戰，但整體上我們要看到有利的方面。在近期內，也就是二〇二〇年以前，我們的基本判斷是不會出現世界大戰，也不大可能會捲入地區衝突或局部衝突，這樣的一個大局我們要珍惜；與此同時我們要把國內的事情搞好，使十三億人口有一個安居樂業的環境是非常重要也是非常困難的，國內外的敵人也不願意看到我們出現好的局面。

在看清國內的形勢以外，我們更要打開視野，看清大國與大國之間的形勢。了解大國之間關係主要抓住三個國家：中國、美國和俄羅斯。在歷史上我們建立兩個階段，一九四九年以後，世界出現了兩極對立的格局，就是以美國為首的西方資本主義國家和以蘇聯為首的社會主義國家之間的對立。到了一九六九年，美國的尼克森總統接受基辛格的建議，調整了全球戰略，美國在越南處於戰爭狀態，為了擺脫這一狀況，他決定與毛澤東握手言和，利用中國牽制蘇聯南下發動戰

爭，迫使蘇聯面臨歐洲和遠東兩面受敵的局面，這樣美國就可以擺脫困境。毛澤東看到了國際形勢的變化，抓住了機遇斷然決策與美國建立戰略協作關係，利用了當時美國的困境達到了以下目的：第一，中國於一九七一年恢復了聯合國安理會常任理事國的席位，中國的國際地位空前提高；第二，中國的外交工作取得突破性進展。一九七二年尼克森訪華，儘管沒有建交，但是打開了中美發展關係的新階段。在尼克森訪華後，日本首相田中角榮訪華，改善中日關係，所以毛澤東的這一決策對於改善當時國際關係起到了很大的作用。同時蘇聯與中國失和後，蘇聯在我國北部邊界附近駐有重兵，我國隨時面臨著戰爭的威脅。從一九六九年到二十世紀七〇年代初期，全國備戰的狀態並非一時興起，而是基於形勢所迫，所以毛澤東並非不想改革開放，他在解放初沒有收回香港和澳門也是有遠見的，如果我們過早地收回了港澳地區，那建國之後我們被封鎖的狀況將更加嚴重。到了二十世紀七〇年代末，世界形勢發生了新的變化，特別是黨的十一屆三中全會以後，美蘇關係得到緩和。到了一九八五年，鄧小平提出在未來的二十年內不大可能發生大規模的世界大戰，中國的軍隊進入和平建軍時期。只有在這種情況下，我們才能把以戰爭為中心轉到以經濟建設為中心，形勢的變化為我們提供了這種可能，在這一形勢下我們才有可能把更多的力量投入經濟建設，才有可能提出改革開放，這是歷史發展的客觀形勢。中國經歷三十年的改革發展，我們國家的綜合國力和人民的生活水準有了明顯的提高，但是我們面臨的困難也是客觀存在的。我們要面對現實不能迴避矛盾，所以黨的十七大提出科學發展觀和建設和諧社會，是很重要、很有針對性的指導思想。

今年中、美、俄的關係處於什麼狀況呢？中國和俄羅斯建立新的

戰略合作夥伴關係，共同挾制美國的霸權主義。俄羅斯與當年的蘇聯相比力量明顯削弱，但俄羅斯仍然是一個核大國，許多技術並不落後於美國。而中國是十三億人口的大國，正在迅速發展，是最大的發展中國家，我們要調整好我們的發展戰略，使我們更加穩健、協調地發展。在未來的二十年內，中國與俄羅斯的這種戰略合作夥伴關係具有重要的客觀基礎，雖然在俄羅斯內部也有一些反華派，但從長期來看，我們和俄羅斯的關係是比較穩定的，特別是我們利用上海合作組織排斥美國的關係，穩定歐亞大陸。美國在「9‧11」事件以後，國家形象和國家的凝聚力明顯下降，在阿富汗北約軍隊大約有六萬人，反政府組織塔利班大約佔領了阿富汗百分之七十的領土，並且不斷調整戰略有規模地進行反擊，由此看出美國發動阿富汗戰爭正在走向反面，美國在阿富汗並不受歡迎。此外，美國在伊拉克戰爭中也正在走向反面，美國如今在伊拉克的駐軍大約有十六萬人，它的盟國紛紛撤軍，發動伊拉克戰爭的理由正在逐漸失去合法性。比如美國宣稱伊拉克有大規模殺傷性武器，但直到現在也沒有任何證據，而它發動的伊拉克戰爭事實上是一場侵略戰爭，受到很多國家的譴責，安南秘書長也稱這是一場非法戰爭，沒有得到聯合國安理會的批准。就目前局勢而言，基本上是中俄兩家聯手抵制美國。在蘇聯解體後，美國進一步在東歐建立導彈防禦系統，直接削弱蘇聯的戰略武器，最近又在高加索地區試圖建立導彈防禦系統，因此可以說美國也對俄國進行軍事包圍。普京最近停止執行《歐洲常規武裝力量條約》，這一行為實際上是對美國的反擊，而在美國出現這些困境，我們是可以在周邊地區做一些文章給美國施加壓力，這就是新的形勢給予我們新的機遇。我們要利用世界上的反霸權力量建立夥伴關係網，聯手遏制美國的霸權主

義。美國既是「真老虎」，也是「紙老虎」，美國的高科技很先進，但它也不是萬能的。在經濟上美國是脆弱的，事實上日本向美國提出挑戰，歐洲國家也在向美國提出挑戰，在爭奪高科技的制高點上美國是有壓力的。日本在一些領域的技術超過美國，所以日本有部分人提出向美國打高科技牌，而美國在「9‧11」事件之後，社會凝聚力出現很多問題，按照美國的預測，到了二〇五〇年前後，白種人就成為美國的少數民族了，所以我們說美國是「紙老虎」。美國在世界實行霸權，它在國際上的形象越來越壞，所以美國人也在提出改善美國的形象，但它不可能放棄霸權主義。美國雖然強大，但只要世界上的反霸權戰線聯合起來，美國就不可能為所欲為。這就是我們對中美俄三國關係的一個基本判斷。

在以上的背景下，美國和日本的關係也在發生著新變化。日本的福田康夫上臺以後，公開提出中、美、日三國關係是等腰三角形，這句話的意思表明日本要拉開與美國的關係，靠攏中國和亞非國家，這對於我們是很有利的。日本在我們周邊來講是最大的威脅，日本右翼想重新佔領臺灣，並在東海和我們爭奪油氣田，爭奪油氣田本身就是一場戰爭，它是一種非傳統戰爭，所以我們可以看到中日關係有可能緩和，但在根本利益上是衝突的，特別是在臺灣問題上，如果我們能統一臺灣，我們就可以控制日本的海上生命線。日本是一個沒有市場、沒有原材料的國家，所以日本支持美國在臺灣問題上和我們作對，而美國是把臺灣稱為它鋪成的航空母艦，是遏制中國重要的據點。事實上在東海我們的第一島鏈是出不去的，重要的出海口都被敵對勢力控制，所以我們國家有三百多萬平方公里的海洋國土，多半被控制在敵對國家手中，除了釣魚島、臺灣島之外，有很多個小島被越南、馬來西亞、菲律賓佔領了。南沙按照臺灣蔣緯國先生的說法是第

二個波斯灣，儲存了大量的油氣田沒有開採，而許多油氣田在越南、菲律賓等國手中，所以我國捍衛海洋的利益是需要鬥爭的。我國的東北亞地區並不太平，六方會談對朝鮮核武器的限制不可能是徹底的，美國試圖通過使朝鮮的核武器失效來達到控制朝鮮的目的，朝鮮是不可能輕易舉手投降的，在不同的目標和利益之下，東北亞不可能是天下太平。在東南亞，美國在這一地區的滲透相當嚴重。美國和新加坡、泰國都有軍事協定，最近美國、澳大利亞、日本和印度在我們的東面建立四國聯盟，也有走向軍事聯盟的趨勢。亞洲北約正在浮出水面，包圍中國的態勢是很明顯的，所以說在東南亞地區我們也不能掉以輕心。在西南亞，印度和巴基斯坦的關係不可能一帆風順。在喀什米爾地區，中國也有自己的利益，所以印巴衝突和中國是有關係的，而中印邊界現在有十二點五萬平方公里的土地存在爭議，特別是中段九點三萬平方公里土地在印度手裡，我們要把這一地區收回來非常困難。

從東西南北看，自一九四五年以後，中國是丟失領土最多的國家，我們不希望再丟失領土，維護國家領土的完整是我們的責任，在我們面臨的中亞地區，有三股勢力對我們是不利的，特別是新疆分裂勢力，當中有一個首領叫熱米婭，她在美國成立了流亡政府，隨時準備打回新疆鬧「革命」；在印度，達賴集團至少有十萬人，也在準備鬧事，所以說我們東西南北都面臨著威脅和挑戰。從大環境看，不大可能發生世界大戰，但是從周邊來講，局部戰爭隨時有可能爆發，所以我們不能被動地捲入戰爭，我們也要加強戰備。目前我國的戰備武器和技術總體上同先進國家相比相差一到一點五代，我國電子資訊技術水準的提高已經到了迫在眉睫的地步，比如通信、雷達和資訊安全，一些武器關鍵的元配件靠進口，隨時可能面臨威脅。現代化的戰爭是離不開資訊的，面對這些問題，特別是不熟悉的領域，我們對外

國的情況了解甚少。在對外開放中要汲取的教訓也不少。對外開放是必要的，但是對外開放也有局限性，我們不可能買到外國最先進的技術，原創性、繼發性的技術只能靠我們自立更生。我們的四個現代化，特別是國防現代化是不能依靠買進來的，所以中國應該下最大的決心，走跨越式創新發展之路，這是我們縮短在高科技領域與西方差距的必由之路。

現在的外交不是單方面的政治外交，它包括經濟外交、科技外交、文化外交等。在這種情況下，我們應該擴展我們的視野、凝聚我們的力量，使我們的發展有所突破，所以中央提出「十一五規劃」，並出臺了相關檔。今年的六月十二號，布希在華盛頓建立了一個「共產主義受難者紀念碑」，正式地把中共總書記胡錦濤和希特勒相提並論，美國消滅共產主義的決心是很大的。去年胡主席訪問美國受到很多阻礙，包括美國主持儀式的人員在白宮前面公然宣稱升中華民國國旗、奏中華民國國歌，公開宣揚兩個中國，而且法輪功分子冒充記者，衝到胡主席面前大罵，這不是對胡主席個人的挑戰，而是對十三億中國人的挑戰，所以外交有很多逢場作戲，我們要理解內外有別。我們要有清楚的認識，那就是美國是中國最大的戰略對手，是我們軍隊的頭號敵人，但是在世界大戰未爆發之前，我們又要同西方國家進行合作。這個合作是有限度的，包括愛滋病防治、反恐、環保等領域都可以展開合作，但最重要的是我們要加快發展我們的綜合國力，改善老百姓生活。挑戰是空前的，機遇也是空前的，總的來說，機會大於挑戰，這是我們基本的估計。

二〇〇七年在華中科技大學的演講
何丹根據錄音整理

經濟與社會

城市文化的美學思考

高小康　中山大學教授

　　各位同學晚上好，很高興你們能來聽本次講座。在這裡我要先聲明兩個事情。其一，我現在沒有準備講稿、幻燈片和文檔，但是並不是我準備得草率，請大家不要誤會。我擔任大學的教學有二十多年了，這二十多年我從來沒有用過講稿。我不用講稿是因為我認為大學生不是來聽你灌輸一些知識的，如果僅僅是知識的傳遞，那麼我只需要開一個文章的名單和著作的目錄給大家就行，不必費時間精力來講臺上講。大學教師的主要職責是來啟發同學們思考的，現成的知識只要大家看書就行，而老師講的應該是老師正在思考的東西。應該是讓大家覺得新鮮的東西。同一件事兒，我們的想法有區別，我把我的想法講出來和大家交流，這對同學們就具有啟發作用。所以我從來不拿講稿，因為一旦有了講稿就定型了，定型了的東西我就會發表，發表了的思想就沒有必要再拿到課堂來重複。我在講一門課的時候，在不同的課堂和時間會有不同的想法，所以我的每一堂課都不是完全一樣的。其二，我現在講的東西並不是一定可靠的東西，這些知識經過我思考的，我們姑妄言之，姑妄聽之。在聽的過程中你發現有值得思考的東西你把它記下來就行。

　　給大家講城市文化，因為我這麼多年來是研究文藝理論的。在二〇〇〇年以來發生過一段爭論，爭論文藝學的邊界何在。文藝學通行

的說法就是文學理論。現在文藝學研究的內容擴展到了服裝秀、汽車廣告、房地產、街心花園等，這些一加入就引起了文藝學內部的爭論。一派人認為文藝學應該以經典的文學作品為研究中心，另一派人認為廣告、服裝秀、房地產都是與文學的相似有關，提出日常生活的審美化。我講城市文化，看起來我是贊成將文藝學的邊界擴大化，是文藝學的泛文化研究。其實不然，我講的城市文化與這些無關。我的碩士博士都是研究古代文學思想的。

現在著眼到城市文化是因為有些文學問題從作家和作品本身，是永遠無法穿鑿出結果的。有些東西產生的原因和背景必須放到它所存在的環境中去思考。社會背景必須考慮進去。比如元雜劇劇本研究，《竇娥冤》是一個苦難劇，竇娥從小到大是悲慘到底。從小失去了母親，後來父親要進京考試把她賣成了童養媳，之後丈夫又死了，和婆婆兩個人被張驢兒父子糾纏陷害，最終失去了生命。全劇都是淚點。可是我在讀劇本的時候感覺很不對勁。張驢兒去太守那裡告狀，他往堂下跪，太守也跪在他的面前，並聲稱「凡是來告狀的都是衣食父母」，這個情節很荒誕搞笑。很多老師會將此解釋為這個作品的糟粕，會讓學生們直接拋棄這些細節。可是我在讀元雜劇的過程中，這種荒誕的情節越來越多了。比如：三國中大將軍孫策借了三千老弱殘兵就奪下了江東肥沃之土。在上臺前有兩句定場詩很有趣，「臨到上陣肚子痛，先喝一杯熱燒酒」，將英雄寫成這樣就覺得這句詩不倫不類。所以這是從作品本身無法看出來，後來讀多了就發現這是隱藏在作品背後的背景之中的。雜劇是市民生活中的一部分，是在勾欄瓦舍等公共場所演出，要吸引觀眾就要用一些荒誕的語言唱詞。不僅元雜劇這樣，莎士比亞的劇也是如此，莎翁的劇是很嚴肅的，可是也摻雜

了不少搞笑成分。古希臘的悲劇中插科打諢的成分也不少。這些都不是從文學文本本身看得出來的。一些文化的發展不是說光看文學大家的思想就可以的，還需要考慮其獨特的社會背景。元雜劇最初是寫給市民小老百姓看的，到了明代以後文人士大夫也看，這些文人看了之後就覺得不順眼想要改進。比如明末清初的批評家金聖歎看《西廂記》，認為《西廂記》文采一流，但是認為堅決不讓演員演。他將演員稱為「忤奴」，認為演員們一演就會加進去很多的料，就達不到他心中那種唯美的境界了，一旦演出來就會摻雜搞笑的、荒誕的、黃色的成分。孔尚任寫《桃花扇》之後也專門強調，這套劇所有的場次都寫好了，演出的時候不允許增刪，插科打諢也不許隨便加減。所以在文人這裡戲劇的規定就很嚴格了，但這就直接導致了越來越離開實際的舞臺演出。到了清代戲劇演出越來越雜七雜八、七零八落的了。現在我們看到的《西廂記》和金聖歎批過的《西廂記》相差十萬八千里。在《借廂》這本來很短的一折戲變得很長很長，裡面冒出來一個和尚，又有很多的插科打諢的成分。戲劇是在按照自己發展的路子走，它背後有它生存的依據。戲劇不是文人捧在案頭讀的，金聖歎在評《西廂記》的時候說，「必須焚香讀之，沐浴讀之，和美人讀之，和僧人讀之」，這樣才顯得虔誠、聖潔，體會其中的佛意。可是即使金聖歎說了這麼多，《西廂記》還是在堂會裡、在觀眾的呼叫聲中演繹。所以很多的東西得從文學作品背後很多的關係中去尋找。

到了宋代詩詞中，宋代文人也和前人一樣，開口閉口都是為國捐軀，要麼是豪放派詩人，要麼就是像閑雲野鶴一樣十分飄逸。中國的文人好像就這兩條道路，就像是范仲淹的詞裡說的一樣「居廟堂之高」「處江湖之遠」。所以士大夫是一進一退，或者是安邦濟世，或

者是遠遁江湖。但是宋代的詞人就不這樣，豪放派詞人的詞裡有憂國憂民，但時不時地就會出現纏纏綿綿的小兒女情緒了。比如有俠肝義膽的詞人辛棄疾，感慨報國無門，到了最後也是「倩何人，喚取紅巾翠袖，搵英雄淚」。辛棄疾一方面非常豪放，一方面出入於青樓之地。清空派的詞人也是如此，走來走去都是圍繞著酒樓青樓、園林轉。要是不了解南宋文人的生活環境就沒有辦法理解他們這種詩的情緒了。所以研究文學但不研究文學的語境是會存在很大問題的。而研究文化就必須研究城市文化的發展，這在當代更加突出。德國學者斯賓格勒的名言是：「世界的歷史就是城市的歷史。」文化的發展就是本來雜散的文化結晶起來、凝聚起來，變成了更有生長活力的東西發展開來。這在中國就更加具有意義。中國在改革開放以來，所有的變革都是在城市化的進程中發生的。研究中國人、中國文學，離開了這個背景就不會有意義。所以研究的中心就轉移到對城市文化的關注上。自從宋代以後，中國的文學就和市民的、商業的城市有著不可分割的聯繫。所以宋代詞就和消費化的商業社會有很大的關係。在元代，文學的發生也是在都市的背景下發生的。而當代更是和城市相關。所以城市的美學思考，是和我們大的背景相關聯的。對我們的情感體驗、審美趣味乃至文學藝術精神之間產生影響。

一九八九年的時候文藝學美學面臨蕭條，那時，開會就是討論美學的危機、文藝學的困頓等諸如此類的問題。二十世紀八〇年代後期隨著商業化的進展，「大款」、「下海」基本上把那個時代給封殺了。那時人們最想成為的就是大款，最想走的道路就是下海。美學、文藝都成了無足輕重的問題。我記得在二十世紀九〇年代初期的時候記者去採訪中國中央樂團，發現一個很悲慘的事實，鋼琴在角落裡都快裂

了。因為演奏演員都去流行樂壇上走穴了，沒有人再關注這些音樂了。所以美學和文藝學的經典理論，談論「典型」「審美無利害」「典型環境中的典型人物」這些都同公眾的需要脫節很大。這些都讓我思考，為什麼不去關注當今人們的審美呢？中國社會裡的卡拉OK、流行歌手、通俗小說這些能否成為美學和文藝學關注的對象，所以文藝學裡就開始了一場研究大眾文學的潮流。大家利用西方的文化批判理論很快找到了一條研究大眾文化的路子。西方法蘭克福學派認為大眾文化是平面的、資本的、沒有內涵的，中國學者就直接套用過來。但是這樣研究只是成了一種研究套路，需要更加具體化，所以我在二十世紀九〇年代後期就研究了自己的一套套路。我在思考中國的大眾文化與城市化進程的關係問題。發現中國城市化的背景和文化進展中關注的背景有一個非常微妙的關係。

斯賓格勒認為農村文明是一種植物性的文明，人都是直接和自然環境化為一體的，農業文明都是由環境決定的。但是城市通過它的街道和地基，切斷了人們和土壤的天然聯繫，城市就變成了一種自為的存在。所以城市從它的發展來說，是和以前的文明斷裂開的。這是一種突變論的觀點。因為城市改變了人們生活的方式，這一觀點發展到後來就成了另一種觀點：反城市觀點。生態主義者認為城市的發展破壞了人和自然的聯繫，破壞了原來的性質。這些都是由城市反文明的特徵決定的。另一個是美國學者路易斯·芒福德的觀點，認為城市最早起源於最初人們聚集到一起生活的時代，人們開始群居的時候就有了城市雛形。所以城市的發展和文明的發展在根本上是一致的。我們今天說的城市是一種發展到高級階段的結果。這是進化論的城市觀。城市的發展就意味著文明的進化。這裡就出現了城市的兩種觀點。所

以按照斯賓格勒的觀點，所有的城市都會形成一個自身發展變化到衰亡的歷程，是一種悲觀論的城市觀。而這兩種城市觀就正是影響了一九四九年以來我國城市的發展。

從中華人民共和國成立以來，中國城市的發展走的是一種反城市發展的道路。因為我們革命的時候講的是農村包圍城市，在佔領了城市之後是要將城市原本的特點壓抑掉、消除掉，去除經濟的、消費的成分。從文學創作中可以看出來，在二十世紀五〇年代的時候，主打的是寫農村，比如《三里灣》《創業史》，等等，偶爾寫城市的時候著眼於破壞原本的城市結構，比如《上海的早晨》，寫上海就主要是寫改造上海，改造上海就是要將《子夜》中資本主義的上海改造成工人的、人民的上海，所以城市原本的機制就被抑制了。從社會主義改造以來就是在抑制商業發展的活力，抑制其消費的特質，消費的特質被計畫和分配分別抑制。更不用說一九五八年的計劃經濟，二十世紀六〇年代的文學作品特徵性意味很突出。比如《千萬不要忘記》這個作品，寫的是改造一個男青年受到小資產階級思想腐蝕的故事，一個男青年和女青年談戀愛，受到女生的資本主義享樂思想的影響，注重個人打扮，買了一套一百四十八元的西服（這在當時很昂貴），而且還買了釣魚竿在週末的時候去釣魚。後來接受了思想教育，最終將精力放在了階級鬥爭上面。作品就是在闡述通過思想教育，男青年在和女青年的母親作鬥爭，因為女青年的母親是在用資本主義思想同社會主義爭搶下一代。我關注的這些都是私生活，他所選擇的生活方式是上海典型的生活方式，而作品主導的是讓他們從事生產，不要消費。這樣下來就會存在一個問題，生產之後沒有消費，沒有了消費的可能，消費萎縮之後就會導致工業萎縮，這樣對國家是不利的。另一部

電影《年青的一代》試圖解決這樣的問題，裡面寫的是在上海畢業的大學生，具有資本主義思想的都留在了上海，但是有社會主義服務思想的就自願去了邊疆。從這裡我們可以看出一個端倪：這是大規模上山下鄉的前奏，這就是最早的下放和插隊。為什麼要去下鄉，思想上的理由是為了服務社會，政治上的理由是城市裡容納不了這麼多的人，給不了這麼多大學畢業生工作的機會。所以在二十世紀六〇年代初就開始了大規模的上山下鄉。那時候工廠倒閉了，工人被派回原籍地，冠冕堂皇的理由是要進行資本主義改造，進行思想教育。但是實際上就會造成城市的萎縮。

二十世紀八〇年代改革開放最初指向的是農村，因為大家看到的是家庭聯產承包責任制。可是發展到後來可以看出這是一個城市化的開端。聯產承包責任制就是為了給城市提供消費品，讓城市重新擴張。新的一輪擴張環境是十分微妙的，我們人的需要都和城市的發展密切相關。

如果說在二十世紀五〇年代我們尋找的是一種共產主義的幸福，一種物質財富能夠平均分配的村社式幸福。二十世紀六〇年代追求的是一種精神幸福，全心全意為人民服務，毫不利己專門利人。而二十世紀八〇年代就是城市化發展的一種消費的幸福，在二十世紀八〇年代的電影中就開始出現了。《小字輩》就是寫年輕人怎樣為了城市建設而努力的故事，不再像以前所看到的那樣去否定城市，而是希望城市變得更加活躍一些、輕鬆一些。接下來就是王朔寫的小說中的都市篇，這些都市篇就是肯定都市滋生出來的享樂主義。對物質生活的嚮往，其實就是對城市生活的嚮往。這個時候城市的各個地方開始建設。這時人們心中就有了一個簡單的目標，將四個現代化具體落實，

即將城市建設成具有物質享受規模的實體。從那時開始大小城市開始拼命地建高樓大廈和擴寬大馬路。這是改革開放以後最開始形成的關於社會發展的概念。這也帶來了人們心中盲目渴望的擴張，典型地體現在物質消費意義上的渴望。

二十世紀九〇年代以後城市開始出現了一些變化，人們發現城市要發展，有賴於自身特殊的競爭力。這時就在尋找更高品味的高規格發展，例如一些上規模的建築、一些有影響的企業等，塑造出非常漂亮的城市形象。這時人們對品味和形象的關注成為人們對城市發展的需要。這時國內包括一些小城市都在號稱要將自身建設成為國際化的大都市。其考核就是有多少高樓、多少立交等，這是近乎荒誕的。現在去各大城市的政府大樓尋找美國國會大廈的建築風格都很多，這就是當時在搞城市建設的時候留下來的產物。在二十世紀九〇年代中期的時候可以看出這一行動帶來的影響，即將GDP變成視覺化的產物，中國人的底氣變得特別粗。

二十世紀八〇年代是一個強調學習的時代，但是到了二十世紀九〇年代中後期一些中國人突然變得很傲慢，有的書名就是《中國可以說不》。在中國人的傲慢背後有一個背景是中國人相信我們有實力了，但是這樣的實力是一種浮在表面的實力，中國早就有了一種過度形象化的繁榮。各大城市被大大小小的星級酒店、燈紅酒綠、寬闊馬路製造出來一種繁榮。在亞洲風暴之前國際形勢也是有利於中國積累外匯。但是這也造成了中國過度高漲的自我評估，人們關於國家發展的概念變得過度時尚，造成了中國發展的一種同質化趨勢，將各大城市建設成同樣的模式，這帶來了一個浮躁的時代。將我們社會發展的需要變成一種外觀化的東西，這一後果我們到了現在慢慢品嘗到

了——拉空了表面和內涵的差距。一個地方政府的業績都變成表面建築之後，本來可以協調發展的城市社會和諧被打破了。我們現在看到的很多的社會問題都與這個時候內涵和外在不對稱的距離有關。

到了二十世紀九○年代後期問題逐漸體現出來，這一發展帶來很多問題。很多城市在這樣的發展中把自己建設成為了一個四不像的城市。例如南京，在二十世紀八○年代的時候南京擴大規模發展，當時的口號是讓南京要夾江發展，將長江變成巴黎旁邊的塞納河。所以特意將南京的幾所著名大學建在江北，這後來非常悲慘，這樣的校區建設導致這些大學多年來喘不過氣。長江是南京的背，南京的主要文化基地在江南。南京歷朝歷代都是劃江而治的，二十世紀八○年代搞建設的時候沒有考慮，一跨江就拖垮了一大片。到了二十世紀九○年代建了很多的高樓大廈，號稱全國數量排名第三。帶來了很多問題，老南京人回到南京找不到以前的南京了。南京為了發展，將很多像綠色隧道一樣的法國梧桐砍伐了。建設了這麼多的建築，但是後來有人來了南京之後還是看中山陵、明孝陵、中山門等，並沒有看那些高樓大廈，也就是說二十世紀八○年代建的那些都是白搭的。對經濟發展的利益是很模糊的，這樣一來南京丟掉了城市發展的核心。南京作為十朝古都，是一個文化積澱很深的城市，但是這樣的文化內涵找不到了。南京有中國第三多的高等院校，但是現在南京的市民和真正古都時代的市民形象是不一樣的。《儒林外史》中講到的南京人，杜聖卿到了雨花臺看到兩個挑糞的人，兩個挑糞的人互相約著去雨花臺看落日。所以這個文人感歎「菜傭酒保都有六朝煙水氣」。菜販子、跑堂的都有六朝風貌，但是現在的南京人就不是這樣。

城市的發展關鍵看人，城市裡的人對這個城市有沒有認同感，有

沒有凝聚力。南京將城市建設成現代化的了，很漂亮但是市民們沒有對它的喜愛和認同。後來再建設城市的時候就有了城市精神的說法。我研究了很久，發現了一個規律，各個城市的城市精神都是差不多的，幾乎都是「開拓、進取、求實、創新」，就像是我們很多學校的校訓一樣。這只是一個城市的宣傳口號，真正的城市精神應為市民們是否以這座城市為自豪，這是這座城市最重要的內涵。如果一個城市裡的人都只是將這座城市作為一個謀生之地和賺錢的地方，那就很危險了。現在的珠三角地區就是這樣，很富有、犯罪率很高，廣州、深圳、東莞這三地更是代表。我在廣州三年，丟了六輛自行車，小偷進了家裡一回。問題出現在城市裡大多數人口對這個城市不認同。東莞的五星級酒店是全國最多的，市民們非常有錢。但是東莞本地市民只有三百萬，其餘的都是打工者，很多是血汗工廠，住的都是雙層床，基本上沒有週末，每天工作十幾個小時。在這樣的地方工作，估計連東莞的市政府都不知道，一個城市有百分之八十是這樣的人，他們怎麼會對這個城市產生認同感呢？我們和我們生存的家園存在了矛盾，這個問題就一直從二十世紀九〇年代延伸到了二十一世紀。

中央的文本是要構建和諧社會，那麼這話外之意就是我們現在的社會是不夠和諧的。貧富差距拉大，一方面是二十世紀八〇年代的那種將資本投入到表面建設和想像中去了，實際的生活水準和外表的不同步。另一方面是，差距中的衝突明顯，城市在二十世紀九〇年代中期發展起來的輝煌的、美麗的形象變成了人們普遍的想像，這也變成了人們的一個心理障礙。中國現在的貧窮不是吃不上飯、沒有衣穿，而是帶來一種衝突。來到珠三角地區掙錢的不一定能夠掙到很多錢，而是被一種想像引誘到珠三角來的。這個地方帶來了關於繁華、富饒

等因素的想像。這導致了中國農村地區的衰退，因為中國農村的青壯年很多都被吸引到了沿海地區。但是又不能掙很多的錢，完全是被一種想像引導的。等到後來發現一個城市和自己的境遇產生反差的時候就會產生抵觸，那麼多的犯罪就是這樣產生的。有的犯罪帶有反社會的傾向，深圳有一個犯罪團夥「砍手黨」。以前我們號稱「盜亦有道」，可是這群人就直接上去把拎包的人砍一刀，讓其失去抵抗力之後直接搶包。現在的搶劫裡生命的意義已經沒有了，這種是由生存產生的敵意引起的。文化發展到了這樣，就成為了一個非常重要的問題，是城市發展面臨的一個重要的問題，我們現在缺乏的就是人們的認同感。文學批評對這樣的現象的關注還不夠，對本身文化自身的凝聚力還遠遠不夠。

我在中山大學研究非物質文化遺產。所謂非物質文化遺產就是研究民俗，比如婚喪嫁娶、民間小調、民間傳說等。這與我們平時接觸的物質文化遺產不同，我所研究的是活的，至今還存在，至今還能帶來人們的親切感和認同感。這樣文化遺產的價值在於「保護非物質文化遺產就是保護文化的多樣性」。這就能夠彌補城市發展過程中由於發展速度過快而導致的認同感缺失。每一個群落、區域、社會的文化特性需要保存，這是我們在城市化進程中缺乏的。我們在教育中是不主張保持個人的個性的，城市太張揚會和其他城市產生矛盾，民族個性太張揚容易和別的民族產生矛盾。所以我們主張統一，但是在統一的過程中我們丟掉的是一種歸屬感、親切感。

雷鋒精神是一個典型的例子，雷鋒精神是在一九六三年樹立起來的一種精神，在當時變成一個由中央提倡的偉大模範人物。其實雷鋒並沒有做什麼偉大的事情。扶老人過馬路、給災區捐款等小事，在座

的各位肯定幾乎都做過。但是為什麼他那麼偉大呢？就當時來說也算不了什麼事。雷鋒喜歡寫日記，換句話說雷鋒是一個共產主義觀念的表達者。二十世紀六〇年代我們把所有的觀念都集中到一個觀念上來了，社會上最先學會的是寫日記。其實雷鋒日記中很多東西都是他從別人那裡抄來的。我們的目標思想太統一、虛無了，我們缺少和別人的區別，有時候看韓劇不僅僅是為了傷感，而是有一種感動。韓劇中保持著非常純正的血緣的聯繫和禮儀。他們現在還保持了長幼尊卑的禮儀規範，構成了對社會結構的認同感和親切感。而我們是，每個人都可以認為自己很崇高，但是和他人之間沒有歸屬感，我們和他人之間只屬於一種統一的意象，以前是一個空無的口號，現在是一種普泛的幸福。所以這樣一來我們的文學精神和審美精神在依託上就發生了問題。

我們在重新尋找文化認同就是一件很值得做的事。福建人的族群認同感是相當強的，他們非常注重祖宗同鄉等關係，包括移居的客家人，在墓碑上都有自己的祖籍和輩分。他們的親情關係強烈得難以想像。漁民出海是一個很難想像的事，遇到海潮無法上岸。親屬都在岸邊祈禱老天，而漁民們就把自己往桅杆上捆，希望即使遇難，屍體也能回去。全世界很多華人，在華人界裡通行的是粵語。華人在許多國家求職問兩樣：第一，英語怎麼樣？第二，粵語怎麼樣。如果上海人出國，那就會被淹沒在外國人的世界裡，或者成為規規矩矩的白領，或者是扛屍體的護工。廣東福建人在海外會自己聚集成一個團體，這使得他們的凝聚力非常強。這就會使得現在在中國失傳了的東西，在海外華人的世界裡還依舊流傳。族群認同是構造每個人的親切歸屬感，這是真正在感情上進行的溝通。所以非物質文化遺產應該作為中

國一個非常重要的建設。我們應該找到文化個性，找到每個人的歸屬感。這樣才能找到中國人真正的凝聚力。

　　城市文化已經到了一個需要審視的地步了，我們要考慮怎樣建立一個有親情有歸屬感的社會。這對我們關注中國發展有待解決的問題。關於這個話題我就簡單地講到這裡，有其他的問題我們可以溝通一下。謝謝大家！

二○○六年在華中科技大學的演講

陳俞蓉根據錄音整理

新聞評論與公共輿論

王春芙　《南方都市報》總編輯

　　我是一個報人，現為南方報業傳媒集團的副總編，我真正從事報業的歷史已經十年有餘。在此前，我大學畢業後被分配至廣東省委宣傳部的新聞處，從科員、科長到處長，在新聞處總共待了十五年。到一九九六年八月九日，我來到《南方日報》當副總編輯，現在剛好十年。

　　從新聞處當處長管理新聞，到後來在報社辦理報紙，我曾戲稱我由一個交警轉變成了一個司機。在我將要完成這個角色的轉變的時候，恰好當時的《南方日報》要辦一份都市報，經過籌備我就分管了《南方都市報》的創辦，這樣一管就管了十年。從一個新聞管理者到一個具體報紙的操作者，這個過程的轉變是很痛苦的。為了辦成一份報紙，我和《南方都市報》的員工們經過了十年的拼搏。

　　南方報業傳媒集團一共有七份半報紙，之所以說七份半，是因為有一份報紙我們僅僅只佔有一半的股份，另外還有五份雜誌、三個網站以及一個出版社。所謂七份半報紙，除了《省委機關報》、《南方日報》兩份主報以外，還有《南方週末》、《南方都市報》、《南方農村報》、《21世紀經濟報導》。在這之外，我們最近又辦了三份報紙，是今年三月十八日由《南方都市報》再辦的一份報紙，叫作《南都週刊》。《南都週刊》可以看作是《南方都市報》的精華版，今年十一

月我們又再辦了《風尚週報》。另外，還有半份報紙是二〇〇三年十一月十一日於北京跟光明報業傳媒集團聯合創辦的《新京報》，光明占百分之五十一的股份而南方占百分之四十九，這就是南方報業傳媒集團七份半報紙的基本狀況。從《南方都市報》一九九六年籌辦，到一九九七年元月一日創刊，再到如今的十年，我一直負責它的分管。《南方都市報》發展的這十年，我投入了我的力量和情感，今天正值《南方都市報》籌辦十年慶典，借此我想跟大家分享一下創辦《南方都市報》的一些經過，這也是我今天演講的重點。

從一九九七年元旦到現在，即將走完十年歷程的《南方都市報》在中國報業和中國新聞史上記載下了不可更改的功績。去年八月五日，國家新聞發布署召開了全國報業競爭力年會，年會公布了全國報業除了機關報以外包括晚報、都市報之類所有報紙的競爭力排行榜，《南方都市報》在此排行榜中位居第二名；今年八月五日，同樣在國家新聞發布署召開的全國報業競爭力年會上，《南方都市報》被列為二十強的第一名。眾所周知，廣州報業競爭非常殘酷，廣州地區有三大報業集團，除了我們南方報業傳媒集團以外，還有羊城晚報報業傳媒集團和廣州日報傳媒集團，他們都很強大。廣州地區有七份日報，加上週一、週二、週三的報紙一共有十多份報紙。在不到十年的時間內，《南方都市報》在這樣一個報業競爭非常殘酷的地方，能夠脫穎而出，並且位列前茅，這是有它必然的原因的。

總結原因，我把它歸納為三點：第一，有一個明確的辦報目標，或者說一個明晰的辦報理想和理念；第二，有一支年輕的、朝氣蓬勃的、敬業愛崗的新聞隊伍；第三，有一個優秀的企業文化。以上三個原因是相輔相成的，其中第一個原因決定了報紙的性質和報紙的發

展，也決定了它的成功。我們辦報的目標就是印在《南方都市報》報頭上的一句話「辦中國最好的報紙」，正是這樣一個辦報目標和辦報理念促使《南方都市報》的員工去辦好這份報紙。但是這樣的目標也不是一開始就提出來的，而是《南方都市報》在二○○一年提出的，那時它已經辦了四年。《南方都市報》每年都有一個辦報口號，十年來提出了十個辦報口號，二○○一年的辦報口號就是「辦中國最好的報紙」，現在這個辦報口號已經成為核心口號並成為整個《南方都市報》的辦報理念。

那麼，《南方都市報》每年都提出一個辦報口號有沒有必要呢？提出這個口號有什麼作用？實際上，回顧《南方都市報》這十年走過的歷程，從每年的辦報口號就可以看出。剛創報的第一年是一九九七年，當時廣州地區的報業競爭很激烈，整個報業市場已經被三大報業集團擠得水泄不通、滿滿當當，因此我們想讓讀者知道有一份報紙叫《南方都市報》。為了打開市場，我們取了一個在現在看來很幼稚但有一定道理的辦報口號「《南方都市報》，看了都說好」。在這樣的一個口號中，《南方都市報》解決了一個從無到有的過程。但我們為什麼要叫都市報呢？我們可以回顧新中國新聞史上都市類報紙的誕生和發展過程，在新中國新聞史上特別是改革開放以後的新聞史，大概有三波發展的浪潮。第一波是改革開放初期，也就是一九七八年到八○年代初，那時機關報獨領風騷，從中央到地方，機關報報導著全國大小事務，這是新中國新聞史上報業的第一波浪潮。後來晚報崛起，各個地方的晚報紛紛復刊，並興辦了一大批晚報，像我們廣州地區的《羊城晚報》算是比較老的晚報。當時中國有四大老牌晚報：北京的《北京晚報》、上海的《新民晚報》、天津的《今晚報》以及廣州的

《羊城晚報》。這四大報紙在「文革」以前就有，晚報在當時很繁榮，因為在機關報之外，晚報能夠把報導做得更加深遠，工人市民在茶餘飯後能夠學習、消遣。二十世紀八〇年代中後期是晚報的天下，這是第二波浪潮。到了九〇年代中期，出現了都市類報紙。都市類報紙的創辦是機關報的無奈選擇，隨著晚報的崛起和中心城市的城市類市報的崛起，省委機關報在城市的市場被擠得非常尷尬。出於這樣的考慮，各地方的省委機關報都想辦一份報紙搶回失去的城市讀者，因此這份報紙叫都市報，包括武漢的《楚天都市報》都是在二十世紀九〇年代中期孕育而生的。

《南方都市報》就是在九〇年代這樣的市場狀況下，為了完成《南方日報》交代的指標，搶回廣州、深圳地區的市場而創辦的，因此就定下了這樣一個在報攤叫賣比較好聽的辦報口號「《南方都市報》，看了都說好」。但是在這一年的辦報過程中，我們並沒有完成任務，也沒有把經濟搞上去，但我們下決心一定要把它辦起來。所以到一九九八年制定第二年的辦報口號時，我們不再為了在報攤上方便叫賣，而是試圖體現出在內容上我們這份報紙的獨特之處，所以一九九八年《南方都市報》的辦報口號是「《南方都市報》，大眾的聲音」。一九九八年的這句口號的意思是，我們《南方都市報》主要是要反映廣大市民讀者的呼聲，要反映出大眾的利益，我們將從市民的角度出發辦理好這份報紙。根據這個口號，當年我們在反映市民利益和呼聲方面作了很多的報導，比如我們做過潲水油的報導，酒店飯館裡的殘菜剩羹本來只能拿去餵豬，而偏偏有一些人去收購它，把它送到郊區的加工廠加工成食用油，再又重新流入市場，我們的記者冒著人身危險潛伏在加工點，最後把這個潲水油揭露出來了。廣大廣州

市民看到這個報導後都非常震怒，認為《南方都市報》為市民生活做了一件很有意義的事情，同時廣州市政府對這個報導也給予了高度的重視，市政府組織有關部門掃平了潲水油基地，最後保障了我們市場上食用油的健康。這件報導切實地反映了市民的呼聲。

　　但真正讓《南方都市報》走向市民生活的，不是這些大眾的聲音，而是一九九八年法國世界盃給《南方都市報》的發展提供了一次四年一遇的發展機遇。在法國世界盃期間，每天最後一場球結束時已經到了北京時間凌晨四點，當時我們堅持我們的報紙要報導出最後一場球的結果並寫上足球評論。我們報社的五個足球發燒友通宵達旦地觀看了四十二天的世界盃，在每天報紙印刷出來前要報導出四點鐘球賽的結果並寫出足球評論，最快的足球評論要在足球賽結束後十分鐘寫出來，四點鐘球賽結束，四點半寫稿，五點鐘開機，七點鐘報紙要上刊。就這樣，在別的報紙都沒有報導出最後結果的時候，《南方都市報》從中凸顯出來，並為這五人特闢專欄「五文弄墨」，《南方都市報》由此迅速吸引了一大批讀者特別是年輕球迷。為了不把這五位小夥子的奮鬥成果浪費掉，在世界盃結束後，我們將世界盃期間他們寫的足球評論彙編成一本書，這本足球評論集的名稱叫做《你嘴上有一股風暴的味道》。這本書的發行再加上我們的「五文弄墨」評論一時走紅，這五位記者甚至在廣東各高校成為明星式的人物，這本書也被一印再印才滿足了需求。「五文弄墨」五個小夥子的出名實際上也使得《南方都市報》在市民讀者、大學生乃至年輕人中出了名。這樣一九九八年過去後，我們《南方都市報》發展得很快，發行量也跟上去了，但是廣告沒有跟上，因此仍然沒有盈利，但在這個時候我們對於辦好《南方都市報》有著非常堅定的信心，「五文弄墨」的推出以

及書的發行使我們看到了這份報紙一定能夠辦好的希望。

　　所以當一九九九年到來、在制定一九九九年辦報口號時，我們對於報紙叫好不叫座的現象進行了反思，提出了一個與一九九七年類似的賣報式的口號「《南方都市報》，你要我也要」。這個口號對於《南方都市報》的販賣有一定好處，但對於《南方都市報》在這一年的發展真正起決定作用的是我們所做的一個大製作，也即從一九九九年的第一天到最後一天，我們用整整三百六十五天的時間推出了一個一年的策劃「一日看百年」。當時我們認為一九九九年是二十世紀最後的一年，二十世紀整整一百年的十年內發生了太多的歷史事件，我們決定每天用兩個版面的內容來回顧一百年以來的重大歷史事件。當這個策劃被構想時我感到非常振奮，為此我們對這個欄目的版面設計都做出了嚴格要求，要求版頭必須設計得古樸、有歷史感，除此之外我們對內容也嚴格把關，要求內容上必須有歷史照片以供回顧，更重要的是必須有一篇歷史概括的散文或者政論文，並要求這篇政論文既要符合歷史事實又要具備現代性的眼光，同時兼具飛揚的文采。為此我們聘請了一位北大中文系畢業的學生組織撰寫，我們有一位同志一個人獨立撰寫了近兩百篇，為此他幾乎讀遍了所有關於二十世紀歷史的書籍。在剛開始，我們還沒有想到這個欄目會產生多大的效應，然而推出半個月以後市場效應馬上顯現出來。許多老師、學生以及家長將「一日看百年」當作回顧二十世紀歷史最好的教科書，廣告商也看到了《南方都市報》的價值並給予認可，市場效益隨之而來。因此一九九九年對《南方都市報》來說是取得決定性勝利的一年。

　　到了二〇〇〇年，《南方都市報》創刊三年，已經取得了小小的成就。《南方都市報》的編輯記者們站在新世紀的門口，按捺不住心

中燃燒的激情，提出了一個更讓人振聾發聵的辦報口號「我來了，我看見，我征服」。這句口號反映了《南方都市報》想要改寫中國新聞史的決心和信念。二〇〇〇年，我們繼續推出了許多重型的報導，特別是針對廣東地區的一些時政加重了報導分量，這使得《南方都市報》在新世紀到來的時刻畫出了新的篇章。如果說之前的三年解決了「從無到有」的問題，那麼在二〇〇〇年，我們解決了「由小變大」的問題，我們的盈利額不再是百萬位而是千萬位。到了二〇〇一年，我們統領了《南方都市報》的辦報口號「辦中國最好的報紙」，而正是由於前面幾年的鋪墊，在二〇〇一年我們才有這個信心、能力和膽量毅然提出「辦中國最好的報紙」這個響亮的口號。

到了二〇〇二年，《南方都市報》已經辦報五年了，我們提出的辦報口號是「改變使人進步」。我們認識到都市類報紙是依靠報導一些吸引讀者眼球的社會新聞起家的，這實際上是一種小報習氣，而經過五年的拼搏，我們在市場上已經站穩了腳跟，在經濟上也創造了較大的利潤，我們需要的是改變這種依賴於社會新聞的小報習氣，辦理一份負責任的主流報紙，這實際上也是都市類報紙轉型的一種標誌。「改變使人進步」這個口號使我們對報紙內容做出更大的調整，我們一步步擴大視野，除加大時政報導外還增加了經濟報導，由原來的社會新聞類報紙轉變為今天的時政、經濟以及社會各方面新聞都能夠覆蓋的綜合類報紙。所以這句口號對於我們調整報紙內容、版面起了很重要的作用，這種轉變使得原來一些不屑於看都市類報紙或對都市類報紙抱有偏見的高端讀者也注意到了《南方都市報》的存在，《南方都市報》已經進入到了高端人群、高端讀者的視閾。在這種基礎上，我們把版面由原來的二十四版增加到了七十二版，也將原來的五角錢

一份提價到一元錢一份，我們也成為南方報業傳媒集團的支柱產業。

　　二〇〇三年是《南方都市報》最豐收的一年，我們在這一年提出的口號更加明確「主流就是力量」。我們在之前不斷調整和改變，目標也更加明確，那就是成為一家負責任的主流媒體。在這裡面我們緊緊抓住了三個關鍵字：負責任、主流、大報。這三個關鍵字都很重要，「負責任」從大的方面來講就是要對黨、對國家、對人民、對民族負責，小的來說是要對我們的每一篇報導、評論負責，不作虛假新聞報導。「主流」就是反映主流意識形態、反映主流人群的聲音、反映主流價值觀，我們國家的主流意識形態就是要改革開發、建設和諧社會，這就是主流的意識形態。我們國家在改革開放後取得的變化和成就有目共睹，主流人群就是改革開放的擁護者、參與者和受益者，這就是現在的主流人群，也就是我們常說的中產階級。中產階級越龐大，社會結構將越穩固，可惜現在中國的中產階級才剛剛新生，還沒有形成一個龐大的階級，如果龐大的中產階級穩定了，那將是中國社會最穩定的狀態，主流價值就是為我們的主流人群提供他們認為有利於社會穩定的資訊、思想和觀點。而「大報」是指一個報紙的社會影響力和讀者閱讀率，大報的依據是看它所刊登的新聞評論對於整個社會所產生的力量。《南方都市報》可能現在還不是真正的大報，但我們有決心要使它成為一個負責任的主流大報，這就是我們的目標。

二〇〇六年在華中科技大學的演講

何丹根據錄音整理

多重話語空間的表述及傳播效應

何　舟　香港城市大學教授

　　今天我想給大家講的是多重話語空間的表述及傳播效應。傳播效果是過去一百年行為科學家、心理學家和傳播學者想掌握的情況。傳播在什麼情況下能使人從態度到感情，到認知，到行為等各個方面發生改變呢？過去一百年，從西方到東方的學者，都做了大量的研究工作。結合西方發現的一些普遍規律和中國的一些特殊情況，我今天主要講講現在的傳播效果，以及如何認識傳播效果；並在我們今天的情況下，有哪些是特別的，且與西方不同的需要我們研究的，或者我們能做出更大貢獻的。

　　現在，我要講的第一點就是如果要認識中國目前的傳播環境和傳播現狀的話，我們必須認識中國過去幾十年改革開放帶來的巨大變化。中國的改革開放給經濟、文化和人民的生活帶來了巨大的變化，同時在另一方面，我們的價值系統和價值觀念發生了更大的變化，也就是意識形態方面出現了比較重大的變化。國外考察中國的學者、專家們都認為中國現在的整體國家體制用社會主義來概括，可能是不太準確的。當然，有各種各樣的詞彙來描述社會體制，但現在經常使用的是國家資本主義、官僚資本主義、發展主義等這些詞彙。總而言之，現在的國家基本上的整體體制和傳統的社會主義是不同的。而正是由於這些不同，從國外的角度來看，在主導意識形態理論方面就出

現了相當多的進步的修訂和改進，起碼拋棄了過去人類一種烏托邦式的實驗的一些做法，而那些做法經過若干國家至少七十年的歷史證明，可能在人類現階段是不太合適的。因此，科學發展觀、「三個代表」等都是針對過去在理論上做出的修訂。

現在意識形態的主流，從海外的觀察角度，我們認為是以國家發展主義為主，左和右思潮混雜的相對多元的主流意識形態。而相對於這一主流意識形態的是一個多元的、非主導性的意識形態。這意識形態包括了自由的民族主義、犬儒主義、拜金主義，等等，而且還有其他的宗教方面的信仰，因此出現了兩個基本上共存的意識形態的領域，其中一個領域是相對的多元化，另外一個領域有相當多的多元化的因素，造成了我們所講的兩軌制。而我們今天所講的滯後、對立、並存現象，一方面是因為社會主義的一些基本元素還存在，尤其是社會主義的話語還存在；另一方面是資本主義的實踐在進行，市場經濟和各種各樣的勞資關係等所有制關係，都出現了對立的情況，並且集中在所謂的國家型資本主義體系裡面。

而按照正常的道路發展，我們現在所講的表述空間，是早年間Mirror提出的關於媒體和社會轉型要走過的道路的一個動態模式。這個動態模式的最下端是極權主義，最上端是民族主義。這一面是走到國家的社會主義和史達林主義；而另一面可以走到國家資本主義，然後再走到自由資本主義。如果按照這些概念來劃分，我們國家應該是走到社會主義這邊。按話語論，或者話語表述空間應該和發展情況相對應是比較符合的。然而，我們目前的情況卻是我們的表述空間滯後於我們的現實。中國巨大的改變了的現實和需要表述的話語空間存在脫節現象，表述的話語空間存在明顯的滯後現象。而這些現象在很多

社會轉型的國家都出現了。前段時間，我們到東德去，發現了很多東德人在語彙上找不到表述現狀的語彙，這是因為這些語彙是傳統的語彙，滯後於現實。另外一個情況是現在因為新興傳播媒介的發展，尤其是互聯網、手機短信和其他的一些傳播手段的發展，乃至交通的發達，人與人之間接觸的頻率越來越高，就形成了一個相當大的民間的話語空間。因此，另一方面就是官方話語空間的存在。官方話語空間主要是以主流的大眾傳播媒體和會議、文件等為載體；而民間的話語空間主要是以互聯網、手機短信和人際交流為載體。這兩個話語空間既有交錯的地方，也有並存和對立的地方。以上就是中國現在傳播的生態和傳播現實。在這種傳播現實下，用過去西方理論來看中國的現實，就會出現很多問題。

首先第一個出現的問題是，當你的意識形態符合一個話語表達空間領域的基本價值觀念的時候，你就容易在同一個話語空間領域進行表達，而且你的表達也不會存在太多的障礙。我在鳳凰衛視做節目時，基本上是允許自由說話的，當然也存在著底線。但是在一般情況下，我所說的就是我自己所相信的，表達流暢；而當我在講述懷疑的內容時，我就要為自己心理障礙的克服提供一點安慰的因素。這種情況，在一個多元的話語表述空間和意識形態存在的社會就形成了經常性的現象，換而言之，也就是意識形態與話語空間不符合就形成了經常性的現象。在這種情況下，有幾種解決問題的態度和辦法：第一種態度就是不言不語、麻木不仁；第二種就是改變自己；第三則是在別的地方說話；再有一種就是擴展話語空間領域，擴大邊際；最後一種就是到別的話語空間領域說話。而這種情況同時也會出現影響社會受眾的情況，因而受眾也處於不同的心理狀態和不同價值觀念的認可狀

態。

　　早年間，在研究傳播效應時，傳播學者認為媒體可以像魔彈一樣的，只要一發出資訊就能影響所有人，而且同樣的時間影響所有同樣的人，造成同樣的結果。這就是魔彈理論，具有強烈的傳播效果。後來，人們認為傳播效果是不強烈的，依靠媒介是無法影響所有人的。原因在於：第一，人不同；第二，社會場景不同；第三，人的接受能力和原來的理解能力也不同。因此，一種資訊不能對所有人都產生影響；同樣的資訊也許對所有人都不產生影響。所以，在一段時間內，大家認為媒介的影響力是非常低微的，而其他的學校、政府機構、宗教、家庭等因素對人的影響則高於媒介對人的影響。這就是我們所講的弱影響理論。後來又發現媒介還是有些影響的。但是，按照與其說媒介轉變人，不如說媒介強化人原來固有的觀念的這種理論，如果我在官方話語空間領域進行傳播，希望能夠加強你的認同並使你過去的觀念得到更好的強化，這種看法是認同的。可是，在民間話語空間裡，民間話語內容是不同的，它的受眾的認同也是不同的，因此，你所達到的效果就會比較差。在中國今天這種場景下，我們宣傳「五講四美三熱愛」，強化大家「五講四美三熱愛」這種原來的價值判斷和價值觀念，需要做大量的事情。可是，你會發現，由於中國目前存在另外一些東西，這種強化作用並非是直接的。因為要使宣傳和媒體發生效用，就要有幾個先決條件。第一個先決條件是完全控制言論，沒有其他可以替代的資訊來源。第二個先決條件是有一夥比較愚蠢的受眾。第三個先決條件是傳播者必須有較高的信譽，大眾相信他。第四個先決條件是傳播者能夠適當地兌現他原來的承諾。然而，現在中國的情況卻不是這樣的，不具備剛才的條件。中國的大學招生越來

多，民眾受教育的程度越來越高，讀書率已經超過百分之九十，民眾都有自己的判斷能力；並且最重要的是，在官方話語之外，存在一個大的民間話語空間，而這個民間話語空間使得傳播效果複雜化，使得從一個管道來達到傳播效果變得十分困難。

　　第二個理論，大家也學過的，就是議程設置理論。主流媒體通過選擇性的報導某些事情，從而使得這些事情變為大家認為是重要的事情，這就是議程設置理論的基本觀念。大家今天看報紙，有沒有看到缺油的事情？「油荒」的事情，大家是從媒體知道的。從大眾傳媒來說，A是缺油，B是某項重要事情，因為媒體大量的報導，我們分析媒體的議程，主要是根據媒體的報導量和媒體把議程設置的選重程度，報導量越大，選重程度越大，議程的議題位置就越高。因此，這種理論相對來說，是一種弱理論，它只是影響我們的感知，而不影響我們的態度。我們認為這些事情重要，我們在想著這些事情而已。按照原來傳統的理論，主流媒體是能達到這種效果的，並且這種效果在美國和世界各地都得到反復的檢驗，最少有五十篇文章證明這種效果是存在的。但在中國這種情況下，有些時候你就會發現，主流媒體設置的議程會影響民眾的異常；而民眾的異常又經常受到民間話語空間中新媒體議程的影響。而且，有些時候就會產生一些有趣的現象，就是民間話語空間裡面的媒體議程影響官方話語的議程。芙蓉姐姐不知道從哪裡冒出來，也不知道為什麼就變成了一個議程，大家也不知道為什麼認為這件事情很重要，而且官方媒體也把它列為了一個議程的項目。這些議題從民間開始，還有其他的一些關注經濟問題的議題。兩個議題的並存，存在兩個不同的話語空間，使得主流媒介的議程設定的效果受到極大的影響，而且這兩個話語空間的內容又相互影響，

形成了一種比較獨特的現象；而且造成了另外一種獨特現象，就是你的這邊是ABCD，我的那邊是BEBA，也許還是ZH，這些都是相互之間竄過來的。那麼，到底誰給誰設定了議程？這個問題就成為了一個複雜的問題。這個民間的議程和官方的議程是不是一致？如果官方要通過自己的媒體來把自己的議程變成民間的議程，它能不能達到這個目的？這些事情就是一個很奇特的現象，並且這個現象就是我們所謂的議程設定的反轉形態，或者是反議程設定的形態，就是中國所特有的現象。同學們可能會問到，美國也有很多人會持有不同的觀點，美國也有不同的意識形態領域和不同的話語空間；但是，基本上來說，所有美國人持有的觀點比較接近，所認同的基本價值體系是接近的，在公開場所和私人場所所說的事情基本一致。因此，它就不會存在一個比較隱形的話語空間，而這個話語空間在不知不覺之間，在隱性之中，發生著影響民眾的作用。

第二個問題就是沉默的螺旋的問題。大家也知道，沉默螺旋的意思就是如果媒體把一件事情越說得是正常的、常規的，社會應該是這樣的，那麼，人們就會越沉默。這個研究是從二十世紀七〇年代德國的政治選舉得出來的一個結論，經過在後來其他領域和其他問題的檢驗，大家認為沉默螺旋是存在一定效果的，是在一定情況下存在的。在二十世紀七〇年代的時候，美國社會認為同性戀行為是異端的，按照基督教的原則，是不符合人類的要求，不符合人類傳宗接代的基本規律。所以，那些同性戀者藏在壁櫃後面，不敢出來；後來就敢出來了。而社會越把一件事情說是正常的、常規的，人就越沉默。換而言之，社會越把一種異端，越把相對的一面認為是正常的，那麼，有異端想法的這些人就不敢說話，因為他害怕孤立，心理上比較難受。因

此，在一些政治活動中，在舉手投票中，那些投票的人因害怕孤立而選擇隨波逐流。很多研究證明，在中國的情況下，因為社會存在另外一個話語空間，又發現了不同的現象。官方話語空間與民間話語空間相對立，官方話語空間所認同和提倡的往往遭到民間話語空間的反對與質疑。這就是因為社會存在不同的話語空間，而這個話語空間表述了不同的價值形態和價值系統，因而就造成了這種情況。

第三個問題就是多重話語空間領域語彙和表述方式的問題。原先在新華社做記者的時候，我就深深體會到語彙的不同。因為當時新華社的目標就是培養一群作為中國第一代既理解西方新聞，又明白共產黨宣傳原則的宣傳工作者，所以我們當時在新華社所做的事情，就是用一種西方的方式來宣傳東方的價值。而這時就會發現，有的時候價值觀念是不可以這樣做的，因為價值觀念有著自己的外殼表現形式，要是換了另外一種東西，就很難表述出這種價值觀念，只有表現形式和它的價值形式相吻合才能做得到。因此，現在就出現了官方與民間兩種話語空間的語彙不一樣的情況。我經常上網看一些「憤青」的言論，海外的「憤青」話語十分粗俗，等同於罵架。而這種形式，在過去中國的書面表現形式和大眾表現形式裡是少見的。現在，互聯網從一種人際交往模式變成了一種偉大的傳播模式，成為了一種真正的大眾傳播模式。因此，在這種情況下，表述的表現方式出現了幾種不同的類型，而官方的表現模式還是比較滯後的。我在新華社工作時，存在著「新華社，人民腔」的一種模式。現在每當報導重大事件時，還在使用這套滯後的表述方法，但是，中國的現實已經不是這套表述所能夠反映的，並且這套表述無法真正地影響人的思維、情感和態度。

第四個問題，就是我們今天所講的傳統的傳媒效應。過去，傳媒

效應認為是直接的，是一步到位的。到後來有些研究發現，傳播媒體的效果並不是一步到位的，是分兩步的：第一步，首先傳達到一些意見領袖；第二步，從一些意見領袖傳達到其他的人。傳統的觀念認為意見領袖的意見比其他人和傳媒更為重要；並且意見領袖是受眾之中的人，而不是媒體的人。但是現在，事情比較複雜了。因為多元話語空間和各種各樣新媒體的存在，傳統的一元媒體直接將意思傳達給大眾中的意見領袖，從而影響其他的受眾；可是在現階段，我們發現意見領袖既在受眾之中，又在受眾之外。因此第一個影響的矛盾，就是意見領袖究竟是受眾裡面的，還是媒體裡面的，還是半媒體裡面的？這是第一個問題。第二個問題就是在受眾或其他的意見領袖收到意見領袖的意見或建議以後採取的行動，又會回饋到意見領袖這邊，並且意見領袖還可以和大家共用很多東西。這也是原來傳統理論所不能解釋的。意見領袖一會是受眾，一會是媒介；而作為受眾，意見領袖又會變成大眾傳播媒體。所以，在這種情況下，過去的很多角色和影響的方向進行轉換，而且既是受眾，又是傳播者這種情況大量存在。

最後一個理論，就是傳統的框架理論。如果議程設置理論是關於人的認知的問題，那麼，這個框架理論就是關於影響人的態度的理論。認為某件事情，並給與一個價值判斷，這就變成了我們所講的框架理論。物品展現的角度不同，使得你的態度不同。美國的墮胎運動，墮胎與反墮胎就成為了一個罪與無罪的事情。根據框架理論，就變為了一個支持選擇與尊重生命的辯論。因此，框架是很重要的事情，是一個事情如何呈現給大家的並影響大家的態度的問題。西方的媒體報導是一種方式，中國的報導又是另外一種方式。如何認定這件事情，就是框架的問題了。這個問題原來比較簡單，是主流媒體發揮

使你改變自己思想的這個功能。現在，由於存在著和這個相競爭的另外一個話語空間，因此，人們對同樣的事情有著不同的說法。幾年前的南京投毒事件，大眾傳播媒體開始認為是一個事故，而網上有的醫生認為是有人故意投毒，近似於恐怖報復活動。事故和恐怖報復活動是兩個概念，你所接受的態度與視角就決定了事件的類型。由於有了多重意識形態的空間和多重的話語表述空間，各種話語表述空間對待同一個問題的看法是不同的，而它又影響了這些人和這些話語空間認同的人的態度。而使用於實踐理論，也是同樣的情況。過去的觀念認為人有自己生理和心理的需要，並且根據生理和心理的需要來選擇媒體。如果選擇的媒體內容能夠滿足生理和心理的需要，我能夠獲得滿足並固定了這種模式。這就是使用於滿足理論的一個基本概念。但是，現在出現的一個問題就是有些話語空間無法讓你滿足。在這種情況下，就不僅僅是媒體的選擇了。過去，我們認為滿足於傳統的實用理論，是限於媒體和內容的選擇。而現在，第一步選擇是選擇哪個話語空間尋找東西，並且知道這個話語空間所包含的東西；第二步選擇則是選擇自己所需的媒介和內容，打破了過去傳播效應的一些東西。

我的結論是中國處於一個社會轉型的階段，而這個社會轉型的階段由於很多具體原因，使得轉型的過程拉長了；而很多出現革命和社會轉型的時候，這種轉型都是短暫的，一種新的價值體系和一種主導的價值體系很快就取代了過去舊有的價值體系和意識形態；但是中國這種情況是因為轉型的過程拉長了，就出現了很多共存與滯後的現象。在這種環境下，中國就出現了很多人類傳播中一些奇異的現象。如果中國的傳播學者想要做出貢獻而不是拾人牙慧，想要和別人在同等的話語空間領域和知識結構進行對話與積累，有些說話是有意義

的；但是，我研究的是不同的現實，提出的是反證或是擴大的領域，而這種情況如果不在一個領域裡，與國際接軌就會存在問題。現在，我想在中國文化圈做出一些貢獻，同時又有積累和對話，我就應該注重反方向的效果和多出來的空間以及這個話語空間的相互交際、相互作用等這些情況。

二〇〇七年在華中科技大學的演講

朱夢珍根據錄音整理

協調利益關係與優化社會結構

孫立平　清華大學社會學系教授

　　我今天講的題目是：協調利益關係與優化社會結構。就是想從這樣一個角度，把我對和諧社會的思考，跟各位老師和同學進行一次交流。

　　怎麼來理解和諧社會？大家都知道最近幾年，中央提出了一系列的關於社會發展的新的理念。從比較早的三個代表，到後來的科學發展觀，然後又到構建和諧社會，再到轉變經濟增長的方式。按照我個人的理解，這麼一些理念的變化，實際上代表了我們一些發展思路的變化，包括社會發展的一些基本的思路、基本的變化。問題在於怎麼來理解這些變化。為什麼要在一個理念之後又提出另外的一個理念？我覺得對於這樣的理念我們可能面臨兩個東西：一個方面是要掌握它的豐富的內涵；另一個方面，我們要看到它的側重點在什麼地方。

　　每個理念提出的背景，它要解決的問題是不一樣的。

　　第一，是三個代表。三個代表要解決的是什麼問題？我覺得它主要是要解決黨的地位和合法性問題。為什麼要提出這個問題？因為在三個代表理念提出之前，有一個問題曾經在內部討論了好長時間，就是關於從革命黨向執政黨轉變的問題。因為你是革命黨的時候你代表工農的利益，為了工農階級的利益而鬥爭，但是成為了執政黨，成為這個社會的管理者的時候，這個社會就不只有工農階級，還有其他的

社會力量。你跟這些力量是什麼關係？所以三個代表主要是通過理順它和這個社會的各種力量的關係，來確立自己的合法性地位。但是這個問題說起來容易做起來難。最近這幾年一些社會問題、社會矛盾不斷地增加，老百姓的不滿情緒也在增加。這個事實告訴我們，可能這個問題解決得不好。為什麼解決得不好？我覺得涉及一個很大的問題，就是怎麼代表的問題。

隨著市場經濟的改革，利益越來越多元化，社會結構也越來越多元化，社會利益的分歧也越來越多元化。不同的群體有不同的利益，這些利益有一致的時候，也有矛盾的時候。對待這些利益，我覺得要有一個新的思維。在利益的問題上，可能矛盾對立的雙方沒有對錯之分。比如股票市場，有人希望它漲，有人希望它跌，你說誰是對的，誰是錯的？沒有正確與錯誤之分。房地產市場有賣房、買房的，賣房的願意房子越貴越好，買房的願意房子越便宜越好。哪個是對的，哪個是錯的？沒有對錯之分。

利益的多元化，有時候可能是矛盾的，但有時候可能又都是在正當的情況下發生對立的。你是代表多方，還是代表少方？你是代表買方，還是代表賣方？實際上我覺得代表就是協調，但是這種協調須要通過一系列的制度才能實現。這是一個問題。

第二，是科學發展觀。科學發展觀它要解決的問題和三個代表要解決的問題是不一樣的。它要解決的是經濟社會發展模式的問題。現在的經濟社會條件和改革之初相比發生了很大的變化。在這種情況下，社會經濟發展問題就到了一個要轉換的時候。開始的時候，科學發展觀還比較虛，但是經過去年十一五規劃以後，明確提出轉變經濟增長方式。所以這個問題還是逐步地明確起來。

第三，是和諧社會。和諧社會也講了很多，二十多個字。如果讓理論家來論證，那將是一個非常複雜的體系，包含著非常豐富的內容。但是我覺得它的重點是要解決社會關係中的利益關係問題，是要解決各種社會利益問題，解決或者是緩解由於利益衝突帶來的種種不穩定的社會矛盾。我們現在種種的社會問題，事實上都是跟利益的不協調而導致的問題聯繫在一起的。我記得和諧社會剛提出來的時候，各省的領導都有一個公開的表態。當時的江蘇省委書記的理解跟我比較相近。他說和諧關係，最主要的是利益關係的和諧。這一次六中全會的決議，更明確地把這個事情確立下來了。構建和諧社會最主要的，就是要解決老百姓最關心、最現實、最根本的利益問題。所以我覺得這個理念就是涉及最現實、最直接的利益關係問題。這是我對和諧社會最基本的一個理解。

在黨的六中全會之後，有些朋友就下去搞調查，發現這當中其實是存在著很大的問題。現在最大的問題，我覺得就是和諧社會如何落在實處。為什麼？我覺得最主要的表現如下。

第一個大的問題是關於宏觀邏輯與微觀機制的問題。就是調整利益關係這個道理，從一個社會來說、一個國家來說，一說就說得通，但是在整個國家、整個社會層面上能夠說得通的東西，在一個省、一個市、一個縣卻未必說得通。

比如我舉個例子。我們人類只有一個地球，要好好保護這個環境，要節約水資源。從整個人類來說，這個道理一說就說得通。但是每個國家都有自己的一個小算盤。和諧社會也是如此。更重要的是和諧社會和經濟發展很容易成兩張皮。因為可以說我們現在仍然是處在發展經濟的時代。以經濟建設為中心，發展生產力這個沒有過時。但

是如何在發展經濟的過程中，又構建和諧社會？這兩個究竟是什麼關係？剛才我也說了，如果讓理論家來論證，他會說這兩個是完全一致的、完全沒有矛盾的。但是理論中沒有矛盾、理論中很一致，到了實際中又很容易不一致。在實際工作中，不花錢的時候很容易一致，一旦需要花錢就很容易不一致。所以很多時候就要學習，提高思想，解決問題。

用政績指標去考核，說你必須給我搞和諧社會，能不能起到作用？起是能起，但是效果很有限。所以最近這兩年我一直在想一個問題，就是如何才能形成一個微觀的機制？這個微觀的機制需要怎樣才能統一起來？那麼這個微觀的機制是什麼？就是一系列的制度安排。

一個很重要的制度安排就是稅收。我們現在的稅收是什麼？是以生產型增值稅為主，也就是說，我們的收入、我們的稅收主要是產生在生產的環節上。如果我們把社會經濟分為幾個環節，如生產的環節、流通的環節、消費的環節，那麼我們的稅收主要來自生產的環節。這樣誰有生產的環節，誰就有稅收，誰就有財政收入。誰處在生產的環節？資本、資本家。要吸引生產的環節，那麼它必然要把屁股坐在這一邊。

但是我們想想，如果這個稅像西方一些國家那樣，是以消費型增值稅為主，它的稅收主要是來源於消費的環節。這個時候，政府會站在哪一邊？它要關心這個社會的消費總量，消費總量實際上就是老百姓的購買力。老百姓的購買力，取決於老百姓的收入。那麼也就是說如果老百姓的收入越高，他的購買力就會越強，社會的消費總量就會越大，政府的收入就會越多。這個時候大家想一想，它會關心什麼問題？會關心老百姓的收入，這個時候如果發生勞資衝突，工人要求增

加工資，政府會是一個什麼態度？我們可以想像，這個時候它想不關心老百姓的收入都不可能。這就是什麼？這就是構建和諧社會美滿的結局。

這樣一個稅制，實際上和我們很多的社會生活都相關。我們生活當中很多地方不和諧、不順暢，和這麼一種資源是有很大關係的。因為稅收是一個很大的資源的分配手段。

我舉個例子，我們過去很多地方聽到過這樣的事情。在馬路上設卡：你那邊的啤酒不允許賣到我這邊來。馬路上就把它攔下，地方封鎖。這種地方封鎖哪來的？稅收。為什麼？你可以想像：假如說一瓶啤酒能夠產生三毛的稅收的話，很有可能二毛是產生在生產的環節上，一毛是產生在流通的環節上。那麼這樣一個稅收的分配稅制，我們可以想像會造成什麼結果。假如說長沙生產的一瓶啤酒要賣到武漢來，武漢人把它喝掉，這種稅收將會是怎麼分配呢？結果就是武漢人每喝掉一瓶長沙生產的啤酒，長沙市政府就可以有兩毛的稅收收入，流通中還有一毛的稅收收入。在這種情況下，它不搞地方封鎖，可能嗎？不可能。

所以我們現在有一個很重要的問題，就是要建立一個處理這種問題的微觀機制。這是第一個大的問題。

第二個大的問題，我想來談談公平與效率的問題。因為這是一個節。我們現在關於調整利益關係跟經濟增長的關係，仍然是一個很重要的分歧。這個分歧跟我們怎麼來理解公平與效益的關係緊密相關。現在我們的學者派、官員派，甚至是老百姓，都會談公平與效益的關係問題。但是我覺得這個問題在很大程度上是一個假問題。為什麼這麼說？因為世界上沒有一個一成不變的效率與公平的關係。順便把這

兩個概念解釋一下。這個公平與效益的關係，實際上它要講的是平等與效益的關係。或者我把它進一步具體化為公平與經濟增長的關係問題，是貧富差距與經濟增長的關係。這個關係取決於什麼呢？取決於它所處的具體的背景。這個具體的背景是什麼呢？就是說在具體的特定的時候，它影響社會經濟發展的主要原因是什麼。由於不同時期影響社會經濟增長的因素不一樣，所以這兩者的關係也就不一樣。比如說就拿改革開放這些年來說，在二十世紀八〇年代，影響中國經濟增長的主要因素一個是資本，一個是機遇。機遇是特定時代給的，所以主要是談資本的問題。那麼按照發展經濟學的解釋，發展經濟學有一句很有名的話，聽起來好像是廢話其實不是廢話。它說一個國家窮，為什麼？就是因為它窮。這什麼意思？前面一個窮，是說一個國家經濟發展慢，就是說一個國家為什麼經濟發展慢，第二個窮是指它缺少資本、沒錢。在那個時候資本成為制約經濟發展的最主要的因素。由於資本是制約經濟增長的最主要的因素，我們那個時候處在怎樣的一個時代啊？一個招商引資的時代。誰能招來商、誰能引來資，誰就能發展。貧富差別直接影響資本的積累。

我們可以舉個例子，比如說有兩個人，總共有二百元錢。不同的分法，對經濟發展的影響就不一樣。一種是平均主義的分，每人一百元。然後一個月過去了，每人各剩下十元，花掉了九十元。然後這十元分別存入銀行，就有二十元的資本積累。我們換一種分的方法，不是按照平均主義來分，而是把差距拉得大一些。一個人五十元，一個一百五十元。這個時候會有一個什麼結局呢？分得五十元的人我們知道他會生活得很艱難，但是他糊弄糊弄一個月就過去了。分得一百五十元的這個人呢，就稍微奢侈一些，但是他將最後剩了四十元

錢存入銀行。這樣原來積累的是二十元，現在是四十元，資本積累增加了一倍。所以從這個意義上來說，貧富差距大一些，會有利於資本的積累。然後按照經濟學的解釋，這個資本多了，就可以擴大生產規模，增加就業崗位，這樣經濟得到發展。原來經濟學是這樣解釋貧富差距對經濟發展的影響。我們現在仍然有一些經濟學家持有這樣的觀點。這種情況在十五年前或者是二十年前是對的，但是現在卻不行。因為制約中國經濟發展的最重要因素已經變了，如果說那個時候是資本和激勵機制的話，那麼現在更多的是市場和需求。

大家現在還在校園裡，有些情況還不太了解。但是人家將來到了社會，就會知道現在最重要的是需求的問題。比如說你想做水果生意，關鍵的是要看看能不能找到市場，有沒有一個好的價錢。要找到一筆錢來做資本已經是越來越容易的事情了。所以資本已經不是影響中國經濟發展最主要的因素了，當然我不是說錢已經不重要，而是相比之下，市場的問題、需求的問題比錢更重要。所以我們就可以看到制約中國經濟發展的主要因素已經發生了變化。在這種情況下，我們再來看貧富差距對經濟發展會有什麼影響？這個時候主要的不是資本，而是市場和需求來推動經濟增長。

我們經常說到的一個比例就是二八開。我們銀行多次的調查表明，這個二八開是存在的。就是說20%的人擁有80%的財富，而另外80%的人只擁有20%的財富。對於這種格局，人們過去更多的是從政治社會的角度來考慮這個問題，比如說這樣的一種兩極格局對社會的穩定、對人們的不滿情緒和社會衝突會有什麼影響。但是我們很少去考慮它對經濟增長會有什麼影響。現在的問題很明顯。這個擁有80%的財富的、相對富裕的人是需求大體處於飽和的狀態，車子有了，房

子也有了，高檔電器也有了，所需的是正常商品的換代，但是正常商品的換代對需求的擴大是很有限的。這一部分人的需求主要是奢侈品的需求，他要買車，也不會買國產的，他們買的跟我們的內需沒什麼關係。那麼剩下的那80%的人只擁有20%的財富。從需求上來說他們有很大的需求。但是他們沒有錢。所以這樣一個兩極的社會會造成一個什麼結果？一端是有錢沒有需求，另外一端是有需求但沒錢。在這種情況下需求從什麼地方來？市場從什麼地方來？我們現在面臨的就是這個。我們現在因此看到滿大街的跳樓價。另一方面，我們每年要維持8%或者9%的GDP的增長，我們每年大概要30%至40%的對外出口的增長。你必須高度依賴外國市場，但是這個已經越來越難了。為什麼？你已經經過了二十多年的經濟增長，你的經濟總量跟以前不可同日而語。原來你佔領世界市場的比例是1%，你增長一個30%都沒關係，是1.3%，再來一個30%，也沒關係，大概是1.6%多。但是我們現在不一樣了，很多產業已經分別占到了世界市場的30%、40%、50%，有的甚至達到60%。比如照相機已經占到了50%，你想想你還能夠增長幾年。世界市場的變化是很有限的，你給別人還得留點縫吧，對不對？所以這段時間經常有一些國家對中國進行反傾銷的消息。原來只有歐美，現在已經發展到很多「小弟弟」。

前段時間看到一個消息，在非洲有一個與中國傳統關係很好的國家尚比亞，是一個議會民主制的國家，在一次總統大選中，有一位候選人公開提出抵制中國產品。就是這麼一個與中國有著傳統友好關係的國家，在這個時候都提出這樣的口號，我們可以想像世界市場還有多少。所以從這個角度來說，我們現在制約經濟增長的最主要的因素就是市場和需求。而貧富差距恰恰是通過對內需的形成、對市場的形

成，來影響經濟的發展。在二十多年前貧富差距是通過對資本積累的形成，來促進經濟發展的。但是現在貧富差距是通過抑制市場的形成來對經濟增長產生消極的影響。但是在這種情況下，我們的一些學者還是閉著眼睛按照二十世紀八〇年代的一些結論說貧富差距大一點對經濟發展有好處。

所以如果從這樣的角度來看構建和諧社會的話，那就是通過利益關係的調整來為我們將來的十年，或者是二十年的經濟增長做好準備。

我前段時間在網上看到一個這樣的故事，這個故事很形象，寓意也很深刻。

第一種情況：

假設在一個地方發現了金礦，來了一個人投資建了一個礦場，雇一百個工人為他淘金，每年獲利一千萬元，礦主把其中的百分之五十作為工人工資發下去，每個工人每年收入五萬元，他們拿一萬元來租房子，剩下的四萬元用來結婚、生孩子、成家立業；礦主手裡還有五百萬元，可以做投資。因為工人手裡有錢，要安家落戶，所以，房子出現需求。於是礦主用手裡的錢蓋房子，租給工人，或者賣給工人。這樣，幾年之後，在這個地方出現了一百個家庭。孩子要讀書，有了教育的需求，於是有人來辦學校，有了電影院，有了商店。這樣，五十年過去以後，當這個地方的礦快被挖光了的時候，這裡已經成了一個有十萬人左右的繁榮城市。

第二種情況：

假設同樣發現了金礦，同樣有人來投資開採，同樣雇一百個工人，同樣每年獲利一千萬元，但是礦主把其中的百分之十作為工資發下去，每個工人一年一萬元。這些錢只夠他們勉強填飽肚子，沒有錢

租房子，沒有錢討老婆，只能住窩棚。礦主一年賺了九百萬元，但是看一看滿眼都是窮人，在本地再投資什麼都不會有需求。於是，他把錢轉到國外，因為在本地根本就不安全，他蓋幾個豪華別墅，雇幾個工人當保鏢。五十年以後，這個地方除了豪華別墅，依然沒有別的產業。等到礦挖完了，礦主帶著鉅款走了，工人要麼流亡，要麼男的為盜，女的為娼。

這是網上的編的一個寓言故事，它非常形象地反映了兩種發展的模式、兩種不同的利益結構，及其帶來的不同的結果。構建和諧社會，需要千方百計地去協調利益關係。要按照第一種模式去發展。這是第二個大問題。

第三個大問題，我想談談調整利益結構與內需的問題。剛才說了利益關係、利益格局是和內需密切相關的。而且是影響到我們將來二十多年能否像以前二十多年一樣發展的重要因素。我們要吸取二十世紀九〇年代末那一次擴大內需的教訓，要有新的思路。這個問題很重要。

二十世紀九〇年代中後期的時候，我們曾經搞過一次擴大內需，但是那一次效果不好，而且造成了很多的問題。我們可以看看當時擴大內需的幾種思路。一個是增加政府財政支出，實行積極的財政政策。這個政策本身沒有什麼非議。甚至任何政府在內需不足的情況下都會實行這種政策。但是在實踐中我們有兩個問題。第一個是我們的體制不行。只要政府投資就會出現貪污腐敗，浪費嚴重。這一點非常明顯。第二個，這筆錢基本上投向大城市，尤其是省會以上的城市，這樣城鄉差距進一步拉大。這樣的投資使得中國原來沒有的問題出現了。原來中小城市和大城市的差別還沒那麼大，只要是城市都還可

以。但是那一次擴大內需卻導致了一些中小城市衰落得很厲害。它的思路本身是沒什麼問題，但是在實踐的過程中卻有不少問題。

這一次擴大內需仍然是需要強調的。但是這裡面有變的和不變的。不變的是體制沒有變，仍然會有低效益、浪費和貪污腐敗的現象。有變化的是資金的流向。就是說這一次的資金有更多的會流向鄉村和中小城市，尤其是農村。有人問中國的新農村建設有沒有什麼新的實質的內容？我說這個就像是穿旗袍。你跟三年前四年前比，它是新的，你跟幾十年前比它是舊的，這種東西裡面沒有什麼新東西。所以這是一個思路。

第二個思路我把它叫做趕儲蓄出籠。因為當時全國有四萬億元的儲蓄餘額。當時的一些學者就開始盯著這四萬億元儲蓄餘額，說一邊是內需不足，一邊就還存著那麼多的錢，怎麼就不花呢？要是花就會有市場，內需的問題不就解決了嗎？於是號召大家花錢，並開始出招。第一招就是連續七次大規模地降低利率，由最初的百分之十左右降低到百分之一左右，再收百分之二十的稅，這時候看你還花不花。結果還是不花，為什麼啊？因為這些存款主要是貧苦百姓的保命錢、養老錢。他存銀行，有利息，甚至利息高點當然好；沒利息，只要不倒貼，他照樣存。所以這一次趕儲蓄出籠也沒有趕出來。於是再出招：取消住房福利，看你還要不要買房；你還要給小孩上學吧，教育產業化，看你還花不花錢；你還會有生病的時候吧，醫療市場化，看你還花不花錢。通過這些方法把儲蓄趕出籠。從短期看，這種做法似乎很有效，這樣做在很短的時間內會起作用，但從稍微長一點的時間看，作用則恰好相反。這裡有一個消費者預期，他如果對未來有一個很好的預期，他就會主動地去花錢；他要是對未來有後顧之憂，他就

會拼命地去省錢。當住房改革、教育產業化和醫療市場化時，這個時候老百姓的心態是什麼？我記得二十世紀九〇年代末的時候人們的反應是最明顯的。住房要花多少錢？不知道；小孩將來上學的費用會是多少？不知道；將來有沒有錢養老？不知道。無數個不知道。於是只有更加努力地去存錢，雖然只有這麼一點錢，有個什麼事情也未必管用，但是有總比沒有好，於是全國人民齊攢錢。直到二十世紀九〇年代末，銀行存款餘額為十四萬億元，上半年，十五萬億；十月分十五點八萬億，現在估計已經超過了十六萬億元。與此相伴隨的是消費總量的降低。

現在一些學者和官員又開始盯著這些存款，想趕儲蓄出籠，我覺得這是非常危險的。發改委的官員、學者多次寫文章、發表談話說：現在要進行資源價格改革，說這和科學發展觀相聯繫。說價格提高，它使用的就少了，有利於節省能源。現在的結果是水電煤氣全面漲價。目的是什麼？還是趕儲蓄出籠。但是我覺得這個非常的危險。為什麼？我們要看到兩點。

第一，這十四萬億元的分布是不是包括富豪的，按照發改委的話說，百分之二十的相對富裕的人也就是二億六千萬人擁有這十四萬億元存款中的十一萬二千億元，剩下還有十一億四千萬人總共擁有的存款二萬八千億元。人均多少？二千七百元。二千七百元在武漢還湊合，在北京，最近開發的房子大多是一平方米要一萬元以上。大體上四個人的存款能夠買一平方米的房子，大體上要十個人的存款才能夠買個廁所，就這麼點錢現在還千方百計地把它趕出來。

第二，這些錢基本上是老百姓的養命錢。這些錢會不會用，主要考慮到兩點。第一點，我們的社會保障做得到不到位，我們現在在嘗

試建立百分之五十的社會保障覆蓋面。也就是說還有一半的人沒有社會保障。第二點，今天中國實際上已經開始進入老齡化社會。老齡化社會是二十世紀五〇年代的生育高峰和七〇年代人口急剎車的結果。那麼這兩個因素結合到一起，就使得中國提前進入老齡化社會。老齡化社會的典型的家庭結構是四二一家庭，但是實際上比這個更複雜。為什麼？經濟在發展，社會在進步，醫療水準在提高，人的壽命在延長。然後所有這些人當中有一半的沒有社會保障。你想想，僅有的那麼一點錢，你還想把它趕出來？我想這是一個非常可怕的措施。所以我特別強調：防止用通貨膨脹的方式擴大內需；防止用趕儲蓄出籠的方式來擴大內需。那麼怎麼辦？

擴大內需的根本在富民、在利益格局的調整、在於人民群眾收入和購買力的實質性增加，而不是在於鼓勵人們花錢消費。

第四個問題，是利益格局的問題。我們必須認識到這個問題的嚴重性。

在二〇〇二年亞洲開發銀行第三十五屆年會「中國日」研討會上，國務院發展研究中心副主任魯志強指出，按照國際通行的判定標準，中國已經跨入居民收入很不平等國家行列，收入分配問題，已成為中國當前社會問題中最引人注目的問題。這是中國首次公開承認進入居民收入很不平等國家行列。

世界銀行一九九七年發布的一份題為《共用不斷提高的收入》的報告中指出：中國在二十世紀八〇年代初期反映居民收入差距的基尼係數是0.28，到一九九五年是0.38，二十世紀九〇年代末為0.458。這一資料除了比撒哈拉非洲國家、拉丁美洲國家稍好以外，貧富懸殊要比發達國家、東亞其他國家和地區，以及前蘇聯和東歐國家都大。全

世界還沒有一個國家，在短短十五年內收入差距變化如此之大。如果短期內沒有政策來調節的話，還會繼續惡化。

二〇〇三年中國人民大學和香港科技大學一項聯合研究的成果表明，目前中國的基尼係數為0.53-0.54之間。

但是我們最近的一些學者千方百計地想粉飾這個事實。有的說中國有中國的國情，西方的基尼係數不能輕易地用在中國身上，這是自己蒙自己。這些學者的用心其實也許是好的。為什麼？因為他們有兩個擔心：第一是過度地強調貧富差距可能會衝擊以經濟建設為中心；第二是現在老百姓已經有很大的不滿情緒了，你再說貧富差距勢必會影響社會穩定。我個人的觀點是：經濟持續增長，政治基本穩定，社會保障在加強，所以我們要有信心來面對這些問題，找到解決問題的辦法。我覺得我們要解決好以下兩個問題。

第一個城鄉關係。城鄉差距的問題我們講了很多年了。講來講去的結果是好像說城鄉差別世界上各個國家都有，只是我們國家嚴重一點而已。但是我要告訴你，這絕對不是一點而已。我們可以看幾個數：現在整個世界城鄉的差距大約是一點五倍，我們是多少？因為我們中國的收入就是有點說不清，所以就有幾個不同的數字：一個是三點二二倍，另一個是四點五倍。最要命的是，在這麼大的差距下，農村和城市的居民還要面對同一個市場，面對同一個市場中的同一個價格，包括醫療的價格、教育的價格，等等。

另外一個就是社會結構。這有四個圖，內涵很豐富。第一個社會是農業社會，多貧少富。第二個是工業社會初期，成三角形分布，上富下貧。第三個是現在西方社會，中等階層為主，貧、富是少數。第四個是我們今天的社會，貧多富少，差距大。講到這些也許大家的心

情多少有點沉重，但是我要說這完全沒有必要。世界上有一些國家的差距比我們還大，但是也解決了。怎麼辦？調整稅收。通過調整稅收把差距縮小。當然這個問題解決起來並不是那麼容易。因為中國的個人收入是說不清楚的，說得清楚的只有其中的一部分工資，但是這只占GDP的百分之十二。其餘大部分是說不清楚的。我覺得這個問題我們要算大賬不能算小賬。收入分配不規範的弊端是工資所占比重過低，無法進行稅收調控，政府無法辨別窮人和富人。在這種情況下各種福利和稅收怎麼分配？沒法分配。

我最近一直在思考一個問題，就是如何調整利益關係。第一點，要調整收入分配。第二還要市場調節。調整利益關係，市場很重要。我們要看到現在，有的群體為自己爭取利益的能力很強，有的群體為自己爭取利益的能力很弱。雖然我們在這些年的改革開放中建立了一個市場經濟體制，但是這可能是一個好的市場經濟體制，也可能是一個壞的市場經濟體制。好的市場經濟體制，至少要有與之相配套的利益協調機制，沒有一個利益協調機制，那就是相當於資本的原始積累階段的市場經濟。所以構建和諧社會，要協調好利益關係，構建機制是關鍵。我就講到這裡，謝謝大家！

二○○六年在華中科技大學的演講
歐陽來祿根據錄音整理

結社現象的法學分析
——一種權力的實踐

吳玉章　中國社會科學院教授

　　我們先說一說結社的現象。我要說的是practice of right，就是一種權力的實踐，公民公法權利的實踐。我想我們大家都知道，說到結社現象，從不同的話語的系統來說可能有不同的一種觀感。也就是說，如果我們從國家行政管理機關的角度來說，他們一般把社團或者公民自願組織這個情況說成是一種結社。如果從黨中央的文件特別是黨的十六屆六中全會的文件來看，我們關於這種結社的現象，在文件裡是說成社會組織。那麼從法學的角度，當我們談到結社現象時，實際上我們是在討論一種權力，一種基本的公民的權力，這種權力就是結社的權力、結社的自由。所以，從不同的話語體系來看，這裡面有不同的情況。那麼我現在所要強調的是結社現象的法學分析。為了讓大家更清楚一點的是，在我們國家，關於結社問題研究的大概有幾個思路和那些重要的學術成果。

　　第一種情況我想說，在改革開放以後我們國家關於結社現象的研究最早是一種社會學進步的研究。也就是說，特別是以清華大學公共管理學院的一批人為首，他們特別關注結社現象的社會學意義，也就是說人的組織性、社會的自組織、社會轉型期間組織行為的情況，以及用西方的哪樣一種理論、社會學理論來解釋結社的現象。大概來說明結社和整個社會組織的關係，這是一種。關於這樣一種社會學研

究，它的成果主要體現在，如果大家感興趣的話，可以發現在喜馬拉雅文庫，這裡面關於結社問題、社團問題的社會學的分析有很多，這是第一種。

第二種情況我要強調的就是我們關於結社現象還有一種政治學。就是強調人和政府之間的關係、各公民和政府之間的關係、社會和國家之間的關係、組織和國家之間的關係。這些在編譯局、人民大學都有一些研究的成果。

第三種情況我想特別強調的是，關於從法學角度對社會性、對結社的一種關係。這個我想可以不誇大地說，我們中國社會科學院法學研究所裡面有一個團隊在做這一方面的工作。目前，從法學的角度，有這樣的一種研究、有這樣的一種實力的支持應該是很不錯的。那麼從法學的研究方面我們要強調一個什麼問題？實際上從法學研究結社的現象，我們要把結社這種現象背後的權力和義務的關係揭示出來。對於我們從法學角度分析結社現象，結社、社團都絕對不是政府一廂情願可以控制的，甚至是政府的專門機關也不能控制，實際上，它是一種公民權力的義務要求。所以，說到結社，說到從法學上分析結社，它的要害是強調公民的這樣一種基本權力。那麼這是我們從法學的角度來說明結社。

下面我想給大家再簡單地說一下，結社、社團，究竟什麼是一種社團。

什麼叫社團？我想根據中華人民共和國公民社會團體登記條例，它關於結社有四個方面內容的定義。第一，所謂的結社，新的條例上的結社是中國公民自願組成。第二，這種結社的目的是為了會員的共同意願，也就是這種結社的本身，它不是去做一些大而無當或者非常

空洞的事情，它是為了參與這個團體的人所要做出的一些事。第三，要點是結社本身應該是按照自己特定的章程活動，也就是說我們國家法律定義的結社，不是一個可以自由放任的俱樂部，它裡面有按照自己的章程來進行活動。第四，就是結社本身是一種非盈利的，所以在中國現行的法律條文裡，結社是一種非盈利的組織。因此，我們大家就能夠發現在中國，結社問題要組成社團，應該要到民政部門去登記。而如果要做盈利性的企業、公司、法人，那麼到工商局去登記。但是在現實中，我們不能排除有這樣一種現象，就是若干的社團，數量不少的社團，它們都到工商局去登記。儘管不是盈利性的組織。這裡的原因我想主要在於，我們國家目前關於公民結社有一個雙重管理的規則。所謂的雙重管理是什麼？我國的任何公民要組成社會團體，要組成社團，先要找到業務主管單位，要找到政府部門。經過政府部門的同意，結社的這批人再拿著文書到民政部門登記。那麼為什麼有許許多多的社團跑到工商局去登記？就是因為他們在找業務主管單位的時候找不到，因為許許多多的社團有自身的特殊性。

下面我想給大家介紹一下，我們今天所分析的社團，它不是一個我們的新中國成立以來傳統意義上的社團。新中國成立以後的社團和我們今天的社團相比，它有幾個重大的區別。第一個我們想說的是新舊社團的區別。我把新舊社團的界限劃在改革開放以來。新舊社團的區別第一個在哪兒？組成人員的變化。過去的那些協會、社團基本上是政府機關退休下來的，或者政府現任的官員跑到協會裡去繼續做他的官員。人們把這樣的一種社團稱為是二政府。雖然它不再是政府的外殼，但是它仍然具有政府的職能。改革開放以後，在我看來新的社團在組成的人員上發生了變動，新的社團更多的是由一些具有公共精

神的知識分子所推動、所參與。因此，和過去的那種完全由官員來操縱、來主導的社團，就有很大的區別。這是我想說的新舊社團的第一個區別。第二個，新舊社團在宗旨上有區別。從過去舊的社團來看，它們只是把落實貫徹政府的計畫任務當成他們唯一的宗旨，而改革開放後成立的這些新社團的宗旨已經多樣化。所以從這個角度上來看，宗旨的變化構成了新舊社團第二個重要的區別。第三個重要的區別我覺得在於，新舊社團的生存方式發生了變化。舊的社團，改革開放以前的那些社團由於政府主導在其中的作用，這些社團基本上是電話聯繫、指示、請示、匯報。新的社團更多的是依靠會員的一種公共精神的奉獻，更多地依靠這樣一種主動的行動，甚至說更多地通過一些現在的這樣一種電子郵件、email或者internet聯繫方式、存在方式，使新舊社團發生了重大的變化。舊的社團都是一些固定的人群，數量、總量不會發生變化，新的社團可以瞬間集中起成千上萬人，等到活動結束以後又可以立即消失得無影無蹤。因此，第三個區別就是生存方式的區別。第四個區別是新舊社團的活動空間發生了很大的變化。舊的社團完全以落實政府的指示為自己活動的全部範圍，新的社團的活動空間有了很大的變化，可以從事各種各樣的活動。活動空間的變化實際上有一個非常深刻的含義，它說明了社會的變化，正是社會的變化和社會的發展創造出並開闢出了新的空間，從而使得許許多多的社團、新成立的公民的組織能夠發揮自己的作用，來填補這樣的空間。第五個區別就是評價方式、參考標準的不一樣。舊的社團完全是以落實政府的指示為唯一的宗旨，那麼對社團活動的評價也完全來自政府方面。改革開放以來，對新的社團的評價方式、評價標準發生了很大的變化，特別重要的是，這些評價沒有一個是可以做到一言九鼎的。

所以說評價標準的變化也為社團活動和社團存在的合法性鋪墊了基礎。現在的社團完全不要聽命於政府，它可以根據自己的會員、社會的評價等方面來安排、改進活動，所以這些都是非常重要的變化。再一點區別在我看來，如果說舊的社團都是政府控制的，因此它們在性質上、資金來源上沒有多大的區別，它們之間的區別可能在過去，我們的許多社會團體、行業協會都具有行政級別，在資金方面沒有區別。但是新的社團在接受資金方面，管道就多多了。所以這個在我們看來，是新舊社團的一個非常重要的區別。

接下來，我們研究當前社團現象有什麼迫切性。在我看來，有以下幾個方面的原因。第一個方面，結社問題特別是公民的結社權力問題，它構成了法理學中權力的一個非常重要的內容。如果一個法律權利沒有一個內部的若干權力支撐，沒有一個內部若干具體權力的填充，那個權利就是空洞的，沒有什麼意義。所以，充分地了解公民的結社權力，實際上是對我們的法律基本概念有一個比較深入的了解。第二個方面，我們了解公民的結社權力，了解這種結社權力的發生、發展，乃至未來走向這樣一個過程，我們才可能對中國當前社團的權力問題，它的過去、現在和未來走向有一個大致的了解。如果我們不能發現一個具體權力的演變過程，我們就會對整體權力也是不清楚、不了解的。第三個方面，我們今天關注結社權力有一個非常重要的結社的國際背景。中國政府已經簽署了聯合國兩公約當中的第一個。因此從這個角度上來講，我們也特別要關注公民的結社權力這個問題。我們要設想在中國當前的情況下，怎麼樣調整我們國家的法律結構，怎麼樣使國際公約關於結社自由的規定更符合中國的現實，這一點是一個非常重要的問題。關注公民的結社問題是一種理論上的需要，同

時也是一種實踐上的需要。第三個方面還是對策的需要，我們需要對當前迫切的一些國際問題、國際壓力拿出一些想法。

　　下面我想再給大家介紹一下，我所說的公法權力的實踐、結社現象法的意義。第一，中國改革開放以後，公民的公法權力實踐，究竟是怎麼樣才成為可能。本來這樣的一些權力更多的是在書本上，究竟發生了怎樣的一些變化，使我們的公民開始意識到結社權力的重要性，以及相關其他權力的重要性、權力實踐的重要性，怎樣成為一種可能。第二，公民的權力實踐究竟產生了哪樣一些特點，公民行使權力的時候，他自己實踐的軌跡究竟有什麼樣的特點。第三，我想再簡單地預測，我們中國在當前這種政治框架下，我們這種權力會有怎樣的一個發展的過程。在講述這三個具體的問題之前，我想先給大家介紹一些資料。根據二〇〇六年年底的統計，我們國家的各式各樣的民間組織已經達到了三十二萬家，在這當中，按照我們國家的分類，民間組織包括三大塊，一大塊就是各種各樣的基金會，一大塊就是民辦非企業單位，再有一塊就是社會團體。統計數字顯示，當前中國大陸地區的合法登記的社會團體已經有了十七萬家左右。目前，我們的法律國家的社團管理條例僅僅包含了其中的十分之一，而其他的十倍以上的數字仍然游離在法律之外。按照社會組織管理登記條例，所有未經登記的社會組織都是非法的。這不禁讓我們思考，怎樣把這樣一些組織納入進來，怎樣來認識這些組織的現狀。

　　下面我想說的是公民公法權力實踐的可能性。大家知道，作為一個法學的概念，right本身包含了兩層含義，從它的發生發展的過程來看，第一層含義，就是right本身必須寫在紙上、寫在法律上。把right寫在法律上的好處就是使公民了解到自己應該具有的基本權力，並且

使國家可以進入文明的俱樂部。但是僅僅寫在法律上、寫在憲法上，那只是權力發展過程的一半，是這個故事的一半。這個故事的另一半就在於權力的實踐，如果我們的權力規定得非常的完善，規定得非常完美，但是我們不能實踐，我們一運用權力就會動輒得咎，如果這樣的話，那麼一種普遍的權力或者法律上規定的權力對我們來說，它的意義就很有限。因此從權力發展的本質要求看，權力不僅要求得到規定，不僅要求加以公布，更要求它的實踐，更要求把它反復地使用、反復地實踐。在我看來，公民、公法權力實踐的可能具體地來說，就是結社權力實踐的可能，但要使結社權力實踐成為可能，大概要依據以下幾個方面的重要內容。

第一個方面在我看來，就是我們國家公法自身的變化。由於我們國家公法自身的變化，所以法律上規定的公民的權力越來愈多，越來越充分，也越來越好。這不僅體現在一系列各種各樣的法律的體系方面，還體現在憲法整個的安排。公法自身的完善是我們公民自身的權力能夠得到實踐的重要條件之一。第二個方面就是說，隨著公法權力的變化，我們國家的政府在行使權力時也發生了一系列的變化。我把它簡單歸納成三個階段。第一個階段在改革開放初，我們國家的政府採取的是讓利放權這樣的一個特點，行使權力的方式就是政府不斷地把自己所掌握的放棄一部分，交由其他的人和社會組織分享。第二種就是讓利。就是政府開始漸漸地有步驟、一點一點地把曾經掌控的利益也不斷地放出一些給社會。在我看來這是我們政府行使權力的第一個特點。第二個特點，就是我們政府在行使權力的時候從放權讓利過渡到了自我約束，或者說接受社會方方面面的約束。隨著社會的發展，社會主義市場經濟逐漸的發展，公民政治權利、社會主義民主體

制的發展，政府開始越來越多地接受方方面面的約束。在我看來，我們國家政府行使它的權力，第二個階段就從放權讓利這樣一個比較主動的行為逐漸發展到接受方方面面的約束。最後，在我看來二十世紀九〇年代中期以來，我們政府行使權力就是依法行政。接受方方面面的監督並不表明依法行政。因為接受方方面面的監督有很多手段是法律之外的，那麼隨著這樣的發展，政府開始逐漸地提出依法行政的口號，也就開始把法律當做是制約、限制政府權力的重要的工具、重要的界限。所以，隨著公法自身的變化，政府的權力也在逐漸地變化。這是我所說的第一個方面，公法自身的方面。第二個方面，我想說的就是司法實踐的方面。在我們國家改革開放以來，隨著社會主義法律體系的不斷完善，在某種意義上來說從司法行使權力應該說是更容易、更方便、更提倡的事情，因此才有了在公民權力許許多多的這樣一些抗爭。我們所說的這樣一個司法權力的實踐，潛移默化地給了公民行使公法權力提供了好多的東西；我們國家使公民公法實踐能夠展開、能夠可能的第三個方面就是社會思想發生了極大的變化。改革開放以來，民主、法制、自由、人權這樣的大的口號越來越登上大雅之堂。而在過去民主、法制等這些口號，都被認為是資產階級的口號，經常是處在受批判的地位。但是隨著社會的發展、思想的發展、進化，這些東西都逐漸地被接受了，而這些民主、法制、自由、平等的口號被接受，實際上給公民行使自己的權力開闢了很大的空間。也就是說，我們行使自己權力的時候，所需要依靠、借助的那樣一些基本的觀念開始有了。因為我們行使自己的權力本身是為了彰顯自己的民主權力，是為了促進社會主義的法制，這樣一些東西都逐漸地形成了。所以在我看來，如果我們要說到公民權力、公法權力實踐的可

能，社會思想觀念發生重大的變化應該是一個重要的原因。

權力的實踐僅僅有可能性還是不夠的。因為可能性如果沒有達到一定的條件，它仍然是可能性而不是現實性。因為任何一種可能性實際上都存在著多個發展的方向，可能性並不一定就是一種趨勢。從中國的現實來講，實際上整個公法權力也好，司法權力也好，從社會實踐觀念的變化來說，實際上體現了一種或者彰顯了一種人們精神面貌的變化。如果說過去我們習慣於中央集權的管理，單位制的管理，人人謹小慎微、循規蹈矩就完全可以了。改革開放以後，人們的精神面貌發生了很大的變化，主動性、創新性成為了重要的要求、重要的價值，成為人們要追求的、要模仿的東西，而在我看來，正是這樣一些精神風貌的變化，使得我們上述的那種可能性、那種可能的條件，逐漸變成了一種現實的反應。而上述的那種可能性推動了公民公法權力的實踐，而沒有推動別的。精神風貌的變化、法律的變化使得這種可能性成為現實性。

以我國當前的結社權力為例，我們國家這種權力實踐究竟有什麼特點？在我看來，公民權力實踐的特點特別是公民結社權力實踐的特點，它的要害是一種逐漸擺脫行政權力控制的實踐，也就是說公民的這種right本身實際上是和power有某種的對抗、博弈的關係，在這個關係中，公民的權力逐漸得到展開。這樣一個過程究竟是怎樣發生的？我們以目前我們國家法律關於公民結社的規定，就能看到整個這樣的情況，在法律上來說，公民的結社權力依然受到政府的行政權力的極大的干預，但是恰恰就在這種干預當中，公民的權力實踐逐漸地發展起來。那麼我們所說的這種政府權力的控制體現在哪兒？我們不妨用社團管理中的這種雙重管理原則為例來做一個說明。任何的中國

公民要成立社會組織、社會團體，首先須要找到業務主管單位，業務主管單位對每一個社團掌握著如下四個重要的生殺予奪大權，並且任何一個業務主管部門對公民的結社都具有有思想政治上的教育權力。從思想教育方面這是第一。第二，業務主管單位控制著每一個社團的重要活動。第三，業務主管部門嚴格地控制每一個社團內部的領導人的產生。正是在這一系列的重重限制之中，公民結社的權力逐漸地實現，公民的結社權力開始從書本上、憲法上走到了生活當中，從文字的東西變成了公民自己的東西。因此在我看來，正是在不斷擺脫行政權力控制的過程中，我們公民的結社權力逐漸地展開了。所以在我看來，我們國家以結社自由為例，公民的權力本身有一個逐漸擺脫行政權力控制的情況。這是我所說的這樣一個趨勢，但是我想再次強調，對我們來說了解我們國家公民權力的具體的起源，了解這種權力實踐的開始，具有非常重大的意義。因此，了解了我們國家公民結社權力的大概一種方向，實際上就告訴我們在我們這樣一個國家裡面，公民權力的開端可能不像西方教科書上說的那樣的美滿，但是正是在這種不美滿、不圓滿當中，一種真實的、有鮮活生命力的權力的實踐逐漸地展開。因此對我們而言很重要的一點就是，發現並且把握一種真實權力的開始、一種真實權力的開端。第三個方面，是公法實踐權力的未來。它會向哪一個方向發展，在我看來，這是需要我們做出一種判斷的一個問題。在我看來，我們今天實踐權力的一種方式，在和行政權力的博弈中不斷地開闢自己權力實踐的道路，可能還不是一種正常的狀態。正常的狀態應該還是公民權力有一種獨立的發展。我們現在這種權力應該還是受到行政權力過於嚴重制約的一種局面，行政權力嚴重制約公民行使權力這個事實是存在的，但是它的合理性不存在。

因為憲法上規定的公民的權力，它絕對不能夠由行政機關行使權力加以決定，應該依照著基本法來加以行使。

因此，我們在研究結社問題的時候就曾多次提出，我們國家現在圍繞著結社問題的法律過於低端，我們是一種行政條例規定。事實上我們呼籲應該有一種基本法律，特別遺憾的是，在一九八九年以前，起草《結社法》就已經達到三十幾稿，但最後都沒有付諸實施，在現實中沒有發揮作用。就目前的情況來看，能不能在最近出現《結社法》，仍然是不可預料的事情。在我們國家，結社受到的方方面面的影響還是非常嚴重的。

總之在我看來，在我們國家社會公民公法權力實踐，特點是在結社方面是從行政控制轉向法律。現在的要害在於，因為社團問題在我們當前中國的政治和社會當中具有一個非常的敏感性。如果我們不能夠大致上有把握地把從行政控制到法律治理之間的過程、路線圖說清楚，我想我們的政府也不會輕易地採取向法律方向的發展。因為，這裡牽涉的因素過於複雜，而且涉及的又是相對敏感的問題，所以稍微的風吹草動可能使情況更加複雜，還可能使結社權力實踐的前進步伐有所限制。這就是我關於結社現象的法學分析、權力實踐大致的一些基本的認識，歡迎大家批評指正。

二〇〇七年在華中科技大學的演講
梁青根據錄音整理

現代性進程中的現代與傳統

鄭杭生　中國人民大學教授

今天我要講的題目是現代性進程中的現代與傳統。我們今天要講的內容開始有一個小引，第一個問題叫做傳統和現代與社會學的關係，然後再分析傳統和現代與現代化和現代性、現代化理論為什麼會被現代性理論所代替，最後講講對這個問題認識的新階段，它的核心的觀點就是現代性是增長的，傳統是被發明的。這個觀點非常重要。小引大致是這個，開始我要簡要地考察一下傳統和現代與社會學的不解之緣。不僅是社會學，只要學人文科學，傳統和現代的關係是避不開的。第二我們回顧傳統和現代與現代化理論以及現代性理論的不同關係。第三我們著重論現代的成長和傳統的發明，這一對傳統和現代新的認識。這個認識對社會學、對人類學的研究，以及對理解當代國內外一些學術前沿問題都具有重大的意義，這是我的提要。

首先我們來說傳統與現代和社會學，我們主要講兩方面的問題：第一說說傳統與現代和馬克思主義社會學的關係。第二說說傳統與現代和西方社會學的關係。現在先看看傳統與現代在社會學裡的一個總的提示，這裡要說的是對傳統與現代的關係的理解是我們社會學的創始人和它的實際的奠基人創建社會學理論的重大根據之一。這一點對於兩大系統的社會學，也就是從馬克思開始的馬克思主義社會學傳統和從孔德開始的西方社會學傳統都是這樣一種關係。這之後，傳統和

現代，傳統社會和現代社會就逐漸地成為社會學分析的兩種理想社會類型。首先，我們來看傳統與現代和馬克思主義社會學的關係。第一點，馬克思和恩格斯在《共產黨宣言》等著作中，對資產階級統治的現代社會與過去的傳統社會做了多方面的極其鮮明的對比。首先在生產力方面做了對比，馬、恩在《共產黨宣言》中說的資產階級統治的現代社會創造的生產力比過去一切時代所創造的生產力的總和還要多，這是就生產力方面來說。就剝削層面來說，馬、恩說這個社會推動了自由競爭以及與此相應的經濟、政治、社會制度的建立，那麼資產階級的剝削和統治代替了由宗教幻想和政治幻想掩蓋著的剝削和統治，就是說像封建社會是由宗教幻想和政治幻想掩蓋著的這種統治和剝削。另外他們還在觀念方面做了對比，說現代社會引起了觀念上的變化，說金錢關係、金錢至上代替了宗法和等級的觀念，人的尊嚴變成了交換價值。這一點我們自己也體會到了，通過各種各樣的事情，特別是我把它說成是一種公共產品的日常生活的公共化，這樣一個趨勢我們都在經歷，來逐漸塑造這樣一種觀念。所有這些日常生活的公共化的結果就是每一個東西都不是免費的，就像打電話錢不夠了就要提醒你沒有錢電話打不出去，所以日常生活都在教導人們沒有錢的日子真難過，有錢的日子真好過。所以這個過程，西方比我們提前幾百年，這就是觀念上的對比，金錢至上。還有社會節奏上的對比，過去傳統社會的節奏就像老牛拉著牛車那樣一步一步走的，現代社會即資產階級社會就像賓士著的火車，這是不可比的。像《共產黨宣言》這些我不知道大家有沒有讀過，就像讀小說一樣看一遍也是有收穫的。總之，西歐資本主義代替封建主義社會的轉型，是從社會生產力到生產關係、從經濟基礎到上層建築、從思想觀念到政治制度都發生了深

刻的變化。所以在馬、恩的著作中，我們都可以體會到突顯了傳統社會和現代社會的差異。

作為上面所說的突出表現：一個是工業化，就是機器大生產普遍地代替了工廠手工業，這是工業化的變化；另外一個就是都市化，也就是城市規模的擴大、作用的增大，以及與工業化、城市化相聯繫的各種社會問題的產生。這些對於社會學的產生發生了直接的影響。概括地說所有的這些都以非常鮮明的形式提出了資本主義社會能不能良性運行和協調發展的問題。大家看一下恩格斯當年寫的《英國工人階級狀況》，在工業化的初級階段的時候、原始積累的時候幾乎都會發生這樣的情況。當時童工的雇傭、貧民窟的形成等等，正是對同一個問題兩種不同的回答。一種是革命的回答，像馬克思、恩格斯說：資產階級社會本身是不能良性運作協調發展的，只有將來的社會主義、共產主義才能。另外一種是改良的回答，像孔德說：資本主義確實有弊病，但是這個社會還是有良性協調的一種可能。正是基於同一種問題兩種不同的回答產生了兩大系統的社會學。

其次我們看看傳統和現代的問題，在馬克思之後的馬克思主義社會學中，無論是在理論上還是在實踐上，仍然是一個非常重要的議題。

第一點，我們要說一下馬克思主義社會學史，我和劉少傑教授在《馬克思主義社會學史》中提出了一個新的框架：一點兩線兩段。一點是指馬克思主義社會學史的起始點，它是馬克思、恩格斯的經典馬克思主義社會學。兩線，一條線是以列寧、毛澤東、鄧小平為代表的不發達國家或者欠發達國家的馬克思主義社會學，主要是指俄國的馬克思主義社會學和中國的馬克思主義社會學。另外一條線是以盧卡

奇、葛蘭西、法蘭克福學派等為代表的發達國家的馬克思主義社會學。這一條線，過去我們是基本上不承認。這兩條線，一條是東方的，一條是西方的。所謂兩段就是以每個國家社會主義勝利為界，大體把馬克思主義社會學分做兩種類型。就是說對資本主義社會是革命批判的一種社會學，就像馬克思創作中說的：資本主義社會陷入了一種惡性循環，不打破這種惡性循環是不能夠解決問題的，所以主張資產階級剝奪者必須被剝奪。但是馬克思主義對於自己建立起來的社會主義社會，它是一種建設維護性的社會學。這就是兩段。所以這個框架包含與以往不同的某種新意。社會學包括論、史、法這幾個方面。論，就是理論；史，就是歷史。對於中國社會學來說，幾個史是最重要的：第一個是《中國社會學史》；第二個是《中國社會思想史》，這就是中國社會學史的史前史；第三個就是《馬克思主義社會學史》。其他就是方法，像外國的方法到中國的土地上，怎麼能夠保持它的有效性、真實性，這些問題都有很多的研究。要是照搬過來，由於國情不同，使用起來就有很大的問題。

第二點要講對傳統與現代的關係的看法。經典馬克思主義社會學及以後的馬克思主義社會學對於傳統和現代的關係概括起來有三方面的看法。第一，無論是經典的馬克思主義社會學還是俄國的馬克思主義社會學、西方馬克思主義社會學和中國馬克思主義社會學都堅持這樣一個基本觀點：一方面主張要與舊的阻礙社會發展的舊制度等舊的傳統實行最徹底的決裂；另一方面，現代又要批判地繼承傳統創造的一切文明成果。這兩方面應該是不可截然分開的。第二，就是革命批判性的馬克思主義社會學一般更強調與舊社會的舊傳統實行最徹底的決裂，而建設維護性的馬克思主義社會學則更強調批判地繼承傳統所

創造的一切文明成果。第三，當人們無限擴大與舊傳統最徹底決裂的範圍，那麼在理論上就會犯否定一切的歷史虛無主義的錯誤，在實踐上就會導致像「文化大革命」當中那種所謂「破四舊」那樣的「左傾」之病。過去我們把寺廟裡面保留的題詞等都叫做舊傳統，都加以毀壞，現在要恢復起來，我們花費了很多的代價。那麼另一方面，當人們無批判地繼承舊傳統的時候，在中國就會在理論上重犯肯定一切的復古主義的錯誤，在實踐上就會盲目提倡像「復孔」「讀經」的手段來實現所謂的「奴化社會」。作為一種旅遊的資源加以開發，比如在山東孔廟進行這麼一種儀式，那是完全可以的。但是把「祭孔」「讀經」作為正式教育制度的一部分，是不行的，這個要分清楚。所以我們越來越體會到要正確理解傳統與社會關係的建設性的反思批判精神同樣是不可缺少的。這是我簡要地說明的馬克思主義社會學與傳統和現代的關係。

第三點我們看看，傳統與現代和西方社會學的關係，我也簡要給大家回顧一下。第一是孔德的觀點，孔德本人初步有了傳統社會和工業社會不同類型的一種對比。第二是斯賓塞的觀點。這兩個人一般是被認為是西方社會學的創始人。孔德是大陸學派，斯賓塞是英國海洋學派。斯賓塞突出地發展了傳統社會和現代社會的社會類型的理論。他的理論與孔德的單線進化理論是直接對立的，而就這種自然科學的背景來說，孔德更強調是一種物理學，把社會學當作是一種社會的物理學。斯賓塞主要是像達爾文的這種社會的生物學這方面的觀點。兩個人的觀點是不一樣的。最主要的是滕麗斯的觀點，他提出了公社或者叫社區，英文叫community，表明社會學傳統──現代比較類型學模式的一種初步的形成，這之後滕麗斯也是十分關鍵的人物。第二種

觀點，就是法國社會學家的涂爾幹，他是社會學的實際奠基人。他就是用機械團結和有機團結提出傳統社會與現代社會的不同，他對機械和有機的使用恰恰和滕麗斯相反，在滕麗斯那裡機械代表現代，有機的代表傳統。在涂爾幹那裡機械的團結代表傳統的結合，有機的團結代表現代的結合，他主要將這樣一種區分運用到社會結構變遷過程的分析，用它來分析社會結構，認識傳統的社會結構與現代的社會結構有什麼區分，這是一個很大的進展。那麼馬克思・韋伯，也是西方社會學的一個實際的奠基人，他的類型學方法就進一步把這種傳統與現代的分析擴大到個體行動、社會結構及文化符號這樣一些層次上的分析的範式。那麼傳統和現代兩種理想類型一直是後來我們對社會發展和社會現代化研究的原型。這種思想基本是從他那裡來的。涂爾幹和韋伯兩人的觀點，不管他們有多大的分歧，這兩個人對社會學的貢獻方面是一樣大的。這裡我們還要提到涂爾幹和韋伯兩個人之間的一個人的觀點，即一個叫吉梅爾的人的觀點，他關於形式的觀點，在微觀領域裡面完成了社會學類型化的方式，他是一個集大成的社會學家，他是一個美國的社會學家，他把前面這些社會學家的觀點並根據美國的具體情況提出了一個比較龐大的社會學體系。那麼在他這個體系當中，無論是分析個人行動，還是分析社會結構，傳統和現代都是他的理論的重要根據。譬如說他更新滕麗斯的傳統與現代的二分法，他在分析傳統的時候提出了用五個性即情感性、擴散性、特殊性、先富性和公益性的行動構成傳統社會的特徵，那麼現代社會的特徵反映在專一性、中立性、普遍性、自知性和私立性的行動上，他做了很多的這種對比。所以傳統和現代也是他立論的重大依據之一。

　　那麼到了社會學的新三聖——英國的吉丁斯、德國的貝克和哈貝

馬斯，他們的觀點也無不這樣那樣涉及現代和傳統的問題。當然在他們那裡，無論在視野的廣度上，還是在理論的深度上已經由原來的基礎大大地推進了，這一點我們到後面還會談到。所以關於第一個問題我們小結一下的話，可以這麼說，傳統和現代是社會學一項繞不開的問題，它們與社會學的關係可以說是身影相隨，存在著一種不解之緣。社會學離開傳統和現代的問題將無從成為社會學。今後我們也認為，社會學將根據不斷的實踐來處理傳統與現代的關係，不斷深化對它們的認識。這是我給大家講的第一個問題，就是傳統和現代與社會學的關係。

第二個問題，我想跟大家說說傳統和現代與現代化理論，以及現代性理論之間的關係。首先看一下傳統和現代與現代化理論的關係。先看一下歐美現代化理論兩個重要的理論的預設。第一個預設就是傳統社會與現代社會二元對立的預設。由於現代化是人類歷史上從來沒有經歷過的一種社會變遷，現代社會從各個方面都表現出它與傳統社會是如此不同，使人們從感性上很容易接受現代社會與傳統社會在客觀上確實存在著一個斷裂帶，人們在主觀上也容易產生一種斷裂感。這樣使傳統與現代二元對立的觀點有一種符號和象徵的意義，所以它成為了一種經典的社會理論的一種圖式和方法，使二元對立的觀點有了廣泛的基礎，為各個學科的分析所接受。這是它的一個預設。

第二個預設就是歐洲中心主義，就像西方著名學者德里克所說的，歐洲中心主義是這樣一種中心主義，它在歷史的進程當中已經橫掃全球，到了如不提及歐洲中心主義談歷史就是毫無意義的地步。這個歐洲中心主義的預設曾經主導了現代化以來幾乎所有的歷史的敘述，那麼由傳統社會到現代社會的轉變被認為是歐美社會現代化不斷

向不發達地區推廣的過程。按照這種預設，我們的現代的歷史就是歐美現代化的模式向不發達地區推廣的一種過程，而這種推廣，與不發達國家本身的傳統文化史是毫無關係的。按照這兩大預設的邏輯，社會學本土化就是一種與社會的本土文化沒有關係的一個歐化的過程。這是這兩個重要的預設。

但是現在看來，這兩個預設都是站不住腳的。首先關於傳統與現代斷裂的問題，事實上不能把傳統和現代這兩者簡單地割裂開來、截然地對立起來。雖然傳統與現代確實有對立的一面，但是同時又有相互依存的一面。確實有非此即彼的一面，同時又有亦此亦彼的一面。就中國社會來說，儘管傳統的因素還廣泛地存在某些方面，在這樣那樣地起著主導作用，但是現代的因素也貫穿著我們生活的各個方面，可以說傳統和現代是你中有我，我中有你。譬如說大家作為大學生、研究生，夠現代的了，但是你只要一回到家裡，開始你的日常生活，在對待你的父母、兄弟姐妹，如果你結了婚對待你的孩子，那麼你的傳統思想馬上就會表現得淋漓盡致。如果在我們的社會裡面找出一個純粹傳統的東西來，我想你是找不出的。在實際生活中都是你中有我，我中有你。而且如果我們的策略是對的，傳統的東西是可以開發的，它不是我們的包袱，而是我們的一種資源，是可以加以開發的。我在日本做過一年的大學客座教授，我去了之後到了他們這個社區裡面。大家知道日本的社會是個很現代的社會，所以人際之間的關係，平常大家各忙各的，所謂人際關係的疏鬆化，大家庭裡面每個人都為賺更多的錢而忙，所以親子關係、夫妻關係都薄弱了，朋友關係也都是說有用的時候再找你，沒用的時候就保持一個年終的時候寄賀年卡的關係，那麼現在更簡便了，發個電子賀卡就行。但是一個社會這樣

分的時候，它必然要求有一種整合的力量，所以日本利用一個傳統節日，比如說社區裡的每一戶輪流坐莊，比如說我做莊，我備一點吃的東西、啤酒，大家穿上民族的服裝唱民族的歌曲，大家拉拉家常。如果下次換別人坐莊，他一定想辦法超過我，這樣互相比著。而且不僅是一個社區比，社區與社區之間也比。所以就是利用傳統的節日來為現代的社會整合服務。大的方面，大家可以看到韓國、日本的現代化過程當中，他們利用了東方的集體主義來作為他們現代化的一種根本的觀念，所以傳統是一種可以開發的資源。不能簡單地把傳統和現代這兩者隔離開來，因為它們的關係是極其複雜的，你中有我，我中有你，既有非此即彼的一面，又有亦此亦彼的一面。

那麼歐美現代化理論集中的表現是二十世紀六〇年代的一種現代化理論，它在傳統和現代的關係上面，可以說是成於斯，也是敗於斯。成於斯，是因為二十世紀六〇年代的現代化理論提出了現代化理論的一個框架，而且為以後理論的進步奠定了基礎，有比較大的一種容納的力量。所謂敗於斯就是它把這兩者絕對地隔離開來了，使它在理論上自己站不住腳，所以它此後日益為現代性的觀點所代替。所以說它是成於斯，敗於斯，因為它理論上有一種根本的缺陷。這裡我說的歐洲主義的片面性，是因為它是不符合實際的。社會學本土化是不同國家和民族一種合理的思想和優秀文化的匯集，傳統、現代的因素這種世界性的互動，形成了紛繁複雜、形色各異的一種本土社會學。我們中國的本土社會學就是一種具有本土特色的社會學。所以完全照搬歐美的東西，對它亦步亦趨是最沒有出息的。使社會學完全超越最初的歐洲源泉，成為一種真正的全球化文化和學術，在這個過程中我們中國社會學完全可以做出自己的貢獻。所以我在各種場合強調，我

們要通過對世界社會學理論的把握，同時另一方面又要深入到社會的基層，中國社會實現這樣一種巨大的轉型是歷史上多少年難得的機遇，這兩方面結合起來才能真正培養我們自己與世界學術界平等對話的能力和實力。同時，現在我們的學術語言基本上是為西方所壟斷的，我們應在創造話語權方面發揮中國學者的作用，在這一方面也作出我們應有的貢獻。歐洲中心主義第一是不符合實際的，第二又是不符合邏輯的。按照歐洲中心主義的邏輯，現代化應該等於歐洲化，但是客觀的邏輯是現代化是國際化與本土化相結合的一種結果。

第二點我們說了傳統與現代的剝離是不對的，第三點說了歐洲中心主義是片面的。那麼我們小結一下，以二元對立圖式和歐洲中心主義為預設的現代化理論，不能夠合理地敘述和闡述社會學本土化現象和其他許多的理論問題，這個理論的衰弱是不可避免的。這是關於傳統和現代與現代化理論做這樣一個分析。

第二方面我們看看傳統與現代和現代性的關係。現在我們確實感覺到社會學理論，從本土現代化視野向全球現代性視野的一種大的轉移，這一點非常重要。從二十世紀最後二十年以來，社會學理論越來越面臨這樣一種理論，就是從本土現代化視野向全球現代性視野的一種轉變。這裡面關鍵的是現代化僅僅是現代性的一種表像和具象，它是現代性進程激發的全球各個地區本土的、地方的、民族的一種初步的回應，根據這些回應做出相應的方案、對策等等。所以現代化是一個表面的東西，是初步的。現代性是現代化的深層趨勢和一個持久的進程，它使得各個本土的、地方的、分散的生活場景逐漸地融入一種世界性和全球性這樣一種實踐的過程。現代性可以進一步理解為我們人類的生活、我們的組織的模式，也就是我們社會實踐的結構，從傳

統走向現代，同時更加現代和更新現代的過程，這個就叫現代性過程。那麼這樣一個定義裡面就包含著現代性本身也是不斷成長的。

第三點我要說的是，這樣一個理論視野的轉變導致了社會學理論範式的一種轉變。社會學家越來越傾向於講現代性作為理論的範式，而曾經稱雄一時的現代化理論範式卻變得越來越過時。這在當代社會學三聖：吉丁斯、貝克、哈貝馬斯的思想當中可以明顯地看到。我們簡要地看一下吉丁斯的觀點，他主張從社會學與現代性這樣一個獨特的關係來理解和界定社會學。他認為與人類任何其他歷史階段相比，在現代西方誕生了一系列氣勢宏偉的變遷。但同時，這些變遷也越來越波及到全球，這就是現代性全球化的視野。所以社會學的任務就是要致力於分析二十世紀晚期，我們自己生活的這個新世界的個性，也就是說我們的社會生活、組織模式已經發展到什麼階段、現在有了什麼特點。這個是他在《民族、國家與暴力》這本書中的觀點。貝克的觀點，他認為現代性的成長，造成現代社會極大的困惑，所以他提出了風險社會、世界風險社會，這樣一種高風險社會理論。他認為我們正在經歷第二次啟蒙，歷史上第一次啟蒙就是十七、十八世紀的一些學者都是啟蒙學者，最集中的是後來法國的啟蒙學者，以理性來代替神性，以理性的法庭來代替宗教的法庭。第二次啟蒙或者說新現代化就是對現在的現代化進行反思。說明當代社會學必須對第二次現代化是一種沒落的景象還是一種成功的景象做出一種診斷，進行求索。這是貝克的基本觀點。哈貝馬斯關於這個問題的基本觀點如下。他認為現代性是一項未盡的事業，是一個沒有完成的事業，所以他描述了人類生存的結構的當代變遷，比如大眾傳媒創造了分散的公眾，教育革命推動了知識大眾化和教育的世俗化。所以我們經常說好多事物的變

遷中，其中有一條就是神聖事物的世俗化以及世俗事物的神聖化，最典型的比如「超女現象」，這是創造的一個新的「神」，世俗事物的神聖化。可是過去神聖的事物走下了神壇，變成了世俗化的東西，但是現在的主要傾向是世俗事物的神聖化，科技創新成了後工業時期的一種基礎，也改變了人們的風險意識。比如說我們設計的很多東西確實包含了很多風險。比如說我們剛到三峽去採風過，三峽幾千年形成的平穩，現在水位提升到這麼高，所以這個適應過程很長就出現滑坡、塌方。這些東西不知道要多少年才能穩定下來。所以現代化社會就是人為打造的社會，就是人規劃的社會，如果你規劃的不行，這個社會就有很大的風險，而這種風險和過去傳統的風險是太不一樣了。它的危害性、未可預料性都是出於意料的。那麼這些風險意識動搖了以往的倫理原則，這些都表明當代社會學研究一直要關注現代性最新的趨勢。這是剛才新三聖的觀點。現代性在他們那裡，既有批判又有肯定。對於現代性帶有批判眼光的觀點，有些後現代主義是這樣的。

還有一些社會學家用批判的眼光注視著現代性的發展，像鮑曼、威爾士這些社會學家。比如沃倫斯坦的觀點，他認為有兩種不同的現代性，一種叫技術的現代性，一種叫人類自我解放的現代性。以往的現代性過程注重的是一種技術的現代性，因而它背離了人類解放的目標。所以他主張結束這種假的現代性。他把技術的現代性稱作假的現代性，而真的現代性是人類自我解放的現代性。這是沃倫斯坦的觀點。他寫過一種書叫《自由主義的終結》。他跟福薩的觀點恰恰相反，福薩認為歷史的終結就是社會主義的終結，而沃倫斯坦認為歷史的終結不是社會主義而是自由主義的終結。鮑曼是採取後現代主義立場的學者。他們對現代性持批評性的認識也日益深化，他們越來越注

意到這個過程不斷的轉變。鮑曼用「流動性」來比喻當代的現代性的特徵，他指出傳統的舊社區被扔進了流動現代性這種時代的熔爐，接受熔解的考驗。並且現代性從過去的沉重過渡到輕快，從固態過渡到一種液化，用流動的過程來描述現代性現實的狀態。這種思想還是相當深刻的。所以大家看我們現在的企業組織，有一句很有名的話叫Small is beautiful。小的是美麗的，現在沒有人說「大的是美麗的」。因為現在的企業組織本身在微型化，隨著現在資訊化的發展，企業後勤也可以不要倉庫的，這個東西由物流公司來承擔。我需要哪種原料，我打個電話給物流公司，幾點幾分鐘這種原料必須到我這個工廠。要是做不到這個，這個物流公司以後就沒有信譽了，就生存不下去了。所以一環套一環，微型化首先表現在公司不要倉庫。倉庫是很大的消耗。微型化之後它輕型了，對職工的要求就非常高了，即使是一個普通的工人也要有很多的關於管理的技能。所以現在的現代性從組織模式來說就從過去重型的變成輕型的，大型的變成小型的，這樣一種現代的發展對我們今後的影響是非常大的。所以從這種發展來看，比如說我們社會裡面的農民工將來往哪個產業走？基本上是往服務業走。他不可能成為龐大的產業隊伍，這也是和時代發展不相吻合的。

下面是威爾士的觀點，他指出後現代絕對不是一種超現代和反現代，他認為後現代是一種激進的現代，他把後現代當作當今現代性的一種特徵，現代是具有後現代特色的一種現代。所以說後現代不是撇開現代，它是現代的一種。那麼，我們小結一下。從上面的分析當中我們可以看到現代性極大地擴展了對於傳統和現代關係的理解。那麼現代性本身就是一種社會不斷由傳統走向現代、走向更加現代的更新

現代的變遷過程。在這種過程當中，又會不斷地產生自己相應的新的傳統和更新的傳統，傳統和現代就是這樣一種關係，所以傳統和現代是不可分的。這個實際上就是我們主張和堅持的一種廣義轉型論的基本觀點。

下面我們講第三個問題：認識的新階段，傳統的成長和現代的成長。這個命題現在是非常重要的。第一就是關於傳統的發明和現代的成長，那麼關於傳統和現代關係的新認識，在我們看來傳統和現代並不是非此即彼的二分狀態，它們兩者是一體相連，互為表達。就是傳統可以表達現代，現代也同樣可以表達傳統，它們是互為表達，彼此推進的。沒有現代也無所謂傳統，傳統揭示了現代的另外一種面相。我們從傳統的發明和現代的成長過程來看待、解釋傳統和現代的關係，並且認為傳統、現代這樣一種深刻的寓意，使得社會轉型論成為一種不老的議題。

第二我們要說一下傳統和過去的區別，傳統和過去確實有至關重要的聯繫。因為傳統確實源於過去，但並不意味著過去等於傳統。這個聯繫的區別大體有這麼幾點。第一是保留在現代人記憶、話語、行動當中的那一部分過去，過去就是過去，它沒有資格成為傳統。第二傳統是現代人從過去當中精選出來的，由於現代人選擇這一部分過去，才得以留存下來。傳統是現代人精選出來對現代人有意義那一部分東西。第三，由於現代人反復地實踐和應用，這些留存下來的過去獲得了傳統的意義，傳統不是自然而然就存在的，僅是過去的那個東西還是沒有意義的。第四，現代人通過對過去的重構這種方式來產生傳統，而這個重構是一種集體的和社會的行動過程。所以傳統源於過去，它是一種活著的過去，是一種能夠活到現在的那一部分過去。因

此，作為活著的過去，傳統也是現在，甚至也會是將來。因為它往往蘊含著更多長久的社會趨勢。比如剛剛說的傳統的節日，它獲得了現代整合的意義，這種意義被發揚光大又成為一種有長遠發展前途的未來的東西。所以大家可以看到過去不等於傳統，單純的過去是沒有意義的。從這裡可以看到傳統是相對於現代在體現著自身的意義，傳統是現代的一種發明，是現代的另外一種表達，也是現代一種最真實的映證。正是有了傳統的發明也就有了現代的成長，正是有了現代的成長，現代性和社會轉型的研究也就始終會面對傳統和現代的過渡。九月分我第一次去新疆，第一天晚上我在烏魯木齊就參加了一個割禮的儀式，這個割禮是維吾爾族、烏茲別克族的小男孩在七歲的時候家裡要給他舉行一個儀式，這個儀式本來是宗教的意義，說明小孩子七歲時在宗教上成年了，今後要對自己的行為負責了。現在的意義，它成了一個展示家庭社會資本的場合，表明我這個小孩行割禮的時候我能擺多少桌，我能請到多少人請到什麼樣的人，這成了展示社會資本的場合，他們領我去的是新疆師範大學一個教授的兒子，他擺了差不多二百桌。第一他請了家鄉的烏茲別克族人，說明他家族的社會資本比較大。第二是有利可圖的，差不多二百桌每人二百元不是個小數目。這兩條是現代賦予這個有長久傳統的割禮的新的含義。

現在問題就來了，有小男孩的家庭可以這樣辦，而只有小女孩的家庭怎麼辦呢？！現在對只有小女孩的家庭就非常不平等，所以沒有這個傳統的時候要發明一個傳統。現在有小女孩的家庭就發明了一個與割禮相對的「花禮」。女孩成熟的時候有一個「花禮」，同樣發請帖請多少人來，展示家裡的社會資本，同樣也能取得一部分收入。大家看現代發明的傳統就是這樣發明的。所以割禮這個傳統到現代之後

就變形了，原來是一種宗教的儀式，希望達到有利於小孩健康成長的目的，現在則完全不一樣了，成了展示家族的社會資本，獲得收入的一種方式。這是現代賦予傳統的新含義。如果現在傳統不能滿足人的這一部分的東西，那麼就發明一種「花禮」慢慢流行。所以現在烏魯木齊就有這個特點，這個飯店很大的大廳多的是。飯店如果不適應這個東西就會被冷落。這就叫傳統與現代的互構。

下面我們再看看一些歷史學家、人類學家怎麼看待這個問題。英國歷史學家提出了兩個重要的觀點。第一，英國歷史學家從寬闊的視野來分析傳統。他們指出傳統實質上是在社會生活當中被發明的，它們被插入到具有重大歷史意義的過去當中，那些表面上看來或者生成是古老傳統的東西，它們起源的東西往往是相對完結的。事實上它們是這樣，被發明的傳統與歷史意義重大的過去存在著聯繫，它們的突得性在於它們與過去這種連續性大多數都是人為的。它們參照舊形式來回應新形式，像「花禮」的發明最能說明這一條，然後通過近乎強制性的重複來建立自己的過去，這種風俗一旦形成，每個人你如果不遵守它，你在那個社會也很難活下去，很難有體面地活下去。第二，應該是歷史學家還認為傳統與現在的時間，常常是反向相關的，譬如說到沒有馬的時候，騎兵軍官軍禮服上的貼馬刺才顯得更加重要。律師的假髮也只有在其他的人都不戴假髮之後才獲得現代的意義，顯出了這是現代律師的意義。因此被發明的傳統能夠告訴我們現代人如何運用歷史來「生產」行動的合法性依據，以及社會團體的黏合劑。

然後我們再來看看人類學家研究的傳統與現代，中國人類學家關於回訪的論述。當代人類學以回訪來探查從傳統轉向現代的邏輯，像我國人類學家莊孔韶，他研究了回訪在我們人類學的研究，分析了回

訪的兩種情形。一種是對知識失誤的訂正，提高學術的可信度以及對跨時空文化的觀測和闡述，縱觀人類知識的遞進。第二種須要注意的回訪是數十年間社會文化變遷當中，人類學一定能看到文化再造和知識再造的內容。他說博洛夫斯基正是須要對照先前人類學家的民族志才得以發現再造的傳統。所以博洛夫斯基溫故才得以知新。當代人類學家通過文化再造和知識再造來把握處於再造的一種傳統，通過不斷回訪傳統來更加明辨現代。我們可以清晰地看到對於充滿智慧的現代人來說，傳統與現代始終是相互規定和相互證明的。當然這樣抽象地說大家可能不太明白，莊孔韶最近幾年做了一個蠱日的調查，就是發揮傳統在戒毒當中的作用。大家知道在城市當中吸毒的人復吸率大概是百分之八十二，也就是說一百個人戒毒，出來之後過一段時間其中八十二個人又恢復了吸毒。因為他們出來之後，各種誘惑又來了，過去的毒友、賣毒的人各種環境都促使他吸毒，這個社會是很難控制的，加上他本人的意志等。那麼彝族當中有個蠱日，這是他們一個重大的節日。現在利用蠱日這個儀式來戒毒之後，他們的復吸率只有百分之十二。因為蠱日是彝族最莊嚴的儀式，一個人在這個儀式上發了誓，如果違反了誓言，這個人今後在他的社會裡面大概就沒法生活了。舉行這個莊嚴的儀式時，本村的或者更大村莊的長老必須來參加，而且長老要為這個戒毒的人擔保：如果他吸毒我這個長老就沒有盡到責任。而且本村每個人都要為這個人作保證，所以他要吸毒整個村裡的名譽就沒有了，而且他家裡每個人都要這個人作保證。所以在這個儀式上他做了最莊嚴的保證。所以他回家以後基本上要受到每個家人的監督和整個村的人監督，要受到更大範圍的長老的監督，所以吸毒的人的復吸率就極低，比用現代監督手段監督的要低得多。現代

監督手段本身從技術方面來說，應該說有用一點，但是很多社會性的因素使他重新吸毒。那麼蟲日正好相反，社會原因是不利於他復吸的。所以現在社會學裡面有一支很大的學派叫影視社會學派，他們把所有的過程都拍攝成為DVD的影視作品。這個拍攝之後在歐洲引起了很大的反響。竟然傳統能起到現代戒毒手段起不到的作用。這樣一種利用傳統為現代服務，同時現代又反過來給舊的傳統以新的含義。這樣一種回訪就起很大的作用。

最後我們說說傳統和現代相互規定相互表達是不會停止的。並非在傳統之後才有現代，恰恰相反我們是因為有了現代而發明傳統。現代有某種需要它可以發明傳統或者利用某種傳統。那麼現代人所說的傳統是為現代產生的。因為唯有現代才能賦予傳統現代的意義。同時傳統只有通過現代才能獲得自身的規定，而且唯有傳統和現代相聯繫和對應的時候，它才能被我們思考和把握。在這個意義上我們甚至可以說傳統實質上就是現代的另外一面，是對現代更為深刻的表達和解釋。那麼傳統的發明也啟示我們，這裡有一句人類學的話說得特別好：We are still on the way。我們仍然在路上，這個認識過程是沒有完結的。只要我們仍然在現代的旅程當中，傳統的發明就不會終結，因為邁向更加現代和更新現代的過程總會創造出自己的傳統，傳統和現代最終對照也使得像我們主張的廣義現代論不會完結，成為一個不老的議題。

最後我們小結一下，不能把傳統和現代轉變的研究認為是過時的、古典的。社會學以及歷史學、人類學、政治學這些研究反復地證明傳統和現代實質上是現代性過程的兩種面向，現代正是由於和傳統不斷地對比才顯示出自己的現代。那麼傳統構成了現代開拓和成長的

因素，構成了現代的資源，正是由於傳統的更新和現代的拓展，使現代性能夠不斷地獲得新的動力。所以把傳統向現代的轉變視為已經過時，代之現代向現代轉變這樣一個所謂新議題在理論上和現實上，都是說不過去的。這也正是我們主張的廣義轉型論與新布達佩斯學派主張的狹義轉型論或者所謂新古典主義社會學的一個重大的理論分歧。那麼從傳統和現代的梳理當中，我們看到像新布達佩斯學派理論所存在的根本缺陷。今天我給大家講的傳統與現代，比較簡要地把我們的一些研究成果報告給大家，謝謝各位！

二〇〇七年在華中科技大學的演講
田小桐根據錄音整理

從底層視角看社會的和諧

周大鳴　中山大學人類學系教授

　　社會和諧是現在很時髦的政治話題，通常我們做學術的人可能都不太願意和這種時尚的東西結合得太密切，尤其是和這種政治時尚的東西聯合太緊密。今天我講這個題目是有原因的。一是源自我在網上看過類似的討論，一個沒有考上大學而人生失意的人在網上發了一個關於自己生活困境的帖子，遭遇一位碩士研究生網友的回復「你這種人應該去死」，這個回復還有不少網友贊同。通過這個事情我就一直在想受過研究生教育的人為什麼會對一個弱者持有這樣的態度，也就是說，儘管受過如此多的教育，但卻忘記了自己為什麼是人，人的本性是什麼？人應該是懂得關心、同情、愛護、幫助人，人跟動物本質的區別就在這裡。另一個例子是我去深圳參加一個論壇，論壇的主題是關於東部如何幫助西部的扶貧問題，結果深圳的那一幫人跳上臺來就宣稱根本就不應該幫助西部以及給予他們優惠政策，應該按照市場經濟的規律來辦事，我就提出深圳的發展史從一開始就不是市場經濟的產物，從一開始就是政策經濟的產物，市場競爭一個重要的方面就是機會平等，西部目前不具備這樣平等的機會來與東部競爭，所以我們應該幫助西部這些弱勢群體，幫助他們做強做大再來競爭，他們都忘記了一點就是在中國這麼大的地方，先發展起來的地方有責任和義務去說明後發地區。

這些都引起我的反思，我們做人類學和人文研究的人應該怎麼樣去關心弱者，所以這是我選擇這樣一個講題很重要的原因。另一個原因是無論是去年的政府工作報告還是今年黨的十七大胡錦濤的報告都把和諧社會放在一個很核心的位置，我們作為大學的教授也有責任把我們的研究同黨和政府的中心工作結合起來，這是我選擇講和諧社會的另一個原因。今天我要講的內容主要有幾個：一是黨中央為什麼會提出一個和諧社會的命題；二是在黨的十七大報告中提出了哪些具體的指導性措施去建設和諧社會；三是我們怎樣從一個學科上給和諧社會一個定位；四是我們怎樣從底層社會和矛盾的焦點來看和諧社會的建設。下面主要是用我十幾年以來我對城市中的少數民族、農民工、失地農民、下崗工人以及拾荒者這樣幾個個案來說明我的看法。

　　首先我們對和諧社會、和諧文化要有一個基本概念，和諧文化與和諧社會是一個相聯繫的概念，和諧文化是和諧社會的一個重要組成部分，也是構成和諧社會的一個重要的精神支柱和靈魂，和諧社會在本質上是一種和諧的文化境界，是一種民主政治、公平正義、誠信友愛、充滿活力、安定有序、人與自然和諧相處的一種社會狀態；和諧文化應該是一種集價值觀念、思想認知、理想信仰、社會風尚、行為規範，以及制度體系為一體的整合體，它主要體現的是一種尊重差別、主張平衡的思想堅持，這與人類學的理念是一致的，人類學很重要的一點就是我們人在文化產生的過程中，把人類文化看成是一種人與人、人與自然、人與自我的協調，這是我們人類學研究的三個層面的內容。人類學一個基本的理念就是文化相對論，文化相對論的基本觀念就是在價值上所有的文化都是平等的，這是人類學在看待他者一個基本的價值標準，與文化相對論相對立的就是民族自我中心主義及

種族主義。為什麼所有的文化都會以自我為中心並認為自己的種族和文化比其他種族優越？這是所有種族文化的共性，並非只有中國如此，如果所有的種族都認為自己是中心，那麼又如何去共處交流？所以人類學研究的主要方面就是平等地看待不同種族文化，這樣才是和諧的基礎，和諧文化也應建立於此。我們現在為什麼會談和諧建設以及和諧文化？很重要的一點是我們現在生活的時代是一個激劇變革的時代，也就是社會轉型的時代，也是一個文化變遷的時代，變遷需要一種動力，不同的動力導致了不同的方向。

社會轉型是有以下一些特徵的。一個是社會階層的分化和重組，隨著社會分層利益主義也在變化，從前售貨員、司機或是軍人十分吃香，而當今許多孩子的志願是當官或是當老闆，這說明了我們當今社會主體就是這兩類人。二是傳統權威的流失和社會權利的轉移，在漢族文化裡邊論資排輩是我們的一個傳統，而隨著社會發展卻不斷發生變化，不同時期利益主體都在想辦法轉移這種權力分配並控制權利。三是社會制度及社會發展方向也在發生變化，在社會群體之間、社會個體之間的競爭在加劇。四是信仰的危機和價值觀的多元化，每個人都有自己的想法和追求，價值觀也很難統一。五是社會心理的焦慮加劇，在激烈的社會競爭中大眾的心理更加焦慮。另外我還有一個概念需要闡述：什麼是底層社會？關於底層社會有很多種說法，有的將其稱之為邊緣群體、底邊階級，我個人認為應該從幾個方面來考慮：一是政治權利結構中處於弱勢，也就是說沒有話語權；二是在社會分層裡邊處於下層，處在被人歧視、看不起的地位，在身分地位上處於邊緣；三是在經濟地位上相對貧困。

在黨的十七大報告中我們可以看到政府堅持和諧社會時堅持的幾

大原則：一是強調物質文明和精神文明同樣重要；二是政治、經濟、社會三位一體，逐漸從一個中心變為多個中心，這幾個中心是處於平行的關係；三是提出和諧文化的概念，在三位一體的基礎上建設和諧文化，變三位一體為四位一體，這也是建設中國特色社會主義理論中提出的一個新理念。和諧社會可以概括為社會和諧穩定、百姓安居樂業，以人為本中百姓的安居樂業變成重中之重。當然我們要採取一系列的措施，黨的十七大報告中提出在教育上加大投入，以及對貧困學生進行補助、解決好城市困難家庭的生活問題、解決好農民工子女接受義務教育的問題、加快促進教育公平。在過去我們從來不提教育公平的問題，現在發現了制度公平比金錢補助更為重要，以及還有如何建設一個全方位的公共文化服務體系等。這些東西如教育、就業、醫療衛生就是有針對性的，就業和再就業是解決我們社會矛盾的一個根本的鑰匙；另外還有社會保障，社會保障是讓每個公民在面臨不可抗拒的力量如疾病、自然災害時能夠有所依仗，這就需要社會保障制度，而且這種社會保障制度不是個體性的，而應該是全民性的，全民都應該能享受最低社會保障；還有推進社會主義民主制度的建設，包括城鄉基層自治組織的建設、加強民族宗教僑務工作的建設，以及對NGO組織的關注；另外還有建立利益表達和訴求機制、矛盾調查機制、權益保障機制。

我認為和諧社會與和諧文化的關係中後者是前者建設的核心，前者是後者的保障。我給和諧文化建設一個基本的定位：一、它是社會主義和諧文化，是以馬克思主義為指導的、有中國特色的科學文化觀，是社會主義核心價值觀念的體現；二、它既是包含中國傳統文化中的和諧思想，也是我黨總結古今中外和諧文化建設，以及新中國建

國以來社會主義建設的各種經驗和教訓的成果；三、它是社會主義思想建設的價值基礎和重要組成部分，最重要的就是不斷滿足人民日益增長的文化需求。我們怎樣來建設這樣一種和諧文化，從一個抽象的精神層面跳脫出來轉向可操作性和實踐性，並建立相應的指標體系。觀之每一個時期的治國理論，它與當時出現的社會問題有密切關係，比如社會學、經濟學中的風險理論在二十世紀六〇年代比較風行，這源於來自西方在第二次世界大戰後有一個經濟發展的高潮，但在高潮以後又立即出現社會問題，到了六〇年代社會問題很多，當時提出了可持續發展的概念，這一概念就是在六〇年代誕生的，後來被我國所應用，但我們當時只把可持續理解為自然環境的可持續，而忽略了社會文化方面的內容。風險理論風行後要求在專案投資時除了要考慮市場評估、財務評估以外，還要進行環境評估、社會評估、經濟評估，對投資的風險所考慮的因素增加了。我們讀黨的十七大報告，裡面有很多措施是從底層視角來考慮的；一是公民基本權利的保護；二是提高最低工資；三是提高初次分配的比重，這是解決低收入問題的重要手段；四是提高最低生活保障的起點；五是提高最低醫療保障，並進行醫療事業改革，建立全民醫療保障；六是安全生產以及維護社會安定等等。從黨的十七大報告可以看出我們是如何從最底層來建設和諧社會的，和諧社會的建設是一個不斷化解社會不穩定因素的持續的過程，作為社會基礎的社會和諧的建設，更須要關心當前社會轉型中和現實中的主要矛盾，通過探尋社會矛盾背後的因素來討論實際的和諧文化的建設。

　　我前些年和朋友做過一些關於城市中少數民族的研究。我們國家自二十世紀五〇年代通過歷史文化調查、民族識別劃出了五十五個少

數民族，並且制定了民族區域自治法，但在制定這個法律的時候有一點沒有考慮到，就是沒有考慮到人口的流動性。所以一直到今天，整個少數民族的布局發生了根本的變化，越來越多的少數民族和漢族聚居在一起，而且越來越多的少數民族從西部遷往沿海地區，從農村遷移到城市，我們原來的法制法規嚴重滯後於社會的發展。比如說深圳現在是除北京以外少數民族種類最多的聚居地區，然而深圳是最年輕的城市，我們國家許多關於少數民族的政策他們是否能夠享受到呢？法律的效力能不能輻射到這群人身上呢？誰來保障這一效力的實施呢？比如伊斯蘭教有土葬傳統，在城市如此高的地價之下，如何尊重他們的傳統保障他們的權益？再比如說廣州每個月以開設八百家蘭州拉麵館的速度增長，開麵館是青海省扶貧政策裡面一個很重要的措施，我們都知道在城市開設飲食方面的服務需要衛生、環境、工商、管理等多項檢查和規定，而許多不能達到要求的麵館被勒令關閉，這些矛盾引發了一些暴力抗法現象，最後由廣州市和青海省協商並達成一致，意見對他們放低要求。這些例子都反映出我國的民族政策正在面臨著新的挑戰，城市裡面不同的人群集聚在一起，比如在廣州，除了少數民族問題以外，還有大量的黑人湧進廣州，他們有很多人是非法居留的，我們政府如何解決這些問題？是否有相關的政策？還有關於宗教問題，宗教場所不夠也是一個問題。

另一個是農民工問題。改革開放以後農民工的流動成為一個很重要的跨區域的現象，農民工所產生的問題很多，為什麼會有矛盾存在？雖然本地人和外地人同在一個空間裡邊，但是他們是截然分開的。我主要是從五個方面來闡釋這種社區二元分立的現象：一是同工不同酬，本地人的收入較外地人高，特別是二次分配的差別很大；二

是消費的區別，娛樂消費的場所差異巨大；三是工作的差別，很多工作本地人不願意去做，比如危險的、髒的、重的一些工作都是外來工來做；四是心理上的相互歧視；五是住房上的差別，本地人租房的收入巨大，而外來人居住擁擠。這些方面都導致社會的不公平，在醫療、衛生、教育上的分配不公，這些二元社區又導致本地人和外來人的衝突加劇。在東莞，本地人口二百萬，外地人口八百萬，所以東莞的外來戶有個名字叫「新莞人」，用「新莞人」取代有歧視意義的「農民工」。要解決這些問題，首先要實現教育公平，解決農民工子女的上學問題，在這個方面我們可以看看美國，當時為了消除對黑人的歧視，甚至動用野戰軍為黑人爭取與白人同校的機會，在一個資本主義國家尚且可以在不同民族之間做到如此地步，我們作為社會主義國家難道連外地人和本地人同校問題都無法解決？國家在解決教育公平問題上應該要有所投入，但不能把所有壓力和負擔全部都壓在地方，我們無法以一個地方解決全國性的問題，但可以用全國的力量去解決一個地方的問題。

我還做過一個研究是關於散工研究，事實上上面講的農民工主要是正式機構雇傭的工人，而在調查中發現還有許多流動到珠江三角洲的人是非正式機構雇傭的勞動者，這批人比農民工更受不到保障。我在《西南民族大學學報》上發表了一系列的文章，關於建築工、搬運工、保姆的分類研究都發表在上面，現在準備發表關於拾荒者的研究的文章。這些散工在工作上都是不固定的、突發性的，比如搬家、修水管，等等；在待遇上沒有任何保障，沒有合同給予保障；另外工資低，沒有最低保障。因為散工的工作種類差異較大，在此不作仔細分類講述，主要以拾荒者為例，拾荒者在各個城市都有，他們在社會地

位上是社會底層的底層，為人所看不起；在工作上環境惡劣；另外他們的權益更加沒有保障，現在的垃圾填埋場收垃圾的權利也被出售，在這些地方拾荒者形成了一個獨立的小社區，他們生活、工作在垃圾場裡邊，工作環境惡劣且危險，且權益沒有任何保障，他們的生活狀況就是如此。

另外還有一個關於失地農民的問題。據官方資料統計每年有四百多萬農民失去土地，而且這個數字隨著我們的城市化進程呈現上升趨勢。現在農民與政府因為土地的徵用問題矛盾加劇，大家都看得到土地的增值遠遠比銀行的利息要多，且增值很快；同時土地也是稀缺資源，特別是珠江三角洲能夠種地的土地在銳減，失去土地的農民面臨生存的問題。現在許多城市在城市化中取消了農村戶口，都將之換成城市戶口，但是與內地不同，富裕的沿海地區農民是不願意變為城市人口的，他們本身有土地有樓房住宅，卻被強制性徵用，實行「村改居」，也即村委會改為居委會。比如廣州僅僅花了十個月建起了一個大學城，一整個三十萬平方公里的島被徵用，島上的居民都失去了土地，這導致了當地居民與政府的矛盾很尖銳，包括一些港澳媒體的報導也為當地政府所忌憚，當然最根本的問題是土地徵用過程中那些賠償金都如何分配、流向何處？通過這個個案我們再討論珠海的發展為什麼落後，珠海是一九八六年一夜之間把珠海農民所有的土地都徵用過來，開發珠海西區，最後成了一種泡沫經濟，現在整個珠海西區都是爛尾樓，珠海本來是一個地理位置很好的經濟特區，但是現在發展緩慢，我們分析其原因，我認為很重要的一個原因便是一夜之間讓農民失去土地，農民在珠海市還是占絕大多數；另一個原因是這些農民失去土地後，一下子從農業轉行出去，當所有人都在為生存掙扎的時

候便沒有人去謀求發展。關於失地農民的補償和生活的安置需要考慮的問題有很多，絕不只是蓋一個房子便可以了，我有一個博士對廣東的三峽移民進行調查，當地政府給他們每人一筆安置費和一棟房子，並提供一些土地，不需要土地的也儘量分配工作，但是這些移民中，許多人由於對工廠工作的不適應而把工作辭掉了，在屢次工作中與當地安置人員發生矛盾，最後把房子賣掉又回到三峽。所以移民的安置是一件永遠做不完的事情，遠非給一棟房子那麼簡單，怎麼樣對失地農民採取措施、促進他們自己發展是一個很困難的問題。我認為：第一是要說明他們轉變生存方式；第二是對其進行教育和職業培訓；第三是建立最低的保障體系。

最後講一下下崗工人的問題。我們曾將工人稱為國家的領導階級，但現在卻變成下層階級，對這種心理落差的適應是很難的，比如關於礦難問題，每一次發生礦難以後老闆卻不知道礦下有多少人，這聽著不可思議，可井下所有的礦工作業都是承包制，挖煤工人都是臨時的，最後連承包者一起都壓在下面。現在挖煤工人幾乎全為農民工，他們沒有受過專業培訓、沒有像樣的安全設備，工作場所沒有基本的安全設施，這當然會導致事故，因為無論是煤礦老闆還是承包者都是追求利益最大化，他們自然不關心井下埋有多少人。要解決這一問題，要抓安全培訓、發放工作服、加強安全設施建設、進行身分證登記，等等，只有從這些源頭上去抓才能避免事故。工人階級在政治上、背景上的落差都是值得研究的，如果不解決這些問題何談建設和諧社會？這些就是我今天要講的主要內容。

二〇〇七年在華中科技大學的演講
何丹根據錄音整理

民生問題與和諧社會

鄭功成　中國人民大學勞動人事學院教授

　　大家知道這兩年來，和諧社會、民生與和諧這幾個字大概是我們時下最流行的詞語。和諧與民生的流行絕對不是像過去年代的那樣，是一種空洞的宣傳，也不等於是一種簡單的政治宣誓。這意味著我們國家已經進入了一個嶄新的發展時代，按照我近幾年的研究、判斷，這個時代的嶄新不在於GDP的持續增長，而在於國家與社會發展得更加公正、文明，這是更重要的。計劃經濟走過了幾十年以階級鬥爭為綱的道路，前二十多年的改革，是以競爭為特徵的一個時代，所以市場經濟的規定在某種程度上走了極端，效率優先變成了效率至上，乃至於演變成為唯利是圖。所以，那種單純強調競爭的年代也不符合我們國家進一步發展的要求。因此，和諧社會的提出實際上有它深刻的時代背景。

　　和諧社會怎樣才能和諧？當然首先是要所有的國人都能生活得好，全體國人都能夠合理分享到國家發展的成果。只有每一個人都能快樂地創造與生活，我們才能說這個社會是和諧的。那麼怎樣實現每一個人都能快樂地創造與生活？當然這又是一個民生問題。民生問題能不能得到保證、民生問題能不能持續得到改善，是我們國家能不能真正構建和諧社會、能不能真正走上人民發展道路的一個核心的指標和一個主要的標誌。所以今天晚上我很願意把和諧和民生聯繫起來談

談我的看法，把我若干年來的一些老觀點簡單地匯集一下跟大家交流。

我準備講這麼幾個方面。第一，為什麼要構建和諧社會？第二，要構建一個什麼樣的和諧社會？按照我去年的講法，我們要構建的是以民生為本的和諧社會。第三，要用社會保障來促進和諧社會的建立，並且用社會保障來保障好社會民生，用社會保障來解決好社會矛盾。我大體上講這三個問題。

首先，為什麼要構建和諧社會？第一個方面，我一直強調的一個觀點是我們進入了後改革開放的時代。可以肯定的是，進入本世紀以後，我們中國所處的時代跟改革開放前二十多年是一個截然不同的時代。這個截然不同的時代也即我們站立的起點是完全不一樣的，我們面臨的挑戰是完全不一樣的，我們所肩負的使命和任務是完全不一樣的。我們為了完成這個使命和任務，所須要採取的政策和措施，乃至於制度安排，跟我們在前二十年有些甚至是須要矯枉過正的，都需要一個重新的調整。我們現在依然處在改革的年代，改革依然是全黨上下、舉國上下始終要堅定不移執行的。但是此改革已經非彼改革，改革開放的前二十多年主要是改革計劃經濟體制下遺留的問題。但是它已經是有共識的，現在之所以有些計劃經濟遺留的痕跡還沒有完全清除，是因為考慮到政治風險和社會承受能力。所以我認為對計劃經濟遺留下來的問題進行改革，不是一個太難的問題。但是更重要的是，改革的不足、改革的不到位、改革的失誤，乃至於改革中的過錯所留下的問題，以及這些問題的後遺症，才是我們今天改革中最艱難的。這二十多年來，社會已經形成了新的利益格局，包括政府內部的利益格局、中央跟地方的利益格局、不同社會階層的利益格局。這特別需

要政治智慧，而且特別需要政治魄力，才能夠把它調整到一種合理的狀態，才能使民生繼續得到改善，才能使政府、社會走向和諧。所以今天的改革所面臨的背景確實不一樣。為什麼要構建和諧社會？我剛才強調了改革的任務、改革的使命發生了變化——由單一的改革變成了雙重的改革。

第二個方面，今天我們站在一個新的歷史起點上，這是我們官方的定論。我過去的講法是我們站在一個經濟發展水準很高的平臺上，我經常講兩個指標：第一個指標是GDP。GDP涵蓋一個國家的經濟總量，GDP總量的大小當然可以衡量一個國家財富的既定規模的大小；第二個指標就是財政收入。當國家的物質財富達到一定高度以後，必然要有更高的物質追求，而更高的物質追求有可能不是體現在物質上，而是體現在精神的、非物質的層面上。這大概只能通過構建和諧社會這樣一個總的目標才能充分反映出這個時代和國家所應該承擔的使命和任務，它已經發生了很大的變化。

第三個方面，我們的現實社會問題要通過構建和諧社會來解決。簡單地鼓勵財富創造，簡單地鼓勵部分人先富起來，在某種程度上惡化了社會氛圍、擴大了差距、激化了矛盾，它必然產生差距、矛盾、失衡。按照我們有的社會學家所講的，會產生斷裂、對抗的現象。一旦出現這樣嚴重的局面，國家是不可能持續發展的。所以中國的許多現實問題如果不是從和諧社會來思考、來調整，矛盾、差距是無法解決的。

最近幾年我在講五大矛盾。第一個是貧富差距。由於收入分配的失衡、社會分配的不公，貧富差距確實在不斷地擴大，這是一個不爭的事實。首先承認，經濟係數是衡定一個國家貧富差距最重要的指

標。貧富差距偏大是一個事實，但也不能過分地誇大，因為國家持續發展的格局沒有改變，絕大多數人從國家的發展中得到好處，所以貧富差距還是可以調控的。但是，畢竟我們的貧富差距確實在持續擴大，所以貧富之間的差距是我們國家面臨的一個重大的挑戰。中國現在面臨的任何一個挑戰實際上都有它的挑戰性，我們貧富差距的出現當然是一種正面的效應，但是貧富差距持續擴大的趨勢是令人憂慮的，所以現在要重視。我們國家的經濟發展到這個水準上，我們也有能力來逐漸解決。貧富差距是我們面臨的一大挑戰，是改革開放前所沒有的、不明顯的，而在近十年，由於財富分配的慣性，分配之間的不公導致差距越來越大，現成為一個影響民生的重大問題。

第二個是勞資矛盾。由於經濟全球化帶來強資本、弱勞工格局的全球化，深刻影響到國家的勞資關係，資本的勢力越來越強勢，勞動者的力量越來越弱勢。資本持有者的所得長期畸形地偏高，勞動者的所得長期畸形地偏低，並且不斷地下降。所以，如何平衡勞資關係是我們面臨的一個重大的挑戰。我非常認同孫中山先生說過的「扶持勞工，抑制資本」，這是我們現在應該奉行的政策。一個國家如果發展到只是鼓勵一部分人先富起來，它必然造成制度的傾斜，造成政策措施的不適當和失衡。所以在貧富差距中，必須改變過去那種鼓勵一部分人先富起來的觀念，要在分配中保持過去那種正義的底線，讓全體人民合理地參與國家發展成果的分享。在勞資矛盾中適度地抑制資本，要扶持勞工，要增進勞工的收益，要改變勞工成本低這個所謂的比較優勢，因學這個所謂的比較優勢是一個錯誤的話語。世界上所有的強國都是勞工成本高的，因為勞工成本高的背後隱含著另外一層邏輯，就是勞工成本高一定是勞動者的人力資本投資高，人力資本投資

高勞動者的素質高，也就意味著生產出來的產品技術含量高，國家的核心競爭力才高，這個邏輯才是符合國際競爭的一般規律。所以我們規定的目標應該是盡可能地平等和公平，我們能夠實現勞資雙方力量對比的平衡，能夠通過法律制度和政府的公權的介入，要勞資雙方失衡的關係恢復平衡，這是一個國家走向更加公正、文明的發展道路的一個必要條件或前提條件。這個問題是政府必須重視、用政治智慧來加以化解的。只有讓勞資之間的關係穩定和諧，社會才能和諧。勞資雙方只有單贏是不可持續的。我們要勞資雙方合理分享利益，勞資雙方的矛盾才能由對抗走向妥協。勞資雙方由單贏變成雙贏，國家就大贏；勞資雙方由單贏變成雙損，國家就大損。

第三個是農民工與城市人的利益分歧，或者是流動人口與當地人口的利益分歧。我們總是過分地考慮城市人的利益，過分地維護當地人的利益，歧視農民工、外地人、流動人口。很多政策是不平衡的，實際上也是不可持續的。農民工的結構如今已經發生了很大的變化，其中有兩個指標引起我們高度關注。一個是不少農民工短時期找不到工作繼續留在城市，另一個是農民工的覺悟越來越高。我們從國家的角度已經得出了一個信號，那就是我們對農民工的權益維護不光是就業權益、教育權益、社會保障權益，還要關注他們的政治權益。所以，處理農民工與城市人的關係、矛盾，如果不從和諧社會的角度使農民工合理分享到他們所在的地區、所服務的地區的財富，那麼這個矛盾會越來越尖銳，對國家的發展是極為不利的。

第四個矛盾是城鄉差距。城鄉差距事實上可以算嚴重損害我們中國健康發展的一種差距。中國城鄉差距的鴻溝不能逐漸填平，中國的競爭就不可持續。我們的對外貿易增長得很快，但我們農民的生活並

沒有同步的提升。外貿依存度很高，意味著我們的經濟存在著巨大的風險。繼續靠外貿增長來拉動經濟是行不通的，所以不把中國農村的收入提高起來，不把農民的消費潛力調動起來，不讓中國的市場變成一個比歐美更大的市場，我們的經濟何以持續？這一屆的政府重視三農問題不僅僅是為了農民，也是為了國家、為了城裡人。但是城鄉之間的鴻溝不是一夜之間能夠填平的。這種利益格局已經形成了，再要動它是很困難的事情，不光需要政治智慧，還要有政治魄力。

第五個是地區差距。這種地區差距的拉大起碼有兩大效應是確定的。一是中國的經濟不可持續。地區差距拉大了，地區的矛盾會激化，經濟不可持續。地區差距首先是危害我們中國經濟可持續的增長，危害整個國家的發展。從政治上來講，凡是地區差距很大的，國家的不安全感就會上升。國家的安全取決於國家的均衡發展，不光是取決於它的經濟利益，更多的是社會的一體化，重要的在權益、利益的均等、利益的堅固和利益的共用等方面。

以上這五個問題是我們國家面臨的重大挑戰，如果我們繼續沿用原有的制度安排和原有的政策體系，問題只會越來越惡化，社會就不可能和諧，在一個不和諧的社會其經濟也會受到影響。現實中的問題也要求我們更理性地追求目標，不能光講競爭，只有走向和諧，在和諧的前提下利益才能共用。

緊接著再講為什麼要構建和諧社會的第四個方面。因為這源於我們國際地位的上升，從之前的人口大國變成現在的經濟大國。第一就是我們的對外貿易，今天的中國是世界貿易中舉足輕重的角色。第二，我國作為世界第二大經濟體，作為國際貿易中舉足輕重的大國，確實影響著世界整個經濟的發展。第三個指標就是我們的外匯儲備，

外匯儲備在整個國際的金融市場上可以起到很大的影響作用，也是衡量我們國家在整個世界的經濟大國的地位的一個指標。第四個指標是我們對外資的吸引，整個世界除了美國之外我們成為了外資吸引最高的國家。中國經濟力的發展帶來中國經濟地位的提升，同時也不可避免地要承擔起國際社會的責任。我們首先要解決好我們國內的問題，縮小我們國內的差距，化解國內的矛盾，創造國內的和諧，只有這樣才可以談得上構建和諧亞洲和和諧世界。所以國際背景發生很大的變化，不是中國越發展國際的環境越有利於中國，而是要看中國怎麼發展。

第五個方面，我認為是我們這一代的領導層、這一代的政府，他們自覺地有了更高層次的追求。從這一代的領導層，我們看到了科學發展的依據，我們科學發展、執政為民、以人為本、和諧社會，這些詞很快流行並且深入人心。因為它確實順應了時代的要求，順應了人民的呼聲，它不光是一個空洞的政治口號，它使我們看到了很多政治措施都在逐漸得到落實，原有的政策傾向、原有的制度安排都正在快速地調整當中。

以上從五個方面，講述了為什麼要構建和諧社會。我們已經到了這樣一個時代，如果再不從和諧社會入手，再不把構建和諧社會，增進人民幸福感，增進人民的團結、和諧、合作作為我們發展追求的目標，國家的發展不僅會打折扣，還有可能出現倒退，改革的成果還有可能會毀於一旦。這是我要跟大家講的第一個大的問題。

第二個大的問題，我們要構建一個什麼樣的和諧社會？我一直強調要構建以民生為本的和諧社會。一方面，近幾年來，我一直主張國家發展的根本目標指向應該是民生兩個字。民生觀念已經逐漸深入人

心，不僅僅是我們黨和國家領導人經常在強調民生問題。民生問題為什麼這麼重要？因為民生問題確實決定著政權的興亡。在我們國家的歷史上，從來政權發生重大更替事件的，都是民不聊生的時期，都是農民起義造成的重大的社會動盪。所以民生問題確實關係到社會能否安定和政權的興亡。另一方面，作為現代社會來講，國家發展的目標到底是什麼？我們過去說，中國的財富蛋糕太小了，所以我們要不斷地做大。但是蛋糕做大了如果不能很好地分配，就會引起一系列的問題。近十年來這種現象就是我之前講的差距、矛盾、利益分歧。民生問題實際上在改革開放三十年以來是持續得到改善的。這表明老百姓在解決了溫飽問題進入小康以後，他們也有了更高的追求。民生是個不斷升級的、動態的概念。孫中山當年講民生是衣食住行四要素，但今天的民生問題絕對不止衣食住行四要素。我們也要求更優質的教育、更穩定的就業、更公正的分配、更安全的社會保障，甚至更文明的司法、更健全的法制、更透明的政治的民主。民生問題是不斷升級的。今天民生的不斷升級是改革開放的成果，是中國發展進步的標誌。包括我講農民工也是一樣的，本身農民工問題是中國改革開放的成果、中國社會發展的標誌，其次它才是一個社會問題，再次我們才需要解決好這個社會問題。民生問題進一步升級，解決好民生問題始終是政府的核心使命。所以說，民生問題解決的好壞決定著政權的興亡，政府解決民生問題又是它的合法性的來源，這一切都決定著民生問題是如此的重要。

近幾年我一直強調四大民生問題：教育是民生之基，就業是民生之本，收入分配是民生之源，社會保障是民生之安全網。教育是民生之基，因為教育的公平是整個社會公平的基石，教育的不公會放大社

會的不公。就業是民生之本，是保障民生和改善民生之本，不光是我們社會主義國家的民生之本，也是所有的資本主義國家的民生之本。收入分配是民生之源泉。我們的第一次分配長期是一個失衡的格局，是資本所有者長期所得畸形偏高，勞動者長期所得畸形偏低。這個失衡的格局使得現在必須抑制資本、扶持勞工，所以我一直主張要大幅度地提升勞動者的薪酬。初次分配的格局是失衡的，必須把它恢復平衡。再分配主要是兩個問題，一是沒有規範，一是不公。有很多的再分配沒有創造公平，有的再分配甚至在放大不公。社會保障嚴重不足在很大的程度上還製造了不公、放大了不公，收入分配的改革任務非常繁重。社會保障是民生之安全網，這也是我要講的第三個大的問題，也是最後一個大的問題，用社會保障來促進社會和諧。我們在解決民生問題之前首先要保障好民生。以人為本必須關注民生，只有關注民生才能重視民生，只有重視民生才能保障好民生，只有在保障好民生的基礎上才能持續不斷地改善民生。只有社會保障才能解決人民的後顧之憂、增進人民的安全預期。所以從這方面我下了一個結論——社會保障是和諧社會的核心指標，社會保障度就是和諧社會的和諧程度。有怎樣的社會保障，就會有怎樣的和諧社會度和它的發達程度。

接下來我想談談社會保障存在的幾大問題。第一，保障不足。我非常不贊成在研究中國的保障問題的時候，拿著國家的福利政策作為參照。所以近幾年來，我一直堅持認為經濟的增長只有帶來國民福利的增長，經濟的增長才是有價值的。所以我們極力主張，國家一定要加大投入來改變保障不足的格局。保障不足是我們面臨的所有問題的一個綜合的表現。第二，為什麼保障不足是投入不足？社會保障投入

不足是一個嚴重的問題。投入增加了，GDP裡面的份額增加了，社會保障目前這種格局才有可能緩解。第三，責任不清，還有新政策的立法滯後和新制度的有效性不高等問題，這些都說明社會保障制度的改革還任重道遠。但是我們要看到，社會公平、正義共用的核心價值正在成為我們國家在這個時代的主流價值觀，科學發展正在落實科學發展觀，執政為民、以人為本正逐漸體現在我們的制度安排和政策措施上。大的背景已經決定了我們必須重視社會保障，並且必須把社會保障制度迅速健全起來。所以，對我們國家的社會保障從過去、現在到將來，用成效巨大、教訓深刻、任重道遠、前景光明可以概括。

今天圍繞著和諧社會和民生問題，我就以上三個大的方面談了一下我的一些看法。我的報告就到這裡，謝謝大家！

二〇〇七年在華中科技大學的演講
梁青根據錄音整理

文學與藝術

談談錢鍾書和他的小說
——紀念錢鍾書逝世十周年

謝　泳　廈門大學人文學院中文系教授

　　各位晚上好，非常高興有機會來到華中科技大學和諸位交流學術，我今天想和諸位交流的是錢鍾書和他的《圍城》。交流之前我想和諸位簡單地談一下讀書的感受。我建議人家讀書的時候應樹立下面兩個觀點。

　　第一點，就是我們在接觸一個新的研究對象，或者新的歷史人物，或者是一本新書的時候，應該樹立一個完整的概念。也就是說，接觸一個歷史人物的時候，首先應該去讀他的全集，或者盡可能把他所有的著作都收集在一起，在集中的時間內讀他的這些書。這樣才可能對你的研究對象或者你感興趣的歷史人物，有一個比較完整的了解。

　　第二點，就是在進入研究以前，應盡可能地把與研究對象相關的所有研究著作，在一個盡可能短的時間內集中地把它涉獵一遍，這樣就能從學術史的角度或者研究史的角度儘快地進入到研究對象的深處。我想我們在接觸錢鍾書之前，如果把握這兩個原則，就可能比較深入地了解我們的研究對象，這是我想和諸位交流的閱讀感想。

　　現在我想簡單地和諸位談一下我是怎樣理解《圍城》的。

　　我到廈門大學教書以後，經常有一些同學來問我，尤其是一些理工科的學生經常和我聊天，他們跟我說：我們這些理工科的學生，不

可能在短的時間裡了解中國現代文學史上的所有作家和作品，如果選擇一部長篇小說或者一位作家的話，你能不能給我們提一個建議，讀哪本書比較好。遇到這樣時候，我經常會對這些學生講，中國現代文學史上其他有名的書很多，但是如果你想對中國現代文學史比較了解，或者你試圖想有個比較完整的了解的話，你讀一本書——錢鍾書的《圍城》，就可以。為什麼呢？因為這本書有幾個特點：第一，《圍城》是一個當過大學教授的人寫的書；第二，這本書裡面主要寫的是大學生活；第三，這本書主要寫的是大學裡教授間的事。在《圍城》裡，錢鍾書對中國知識分子基本上採取的是批判態度，而且書裡面涉及大量的大學生活和各種科系之間的矛盾，還有教授之間各種類型的勾心鬥角，等等。所以我認為，一個讀理工科的學生，通過讀《圍城》這本小說，在短時間內可以大體了解中國現代大學的情況。那麼有些學生又和我說，我們把《圍城》的主題經常理解為跟婚姻和愛情有關，並不是簡單的大學生活。我覺得，這樣理解不能說錯，但是嚴格地說，這本小說不僅僅是關於婚姻和愛情的，而是一部關於人生的作品。而且這部小說是以諷刺見長，錢鍾書本人非常有幽默的天才，在這本書中他充分展示他的風趣幽默和諷刺的才能。我覺得對一個理工科學生來說，要把這本書作為你的人生寶典，以後常看常新，裡面有很多經典的有趣語言，也有非常深刻的對人生哲理的探索。

　　我給諸位舉兩個例子。比如說，《圍城》裡描寫大學裡各系學生間的看法，他說：「在大學裡，理科學生瞧不起文科學生，外國語文學系學生瞧不起中國文學系學生，中國文學系學生瞧不起哲學系學生，哲學系學生瞧不起社會學系學生，社會學系學生瞧不起教育學系學生，教育學系學生沒有誰可以給他們瞧不起了，只能瞧不起本系的

先生。」這是錢鍾書在《圍城》裡對當時學科地位的評價。再比如，我們還記得《圍城》第六章一開始寫三閭大學的時候，講到高松年校長，錢鍾書有一個非常幽默的說法，他說：「科學家像酒，愈老愈可貴，而科學像女人，老了便不值錢。」這些風趣的語言，實際上也體現了錢鍾書先生對人生的一些價值和判斷，這也是我想和諸位講的《圍城》的一個主題。

對於「圍城」這個意象的理解，一般認為是來自英國和法國的兩個諺語，此點錢鍾書的小說裡講得很清楚。他說人生，特別是婚姻，就像是「金漆的鳥籠，籠子外面的鳥想住進去，籠內的鳥想飛出來；所以結而離，離而結，沒有了局」。這是關於「圍城」的一個經典的意象。但是蘇文紈又說：法國有一個類似的比喻，那個比喻跟這個意思一樣，只是用的是「被圍困的城堡」，城外的人想衝進去，城裡的人想逃出來。這是關於「圍城」的另一個比喻。不只是婚姻，人生也大體是這樣一種困境。

如果諸位讀過《圍城》的話，會對小說的主題有一種理解。但錢鍾書的深刻，不只是在小說中直接描寫或者由作者直接講出來這樣一些哲理。細讀過《圍城》，你會發現錢鍾書還有對「圍城」另外更深刻的寓意，也就是人生就是困境。如小說中寫方鴻漸剛到三閭大學的時候，有個教授叫韓學愈，畢業於克萊登大學，和方鴻漸的假文憑出於同一個學校。他來拜訪方鴻漸的時候，錢鍾書描寫了他的一個特點：「撒謊騙人要有勇氣堅持到底。」這個特點表達的意思，可以超越「圍城」外面的人想進來裡面的人想出去的意象，也就是小說中表達的撒了謊就不能再講良心。

我下面要說的這兩句話，可能也是《圍城》的一個主題，而且這

個主題，在每個人物的性格和每個故事的推進，以及情節的發展中都可成為一個規則，錢鍾書對小說人物性格的判斷，大體上遵循這兩句話。第一句，錢鍾書在講到韓學愈時說：現代人有兩個流行的信仰，第一，女子無貌便是德，所以漂亮女人總比不上那些醜女人那樣有思想，有品節；第二，男子無口才，就表示有道德，所以啞巴是天下最誠樸的人。有這樣兩個判斷，我們讀《圍城》時，你會發現《圍城》裡的男性（那些品德沒有問題的），基本上都是沒有口才的，而且小說裡的女性，也是按照「女子無貌便是德」的標準來設計情節、展示人物性格的。我們可以將此理解為是一種人生的困境，表面形式和實在內容間的背反，《圍城》裡處處有這樣的意象。

接下來，我再介紹一下錢鍾書和《圍城》的具體情況。

錢鍾書，一九一〇年生，江蘇無錫人，他的太太楊絳也是無錫人。無錫這個地方，在中國近現代歷史上出現了很多有名的人物。錢鍾書和楊絳家，都是無錫的望族。錢鍾書的父親是中國有名的國學家錢基博，他在二十世紀三〇年代初寫過一本非常有名的書，即《現代中國文學史》，是一本較早把中國古典文學和中國現代文學打通的專書。這本書近年也多次再版，諸位有興趣也可以找來看一看。楊絳的父親是中國早期有名的法學家楊蔭杭，前幾年也出過他的一個合集，即《老圃文集》，老圃是楊蔭杭的筆名。錢鍾書一九二九年進入清華大學，一九三三年畢業，讀的是西洋文學系。錢鍾書在清華讀書的時候，就是一位非常有名的學生。清華一九三三屆學生中出了很多有名的人物，比如作家曹禺、研究試管嬰兒的科學家張民覺等，這一屆在清華歷史上是第五屆。

這裡我也簡單講一下清華大學的歷史。早期清華大學是一所完整

的綜合性大學，它改成工科大學是一九五二年院系調整後發生的事。改革開放後，清華大學又開始回到它以前的理想，回到它早年綜合大學的模式上，現在清華大學開始給人綜合大學的感覺了。早年清華大學是留美預備學校，歸外交部管理，是利用庚子賠款建立的培養出國留學人才的學校。一九二五年開始設立大學部，一九二八年正式稱為國立清華大學，這是清華大學簡單的歷史。

　　錢鍾書在清華畢業後，按照他的才華是要留校做教員的，但由於一些特殊原因，錢鍾書最後沒有留校，他回到上海，在上海一所大學裡教書。正因為他早年在大學的這些經歷，導致了錢鍾書寫《圍城》等小說時，對中國知識分子有一個固定的看法，那就是他對中國知識分子的評價都不是很高。大學裡的教授，尤其是他生活的那個時代的教授，在錢鍾書筆下基本上是諷刺和揶揄的對象。《圍城》也好，他早年的短篇小說也好，這個特點實際上是來自於他在大學裡兩次不愉快的經歷，後面我會再講到這一點。

　　錢鍾書回到上海教了兩年書，他在一九三五年和楊絳結婚，然後一起去了英國，在牛津讀書，拿到一個碩士學位，然後去了法國的巴黎大學。所以我們看《圍城》的開始，寫的是一九三八年抗戰爆發後，正好方鴻漸從法國回來，大體上類似錢鍾書自己的經歷。錢鍾書從法國巴黎大學回到中國以後，他的人生又開始和中國的大學發生聯繫。

　　研究錢鍾書經歷的人會發現，他一生在大學裡從事教育的時間其實是很短的。一九四九年以後，錢鍾書回到清華，但時間很短就離開了，他後來一直在中國科學院學部下面的文學研究所工作。這個文學研究所先屬北大，後屬科學院，再後來又屬於中國社會科學院。

　　錢鍾書一生，前後在中國三所有名的大學裡教過書，但這些經歷

都不是很愉快。第一次，錢鍾書畢業後本來有可能留在清華教書，那時他的老師對他的才華非常欣賞。以後有機會諸位可以去讀他老師的日記，比如吳宓的日記，裡面有一些對錢鍾書的評價。但錢鍾書後來沒有留校，他到西南聯大和後來重回清華，已是多年以後的事了。這可能影響了錢鍾書後來對中國大學的態度。他在《圍城》裡對大學裡的生活，對大學裡的各種矛盾，或者用現在流行的話說，對校園政治，採取的是一種鄙夷的態度。大學裡沒有一個像樣的教授，沒有一個好東西。他寫《圍城》，和他的經歷有關係。第二次，錢鍾書一九三八年從法國回來以後，到了西南聯大。當時中國北方三所最有名的大學——北大、清華、南開——已經南下開始在長沙建立國立長沙臨時大學。臨時大學後西遷昆明，建立了中國教育史上最有名的大學，就是國立西南聯合大學。去年是西南聯合大學建校七十周年，國內有很多活動來紀念這所中國教育史上著名的大學。

錢鍾書回國後，國內很多大學和研究機構請他，但他想回清華。當時清華文學院院長是馮友蘭，非常高興地答應了接受錢鍾書，這樣錢鍾書就回到了清華。當時西南聯合大學是三校聯合，但在行政體系上，三校還各自獨立。當時錢鍾書在聯大外文系教書，還不到三十歲，清華大學給了他一個教授職位，和華羅庚是一樣。錢鍾書是一個非常有才能的人，也是一個非常有個性的人。在中國現代文學史上，在文學研究和文學創作上同時達到非常高水準的人不是特別多，有的人在文學研究上有成就，但文學創作是短處；有的人在文學創作上有才能，但在文學研究上又比較弱。這兩方面都有大成就的，錢鍾書是一個。

不過錢鍾書到西南聯大外文系教書以後，經歷又不是很愉快。諸

位知道，在大學裡面，一般有才能的人都比較傲氣，錢鍾書說話是比較刻薄的，所以得罪了一些同行。他在西南聯大外文系待了一個學期就離開了。二十世紀四〇年代初，他到上海後在暨南大學做過短期的教授，後來隨他父親錢基博到了當時設在湘西的國立藍田師範學院。錢鍾書一方面照顧父親，一方面也在這個學校教書，擔任外文系的系主任，但是時間比較短，大概教了兩年他就回到了上海。然後自己從事研究和寫作。

錢鍾書在西南聯大的經歷，現在有人寫文章回憶說，他把聯大外文系的老師都罵遍了，但是楊絳後來寫文章否定了這個說法。楊絳說錢鍾書對他的老師還是非常尊敬的，這成了文學史上一個公案。時間過去以後，大家可以從各個角度理解。有一個傳言，說錢鍾書講過這樣的話，他說西南聯大的外文系根本不行，他說了三個人，這三個人都是錢鍾書的老師：第一個是葉公超，錢鍾書說葉公超太懶；第二個是吳宓，錢鍾書說他太笨；第三個是陳福田，當時是聯大外文系主任，錢鍾書說他太俗。

錢鍾書在湘西藍田師院的經歷，基本就是《圍城》裡面描寫的三閭大學的經歷。諸位讀長篇小說的時候要注意，小說的真實來源是不是可以和現實生活一一對應呢？小說最主要的是虛構，它是從生活裡面來的，要完全與真實生活對號入座也不太可能，而這種一一對應，也容易貶低作家的虛構能力和他的創作才華。不過我們在研究錢鍾書的時候，也應該注意這樣一個特點，錢鍾書是個學者型的小說家，他自己完全虛構的能力不是特別強，這可能也是他後來放棄再寫小說的原因。以後諸位讀錢鍾書小說的時候，要建立這樣的意識：就是雖然不能說錢鍾書所有小說裡的人物都有真實生活的來源，但是基本都可

以從他真實生活周邊找到小說原型。現在研究《圍城》的學者，基本找出了小說人物的來源；還有錢鍾書一本中篇小說《貓》，研究者把裡面所有的人物都找到了原型。研究錢鍾書小說的學者裡，有專門走索隱路子的，不能說全有道理，但也不能說沒有道理。楊絳對這樣的研究非常反感。

所以諸位讀錢鍾書的小說，要明白我們讀的首先還是小說，其次，才能把它看成歷史材料，去對應錢鍾書的生平。

錢鍾書一生的創作不是特別豐富。作為作家，他一九四九年以前只出過三本書：一本散文集《寫在人生邊上》；一本短篇小說集《人獸鬼》，收集了錢鍾書的四個短篇小說；一九四六年錢鍾書完成了他最著名的長篇小說《圍城》，一九四七年小說由上海晨光出版社出版。一九四八年，錢鍾書完成了奠定他學術地位的一部文學批評著作《談藝錄》，它是專門研究中國古典文學（主要是中國古代詩歌）的一部文學批評專書。

一九四九年以後，錢鍾書的學術研究，以公開出版的著作評價，實在不多。就單本的著作來講，他只在一九五八年出了一本《宋詩選注》，其他就只有零散的單篇文章，沒有再出版什麼大的作品，但這不等於說錢鍾書沒有再做研究。錢鍾書一九四九年以後主要精力還是在研究，不過這種研究更為個人化，一般不為人所知。改革開放後，錢鍾書的《管錐編》很快由中華書局出版，這是研究中國學術最重要的著作之一。

錢鍾書一九九八年在北京去世，今年正好是錢鍾書先生逝世十周年。錢鍾書曾做過中國社會科學院的副院長，這是他的老同學胡喬木非要讓他來做的。錢鍾書本人對政治毫無興趣，他說過「我是一個閉

門不管天下事的人」。但錢鍾書內心保持了中國傳統知識分子心懷天下的品質。

錢鍾書還寫過一篇中篇小說《貓》。我對這篇小說有一個概括：要了解《圍城》就得讀《貓》。《貓》是縮小的《圍城》，或者說《圍城》是放大了的《貓》。

《貓》寫的是二十世紀三〇年代，中國一些知識分子在沙龍裡活動的情況，所謂「太太的客廳」。按一般文學史的說法，錢鍾書這篇小說的著眼點，是在批評中國自由主義知識分子身上的弱點——內心的空虛或虛偽。但實際上錢鍾書寫這篇小說的本意，還不僅是在批評中國自由主義知識分子，我個人傾向於理解為是批評中國的文人，那些所謂有教養的人並不能把個人的精神生活與個人的欲望間的關係處理好，言外之意就是，別看那些文人表面上是多麼有教養，多麼的彬彬有禮，骨子裡和常人沒什麼區別。這也是錢鍾書小說的基本特點，偏重於從人性上對人的基本欲望進行挖掘。

《貓》寫的是「太太客廳」裡知識分子的一些言論和行為。小說的主人公是兩個人，男的叫李健侯，女的叫愛默，家裡養了一隻貓。研究者都認為小說中「太太客廳」的兩位主人，來源於當時非常出名的林徽因和梁思成。小說寫這些知識分子表面上彬彬有禮，骨子裡卻都有些陰暗心理。

我們讀《貓》的時候要了解一下二十世紀三〇年代北平的文化生活。中國現代文學研究史上有「京派」和「海派」的說法。所謂「京派」是抗戰前聚在北平，以當時北大、清華教授和學生為主體的一個文人團體，如朱光潛、周作人、沈從文等人；而「海派」，不嚴格地說，就是以「新感覺派」為基本創作群的一個流派，如施蟄存、穆時

英等人。對「京派」和「海派」，魯迅有一個經典的概括：「京派」是官的幫閒，「海派」是商的幫忙。「京派」不一定是北方人，從籍貫上看，很多是南方的人。

為什麼要講「京派」和《圍城》的關係呢？因為錢鍾書是一位學者型作家，學者型作家寫小說的時候，一般都有生活裡的本事，就是我們說的真實的原型。以後諸位讀錢鍾書小說的時候，一定要注意他的「前言」。他在「前言」裡經常會不斷提醒你，說你不要在現實中找什麼人物，小說是虛構的，不要跟生活簡單對照，實際上這是一點欲蓋彌彰的「障眼法」。

對錢鍾書這樣的作家，以前的研究者沒有給予足夠的重視。一九四九年後的中國現代文學史研究，對錢鍾書這樣的作家，基本上沒有給出評價。錢鍾書和他的小說受到國內外重視，基本上是在一九八〇年以後。傳統的中國現代文學史研究，重視的是一些有革命背景的作家，如魯迅、郭沫若、丁玲等。這個研究格局在美籍華人夏志清的《中國現代小說史》傳到中國大陸後，才發生了改變。夏志清對一些被忽視的作家給予了高度的評價，特別是錢鍾書和張愛玲，他的這個學術視野影響了中國現代文學史的趨向。夏志清認為在中國現代小說史上，錢鍾書應該有一個比較高的地位，特別是他的小說和西方小說的關係，夏志清講了很多深刻的道理。時間關係，我就不多說了。謝謝大家。

二〇〇七年在華中科技大學的演講
馬瑩根據錄音整理

新世紀以來當代文學創作的趨勢

陳思和　復旦大學人文學院教授

　　我非常高興到華中科技大學來跟大家做一次交流，今天要講的內容是「新世紀以來當代文學創作的趨勢」，這是我最近思考和研究的一個課題，這個課題是我和復旦大學的其他幾位老師一起進行研究的一個連續跟進式的研究項目，大概有一個十年的研究規劃。實際上，我們在一九九三年時已經進行了「逼近世紀末中國文學」的研究，隨著時間推移到一直研究到新世紀以來的中國文學，甚至還要向前繼續推移，進一步研究以後的中國文學，我們希望在研究不斷變化的當中能夠找到中國當代文學的規律。而今天，我將就已經觀察到的中國文學現狀跟大家做一個報告。

　　其實，因為中國文學像一條源源不斷的長河，有其來源和發展，所以用「十年」和「新世紀」這樣的詞來描述中國文學是恰當的。但是由於研究的需要，暫且將其進行劃分。經過多年的文學研究，我就主要談一下我對中國當代文學創作趨勢的想法。新世紀以來，中國的文學發生了很大的變化，很多都不能用理論進行概括。事實上，我們的文學及創作是非常豐富的，可是真正能夠進行研究、載入文學史的內容卻是很少的，比如唐代盛行的唐詩能夠留存至今的數量也並不是很多，大量文學作品都被淘汰了。

　　我認為造成這種現象的原因，第一，文學作品進入文學史要經過

文學工作者的鑒定，而不是文學家的鑒定，比如出生於二十世紀五〇年代、六〇年代的作家較多，七〇後、八〇後的作家比較少，而且對於出生於八〇年代的作者批評比較多，很難進入研究領域，其主要的原因就是沒有其時代主要的理論家和批評家，老一輩的理論家和評論家很難把握七〇、八〇後的作家及其作品的狀態。陳凱歌的電影《無極》雖然被批得很慘，老一輩的人無法理解其創作，後來我才明白他採用郭敬明進行劇本編改和類似於日本動漫的服裝造型藝術等是為了吸引八〇後的群體，但是其中的價值和藝術無法得到掌握話語權的老一輩理論家和評論家的理解和解讀，所以它是失敗的。

　　為此我進行了反思，我明白很多事情是我們所無法把握的，出生於二十世紀五〇年代、六〇年代、七〇年代的賈樟柯、王小帥等導演之所以成功是因為有一批支持他們的影評人，而我們文學作家的發展中缺乏同時代的理論家和批評家。每一代人的成功都取決於闡釋者，其包括文學的闡釋者、接受者、文學家、評論家。比如華中科技大學中文系的研究生都是八〇後，就可以對同時代的作品進行闡釋這個時代的思想情緒和時代感受，做這個時代的代言人。如果可以將這個時代的作品和情緒進行很好的解讀，被人們所接受，那麼這個情緒就是這個時代的情緒，這個時代就成功了。我們經常談到的賈平凹、余華、王安憶之所以成功，就是在於同時代評論家的解讀和闡釋，使之被社會所接受，得到了文學史的承認。所以，我呼籲每一個時代都應該有自己的評論家，跨時代的評論家是很難將那個年代的情緒闡釋清楚的。我覺得，新世紀以來我這個年代和六〇年代的作家都是在四十、五十歲的年齡階段，這個年齡階段的作家要不已經有代表的力作，形成了穩定的風格，要不就是已經被時代所淘汰了。從這個意義

上說，新世紀時期是從「文革」走出來的一批作家逐漸形成穩定風格的時代，而我對這個時代的文學十分看好。我從一九九三年開始對當代文學史進行跟蹤考察到現在，中間先後出版了《逼近世紀末中國文學》六本和《新世紀小說》，可以說對中國當代文學還是比較熟悉的。新世紀的文學確實出現了一批很成熟的作品，我從複雜的原因中選擇現實性這個角度來談他們的作品與之前的作品不同，簡單來說就是從文學與現實的關係、文學與社會時代的關係來看當代的文學所達到的程度。

　　我之所以談這個問題是因為中國當代文學在生活上、在與時代的關係上是一種複雜的關係。很多同學都知道，中國文學在「文革」結束的八〇年代是一個大的時代，很多年輕人勇敢地走上了歷史的舞臺，用自己的創作表達當時的改革開放、個人追求等肯定氛圍，出現了反思文學、尋根文學等一批文學作品，與當時的時代緊密結合。到了九〇年代，文學與生活的聯繫突然中斷，文學進入一個冷寂的狀態，從一個高峰跌落到一個低谷，中國的文學在兩三年中恢復不過來。最後出現的一些標誌性的文學，主要以小說為主，比如王安憶的中篇小說《叔叔的故事》，我個人認為這篇小說比《長恨歌》好，原因是在時代交叉點上，作家王安憶用一種完全不一樣的方法總結了八〇年代的故事，不像今天很多人對八〇年代的推崇和喜愛，而是最嚴肅的作家在一九九〇年時候對八〇年代進行了批判和反思——文學為什麼會進入一個低谷。時代和文學代表最明顯的作品就是賈平凹的《廢都》，他不再跟著時代走、跟著時代的需要走，不像八〇年代的作家宣傳一種主義，比如蔣子龍的《喬廠長上任記》等有意無意地宣傳「四有」等精神。賈平凹在早期也進行宣傳主義的創作，比如《雞

窩窪人家》、《小月前本》，尤其是《雞窩窪人家》，根據它所改編的《野山》還獲得了中國電影金雞獎，講述的是一個優秀的農民代表在商品經濟之後逐漸沒落，娶了原本與「投機倒把」的人相好的女人，而「投機倒把」的人卻在成為商人之後，娶了原本與農民相好的女人，得到了名利的雙收。這說明搞改革開放、生意買賣、商品經濟的人雖然很「壞」，但是卻適應了改革開放的時代潮流。作家非常熟悉，雖然很同情農民，但是也說明了農村進行改革的必要性，為農民指出了出路。

而在寫《廢都》時，作家則是完全絕望，找不到出路，所以描述了一群墮落的知識分子既搞「投機倒把」，又去買賣字畫，生活腐化，最後又雞飛蛋打，美人走了、家庭也散了的故事。當時很多人因這部小說中涉及色情、文人的墮落等問題對其進行批評，但是我當時讀這部小說就想起了米蘭‧昆德拉的《生命中不能承受之輕》，很像中國版的「布拉格」，寫知識分子由於政治上的絕望變得頹廢和道德淪喪，看不到人生的道路和意義，只有通過與異性做愛才能證明身體的真實性，所以在《廢都》中的情愛部分並沒有什麼挑逗的成分，而是越看越沉重，越看越悲觀，直到腦溢血而死亡。所以，我覺得情欲是不能排除的，中間有很多很多的因素。最近我在看的《色戒》就是不能剪掉的，情欲裡面有巨大的內容，不然只能單純理解王佳芝是因為一枚戒指而忘記自己的使命的人，但實際上其中剪掉的部分包含著她對生命、對漢奸的認識和轉變，剪掉的《色戒》是沒有辦法表現出這一點的。因此，情欲中有巨大的社會價值、人文價值等因素值得肯定。而賈平凹作為第一個將情欲赤裸裸表現在文學作品當中，並且將時代引起的情欲中所包含的痛苦、絕望、走投無路等悲劇描述出來。

在我讀到這本書《四十者說》時，我非常感動他把對這個時代的感情都寫出來了。這種思想就與前面宣傳思想或者指出道路的《小月前本》等不一樣，他把小說當成自己痛苦情感的宣洩，至於對錯則交給時代和讀者去看。我們覺得我們對米蘭・昆德拉的《生命中不能承受之輕》大加讚賞，卻忽視了對於賈平凹對一個時代真誠的痛苦。

而王安憶的《叔叔的故事》則有力地表現出了這個時代的痛苦，「叔叔」這個形象沒有具體的名字，只是一個比爸爸小一點比哥哥大一點的八〇年代的符號，叔叔從一個右派小知識分子逐漸包裝自己直到八〇年代成為一個人作家，同時他也開始變得墮落，拋棄妻子追逐金錢和美女，期間有滑稽的事情也占了一些便宜，當他以為他自己達到頂峰的時候，他又醜又傻又蠻橫無理又仇視且患有肝炎的兒子突然出現了，使得他像在照一面鏡子，將他醜陋的一面都暴露出來。在戰勝想殺他的兒子時，王安憶寫到：戰勝了自己兒子的人有什麼光榮可說。叔叔從前以為自己是幸福的，但是在他戰勝他兒子之後，他再也不感到自己是幸福的了。這部作品在審視和追問八〇年代，以及當時的知識分子和民族，為什麼我們會一敗塗地，慘到一定的地步，可以稱之為八〇年代和九〇年代的開端，出現了一批拒絕生活、脫離生活、注重個人的文學作品寫作的人，比如畢飛宇、余華、蘇童等。他們進行了文學轉向，一個是市場化，與電影相結合，比如蘇童從八〇年代的先鋒作家轉向為電影的寫手，創作了《大紅燈籠高高掛》等，余華寫的《活著》也被改編成電影等。另一個是私小說，寫私人生活的小說，開始對生活產生厭倦，不再關心社會，而關心自己，闡述個人的生活，比較有代表性的作品就是《什麼是垃圾，什麼是愛》。雖然有一批作家仍在跟作品打交道，但是他們也進行了改良，比如張煒

的小說開始變成寓言式的小說，代表作《九月寓言》、《刺蝟歌》、《我的葡萄園》等，向民間大地走去，不再跟現實生活中的事情相關，而轉化為神話寓言等形式。張承志的《心靈史》就將現實轉化，隱喻成一種西北的秘密宗教，這部小說講述了這種宗教七代教主的故事，變成一種宗教的故事。最老實寫現實的王安憶在九〇年代寫的《長恨歌》也進行了變革，講述了一個四〇年代小姐的故事。這些作家把自己當下的生活與現實的聯繫進行了另一種的轉換，像魯迅先生所說的「直面慘澹的人生」的作品幾乎沒有。我可以舉出九〇年代很多優秀的作品，但是卻無法舉出哪部作品可以代表九〇年代的面貌，因為作家不採取直接的方式，而用隱喻的方式表現，文學和生活的關係拉遠了。

到了二〇〇〇年，新世紀以後的文學創作雖然只有短短的八年，其中有很多缺點和不足，也是亂糟糟的，可是在這種亂糟糟文學當中，我感受到一點生活的生氣，它把生活的亂糟糟寫到作品當中，使我們通過文學作品能夠直接感受到，我們的生活中有各種各樣的矛盾，各種各樣的問題，各種各樣的垃圾，都反映到我們的文學作品中。我們可以罵我們的作家不正經，老是寫那些骯髒的東西，可是在這些作家的作品中，這些作家通過他們的努力把中國當代文學又拉回到現實生活中去，生活當然不是十全十美的，不單是光鮮亮麗的，它也有垃圾，有腥味。這是我今天要說的，我們必須肯定新世紀文學的一面。

二〇〇〇年或二〇〇一年，我看到一部小說，這部小說當時是被大家都罵的，是蘇童寫的名為《蛇為什麼會飛》的一部長篇小說，很多朋友包括我的學生都評論這部小說寫得很糟糕，其原因是歷來寫女性的溫柔、寫很光鮮亮麗的故事、寫小說編故事很好的蘇童，寫這部

小說卻沒有故事，他寫了一句「小流氓長成大人了」。我非常喜歡蘇童寫小流氓的領域，比如描繪知青時代的《城北地帶》，敘述了出身於貧民窟的一群無人管教的「野孩子」即小流氓打群架的故事，蘇童將這部小說寫得非常好。可是到了二〇〇〇年，蘇童由於年紀的原因，當時的他已經過了不惑之年了，忽然寫了一批可能是從《城北地帶》中的小流氓變過來的中年人，這批中年人也沒有很高的學歷，出身都很低賤的，有的是踩車的，有的是幹投機倒把的，有的是打群架的，這幫人過著亂七八糟的生活，他們也沒有正當的職業。其中寫了一個人打架，結果把人打傷了，公安局把他抓去了，然後需要打發；另外一個人出車禍了，需要借錢，找了另外一個人，另外一個人的錢又被騙走了，等等，從頭到尾亂七八糟，整部小說看到尾都是亂哄哄的。所以很多人都想問為什麼寫得那麼亂七八糟的，因為它就是亂七八糟的。更亂七八糟的是南京車站，雖然現在的南京車站很好，但是當年為了重建這個車站經歷了很多年，並且把廣場攔了起來，道路也不好走。蘇童他將這種情況寫到小說中：大概是二〇〇〇年十二月三十一日的晚上，突然有人說旅客的行李架上有一筐原本要賣到小飯店的蛇由於筐子不明原因的鬆散而走掉了，於是一筐蛇在沒有修建好的火車站的地上到處遊動，使得車站裡的人緊張了，車站的領導怕鬧出大混亂，甚至出動了公安局的人。而這一天正好又是新世紀的到來，在員警和居民去抓蛇，遊客到處混亂的情況下，南京車站的鐘突然敲響了，同時那幾千條蛇統統都「飛」到天上去了，所以這部小說的書名就叫做《蛇為什麼會飛》。

這部小說，第一，蛇是個亂七八糟的形象，蛇不會排著隊走，肯定是亂遊的；第二，蛇是個恐怖的東西；第三，蛇不會飛的，蛇飛到

天上去肯定是荒誕的。所以我們看到這部小說它產生的第一是亂哄哄的形象，第二是怪誕的形象，第三是恐怖的形象。最後世紀鐘敲響了，它給我們感到的是這個時代的力量。我讀完這部小說之後細想，蘇童歷來是寫那種美女形象，但是這部小說不同於之前的小說，它很混亂卻給人一種力量。為什麼？請大家想像一下，幾千條蛇一下子往上飛，有沒有一種讓人向上的感覺？讀到最後這個小說我覺得他寫到這個世界雖然那麼混亂，但是我們的精神是向上的，你不管它是荒誕也好，恐怖也好，幾千條蛇在世紀末的晚上騰空而飛，對我們來說，我覺得還是一種很壯觀的景象。這種感覺是我從一九九三年開始就在苦苦尋找的一種美學理念，我把這種美學理念總結為「藏汙納垢」。「藏汙納垢」是一句罵人的話，我們說這個地方藏汙納垢是說這個地方亂七八糟的，可是大家有沒有感覺到那麼多汙和垢都藏起來了，容納起來了，容納起來後會怎麼樣，它會自己發酵，它會產生出一種新的元素，就像我們的土地，我們這個地球最骯髒的就是我們的土地，我們誰都不愛惜我們的土地，秋天的落葉直接腐爛在土地裡，再胖再重的人也在上面行走，牛羊和各種污穢之物都在上面，用一個詞來形容就是「藏汙納垢」，但是那裡卻長出了萬物生命，我們依靠土地吃飯。所以，我認為這個意象是最最重要的意象，能夠把握這種意象的人就是優秀者，我們的浪漫主義不能像過去的小布爾喬亞般一直描述天堂和上帝，這跟我們的土地和生活沒有關係。我們的生活是「藏汙納垢」的，充滿著骯髒、血腥，可是我們就要看到生活的活力，在矛盾和千瘡百孔中產生出新的元素、力量和生命，這就是藝術的功能。

所以，「蛇」是一種極好的意象，最後的結尾如果是這個意象，應該是極美的。蘇童的小說給了我一種信心，在新世紀看到了值得我

關心的東西。我舉幾個例子，比如擅長寫女性主義私生活的作家林白利用自己家的湖北籍保姆所講述的農村生活而創作的一部小說《萬物花開》，與之前淒涼的小說不同，它講述一個名叫大頭的孩子，他腦袋裡生長了七個瘤子，借助喝水緩解發燒，而瘤子也使他產生幻想，他幻想可以在天上飛來飛去，看到家家戶戶各種各樣的故事，充分反映當地中國農村的生活，這種生活既開放也快活，但是有很多的背景，其中一個細節是農村殺豬，村裡不允許私人隨便殺豬，需要交稅。小說就寫到上面派人來查殺豬的事情，而老百姓有很多消息流通，在聽到消息後就搬著豬來來回回地跑，將偷稅漏稅的行為變成一個集體的捉迷藏遊戲。之後，他們被抓住了。每個家庭派人來開會罰款，所有的男人都外出打工了，結果村公所來了一群婦女，正所謂三個女人一臺戲，又是吵架又是哭，哭到最後不了了之了，一分錢沒罰，最後豬又都被拉回去了。雖然說，這個小說是一路看一路笑，可是老實說我覺得他寫得非常生動又非常活潑。

《紅旗譜》裡非常精彩的一段，是梁斌寫的抗殺豬的人頭稅：朱老總帶一幫人去殺豬，也是農民殺豬。地主洪老不許農民殺豬，結果地下黨就安排朱老總自己去殺豬。裡面寫一個富裕中農在自己家裡殺豬，一刀砍下去豬沒殺死帶著血滿街跑，後面人們追。這就和林白的故事很像，但我相信林白肯定不看革命小說，他肯定沒看過《紅旗譜》。這就是來自活生生的生活。來自生活就是可以看到裡面充滿了生活的生動性（我們不問是非，只看作品的生動性），把農村那種活潑的像流水一樣的生活寫出來，當時林白剛剛從北京搬到湖北省，他的書問世後在北京被很多人批評，說林白背叛了先鋒派。林白原來是個先鋒作家，寫的作品都是很孤獨性、很戰鬥性的。人家會說：你怎

麼現在去寫殺豬寫農村婦女去了？不對了，風格怎麼變了，林白當時很彷徨，後來來上海找我，我說我一定支持，因為我認為這是他走向民間的一大進步。後來他又寫了一部小說《婦女賢良錄》，把小保姆的故事全寫出來了。最近又寫了一部四十萬字的長篇小說《一九七五年》。他這樣一路走下來，他的路子就越走越寬。

中國當時和林白一批的有好多女作家，只寫個人的東西，寫到後來寫離婚、被男人騙、自己生病，寫到後面也就寫不下去了，也就這麼多東西。可是林白就走出來了，林白的創作路子越走越寬，後來他的小說出現了一種傾向，你可以把他的小說和《蛇為什麼會飛》來比較。第一，寫出了生活的原生態的活潑性。第二，寫出了生活的荒誕。它裡面寫了大頭帶著七個瘤滿天飛。這種事情當然是編出來的，但是他在農村是有一個小孩叫大頭，後來死了。他把大頭這個故事加上他的幻想形成了這個人物會飛。那麼，荒誕加上對生活的活潑的描寫，再加上寫出來的農村生活沒有故事，沒有可以刻意編造的意蘊，也沒有給農民指出一條道路，只是樸實如初地寫出了農村民間生活的自然狀態。第三個變化，讓我注意到的是一個河南作家閻連科，他在新世紀初寫過幾篇很奇怪的小說，如《受活》，我認為這是中國當代文學中最棒的一部長篇小說。一般認為中國作家缺乏想像力，被真實性所束縛，往往在真實與不真實之間反復，而閻連科完全拋棄生活的真實性。

《受活》講述的是一個河南、湖北和陝西之間的「三不管」農村，這裡的居民幾乎全部是殘疾人，或低能，或聾啞，或瘸或瞎，他們過著一種貧窮而莫名其妙的生活。這裡有個曾是紅軍戰士的老太太，死活要加入組織並最終加入屬於河南省管理的一個人民公社。之

後，一個致力於改變農村貧困面貌的縣委書記來進行視察，發現這裡的人幾乎都是殘疾人，但是卻磨煉出一套對付生活的辦法，出現了瘸子比正常人走得還快，瞎子會穿針引線，聾子可以聽到某種聲音的狀況，作家借縣委書記的形象突發奇想，想用重金從俄羅斯購買列寧的遺體，放到魂魄山上，建一個紀念堂，吸引世界各地的遊人，發展旅遊業。為了彌補購買列寧遺體和發展旅遊基礎設施所需要的資金，將村裡的殘疾人組織起來去全國巡演，並取得了成功。這部小說寫的是現實和改革開放，雖然整個故事是荒誕的，但是現實性是真實的，現在許多人都在想方設法去賺錢。最後小說寫殘疾人千辛萬苦賺了很多錢，但是因為發生政變縣長被抓，健全人將殘疾人抓了起來，並把他們的血汗錢榨乾，再把他們放出去。老太太目睹了這樣一場悲劇之後，要求退出組織，不需要組織的安排，這個農村又成了一個「小國寡民」的世界、體制外的地方。在剛看這個故事的時候，我完全不能接受，因為我覺得玩笑開得太大了，而且面對殘疾人，我有些於心不忍。但是，現在把它放在這樣一個系列當中，我發現當時我讀不懂是我的問題，閻連科是非常有想像力的作家，他的想像力近乎怪誕、恐怖，既有可怕又有可笑的美學效果，如這裡殘疾人被殘害、被愚弄、去買列寧的公墓等等，都讓人感到背後的怪誕恐怖殘酷，又有一種巨大的可笑，是一個介於悲劇與喜劇之間的多元結合。雖然看上去是一種無序的混亂，但是好像又發生在我們身邊，閻連科將這個時代所要表現的怪誕等特徵都表現出來了。

所以，從《蛇為什麼會飛》到《萬物花開》再到《受活》，這樣一路下來時代特徵特別明顯。這個明顯到了二〇〇四年、二〇〇五年，它以兩部特別重要的作品——賈平凹的《秦腔》和余華的《兄

弟》證明了我的判斷是對的，這兩部小說都引起過巨大的爭論，我是很支持這兩部小說的。賈平凹的作品寫了一個從瘋子眼睛看出去的世界，我認為這是他寫得最好的一部小說。儘管賈平凹小說的寫作風格十年一變，《秦腔》本身沒有故事，而是以日記的方式記錄展出一個村莊的故事，感覺像是自己在喻家山每天走動，但是卻感受不到四季輪回、日月更替的變化，可以回過頭來才發現天下大變，《秦腔》給我的感覺就是這樣。《秦腔》中今天某個人死了，明天某個人進城裡了，後天某人和某人之間發生了衝突，等等，每一天都是這樣過，可是到最後才發現這個古老的村莊已經敗落到沒有人、沒有任何勞動力了，除了有病的老人和年幼的孩子，所有的人都到城裡去了，一場泥石流、山體滑坡把村子連同村裡剩下的兩個老人全部埋葬掉了。我覺得，賈平凹對中國農村幾千年來的勞動生活方式給予了最崇高的敬意和追悼，用一座山將它埋葬並樹立無字碑，年輕人踏著前輩的屍體、拋棄前輩的事業，勇敢地走向城裡。城裡面不是幸福的，可能有更大的災難在等他們，可是沒有辦法，他們義無反顧，一代代地走下去。我認為，這部小說稱得上是偉大的小說，若干年之後回過頭來看我們這個時代，我們的農村是怎麼敗化和消逝，怎麼樣進入現代化、都市化和城鎮化的城市，這部小說是一座豐碑，把它記錄了下來。《秦腔》還是沒擺脫怪誕和恐怖的感覺，題目為《秦腔》，但是實際上並沒有寫秦腔，而是寫一個熱愛秦腔的村姑因秦腔集團解散，不願隨丈夫去城裡而失去唱秦腔機會，被丈夫拋棄流落在村裡唱堂會，描述的視角是村裡的一個瘋人清楚敘述的。在這裡，我強調一個細節，書中寫傻瓜喜歡白雪，有一天聽說白雪要嫁人了，十分痛苦，難以入眠，在街上遊蕩並打攪他人，發洩他自己所不知的戀愛情懷，直到早上他看到

山上出現一道亮光，並伴隨著像白棉花的雲彩，他迎著陽光返回村裡，透過破籬笆的缺口看見白雪坐在裡面。這個小說寫得很妙，它寫陽光很強烈，使得眼睛睜不開，竹籬笆上牽牛花攀著像一條線的陽光往上爬，而白雪就在裡面。傻瓜的腦子發生了混亂，就衝進去搶白雪的衣服，而後被白雪的家人痛打一頓，他回去之後非常傷心，反思自己的行為並用原始的方式閹割了自己，成為了一個性功能不全的人，這類似於《兄弟》中李光頭的行為，意思是說從此以後他與白雪就沒有關係了。他愛白雪變成了一種精神行為，不可能在肉體和性這個角度去愛白雪了。而當白雪成為人妻、生孩子時，她的院子與周圍不同，烏雲密布，感覺有鬼的聲音，而生下孩子也沒有肛門，即使做了手術也失敗了，需要十歲之後再做一次手術，白雪的丈夫就屢次想把這個孩子丟掉，而白雪則把他撿了回來，並撫養他。有趣的是，最後丈夫已經離白雪而去，但是公公為了憐惜這個孩子想給他找個養父，而按照當地的風俗，即村口遇到的第一個動物就是孩子的養父，而這個養父正好是那個瘋子。回過頭來看，我覺得根據很多細節表述，這個孩子就應該是瘋子和白雪生的怪胎。白雪愛唱秦腔，瘋子也愛秦腔，可以說他愛白雪就是愛秦腔，而秦腔就成為他們愛的結晶，今天秦腔的命運就是這個小孩的命運，已經變成了一個怪物。這裡，小孩出生的奧秘有兩種可能：一種是隱喻性描述，在細節中描寫的陽光等可能中間有瘋子對白雪的一次強暴行為；另一種是更怪誕的解釋，就是瘋子太想念白雪，以至於讓她受孕。如果是這樣，我只能用神話原型去解讀，他們兩者之間的媒介就是陽光，充滿著怪誕，但是卻演繹了秦腔這樣一個農村藝術的命運。

　　《兄弟》這個作品起初是一片的罵聲，使得我閱讀之後覺得好，

也沒敢發聲，直到與王曉明老師交流時的同感給了我的信心。撇開大家都喜歡、並發行了六十萬冊的上冊，我覺得到今天為止還沒有其他作家能夠寫出像這樣貼近現實的作品，前面談到的閻連科、蘇童等還是用一種變形的方式在寫，而余華則用赤裸裸的表現手法將我們當下農村在改革開放過程當中豪富產生進行了描述，講述中國的豪富與中國改革開放的聯繫以及悲劇，寫了他們的如何發家致富、荒誕行徑、理性破產、弄虛作假等像哈哈鏡一樣的連鎖式地將我們這個時代的方方面面都照出來。我想起了前蘇聯的巴赫金分析《巨人傳》的理論，他說，拉伯雷的《巨人傳》歷來被人辱罵的原因是冒犯這個時代的口味、一般人的審美。《巨人傳》不是知識分子小說，而是民間小說，巴赫金的民間理論由此提出來。民間藝術就是一種向下、面向土地的藝術，巴赫金所說的就是「生命的鮮血口」，即指那些不雅和骯髒的東西，那些屬於民間和勞動人民。而民間在骯髒的鮮血口裡展示出生命的美麗、民間的活潑與生命，冒犯著高貴的口味。

我們一直在說為人民服務，可是我們的知識分子卻不能容忍小說中出現骯髒的東西。毛澤東曾在延安座談會上說，我過去是個學生出身，從學校回到家鄉，看到農民手裡面的牛糞，我覺得是骯髒的，但是我現在覺得骯髒的不是農民，而是我這個知識分子，農民的手是最乾淨的手。他清楚地告訴我們，牛糞不是骯髒的，而是我們看著它是骯髒的，對於農民來說那是肥料，促進莊稼生長。骯髒，是我們城裡人和知識分子變得很高貴，把人劃分為像周作人所說的「上半身」「下半身」，上半身是高貴的，下半身是骯髒的。所以，骯髒與否是我們自己所界定的。之前有個學者認為賈平凹所寫的東西骯髒，《秦腔》中瘋子赤腳踏著白雪走過的印記，跟著白雪進入泥土裡，並吃了她的

尿，腳底仿佛生出了蒲公英一樣，我以為這個片段還是比較美的，小便是人之常情難以避免。關鍵是我們怎麼去看農民和民間的生活，如果我們自己的感情沒有進行轉變，我們是沒有辦法理解民間的「藏汙納垢」，比如余華的作品就是這樣的，《兄弟》中李光頭抱著宋鋼骨灰盒坐在金馬桶上，準備乘往去宇宙時說：「地球上再也沒有我的親人了。」我覺得這是一個很好的意象，「金馬桶」象徵了一個下半身、一個生命的起源，跟高曉聲作品中的「馬桶裡打個滾」有同樣一個重投人生的意義，這是一個十分悲涼絕望的意象，意義是這個地球上再也沒有我的親人了，以宋鋼為象徵的理想主義已經不能在我們的生活中存在了，只能把他送到宇宙中去尋找出路。

我覺得，作家往往有一種想像的爆發力，超出了一般人的經驗，冒犯了一般人的審美，但是他們是合理的，是可貴的，需要我們的評論家和讀者去保護的。從蘇童到林白、閻連科、賈平凹、余華等一系列作家貼近生活的關心、貼近人生，用怪誕、恐怖展示出來的新的時代精神，這是當代文學的一個重要特徵，也是我們當代作家所做的一個可貴的努力！

二〇〇七年在華中科技大學的演講
馬瑩根據錄音整理

詩仙醉太白

劉揚忠　中國社會科學院文學研究所研究員

　　各位同學，看這個題目，大家就會知道，今天我要講的，是中國家喻戶曉的大詩人李白和酒的緣分。這個題目可能會引起大家的興趣，因為在現實生活中很多人都喝酒，包括年輕人。但是我事先要申明一點，我講這個題目並不是為了宣揚飲酒的好處，並不是提倡在座的各位去喝酒，這點不要誤會。更不是助長當今社會上已經很不像樣的狂飲之風，老百姓是很憤恨這個的。據我所知，古人把酒稱之為狂藥，人喝了要發狂的，狂飲之風和官場的腐敗已經聯繫在一起，所以引起了老百姓普遍的不滿。當然囉，李白的飲酒和當今某些貪官污吏的飲酒是不一樣的。實事求是地說，腐敗的根源不在酒，酒作為一種飲料，它是不應該承擔這種罪責的。這些和我今天要講的李白的話題沒有什麼關係，只是申明一下。我的目的是從酒文化這個角度切入，讓大家來看看中國古代這個大詩人的詩歌和酒有什麼關係，通過詩酒關係來欣賞李白的詩歌。

　　在進入李白詩中的酒世界之前，我想向大家簡單介紹一下，中國古代詩和酒這兩種本來不相干的東西是怎麼結緣的，是怎麼融為一體的，作為物質產品的酒是怎樣與作為精神產品的詩結緣的。酒，大家都在接觸，日常生活中隨處可見。它本來無非是一種飲料，但它又不是普通的飲料。喝普通的飲料不會有什麼精神上的感覺，但是酒有。

它是一種能對人的精神起強烈刺激作用的特殊飲料。由於對精神有刺激作用，它就和我們的古代文化發生了關係。外國詩歌我接觸不多，不知道情況怎麼樣。中國古代的詩歌，由於我成天研究這個東西，就感覺裡面浸透了酒。我幾年前寫過一本書就叫《詩與酒》，我作過一些研究和統計，我國古代的第一部詩歌總集《詩經》，三〇五篇詩中就有五十五篇寫到了酒。或者，雖然沒有出現酒這個字眼，但是實際上寫的是酒，占《詩經》總篇幅的六分之一還多。所以我國古代的詩歌從源頭起，就有酒流進來了。這條長河是摻雜著酒的長河。李白就受到了這個傳統的影響。後來到了漢代，從漢代到魏晉六朝，一直到唐代，詩人寫酒越來越多。

大家知道東晉的時候有個大詩人叫陶淵明，他就是個著名的酒仙，是酒人兼詩人。陶淵明流傳的作品，詩和文加起來一共有一四二篇，其中寫飲酒的就有五十六篇，約占他詩文作品總量的百分之四十。今天我們要講的這位李太白先生，根據郭沫若寫的一本書《李白與杜甫》裡的統計，李白的九百多首詩中，寫酒的有一七〇多首，占總數的百分之十六。我讀了郭沫若的這本書，自己重新去看了李白的全集，發覺實際數目不止這麼多。為什麼呢？除了這一七〇多首詩中都出現酒字之外，還有一些篇目實際上寫了酒，只是沒有出現「酒」這個字眼。大家知道在古漢語中，酒有很多別稱，我就不一一列舉了。統計數目時如果光看有沒有「酒」字，統計是不完全的。比如說，《唐詩三百首》裡邊選有李白的《贈孟浩然》，這首詩通篇沒有出現「酒」字。「吾愛孟夫子，風流天下聞。紅顏棄軒冕，白首臥松雲。醉月頻中聖，迷花不事君。高山安可仰，徒此揖清芬。」八句一共四十個字，沒有一個「酒」字，但是恰恰這首詩裡就寫到了酒，

「醉月頻中聖，迷花不事君」，寫的就是孟浩然喝酒，經常在月夜裡喝得醺醺大醉。哪一句提到了酒呢？「醉月頻中聖」。因為古代的酒徒把酒分為幾類，清酒被稱為聖人，濁酒是賢人，中聖就是中酒了，中酒就是醉酒了。他說孟浩然月夜喝酒喝醉了。這就是雖然沒有出現「酒」字，但實際是寫酒的詩。這樣的例子在李白的集子裡還有很多。李白之後的詩人也都大量地在詩中寫到了酒，比如自稱為醉聖的白居易。

宋人作過統計，白居易的詩一共有二千八百首，「言飲酒者，九百首」。這個數目是很大的，這是宋朝人的記載。有人說了，有例外，有的詩人不喝酒，也不寫酒，比如屈原。屈原既不喝酒，也不寫酒，這是不是一個例外呢？其實不是。因為說屈原既不喝酒也不寫酒的人，是根據他的《楚辭》裡的一篇《漁父》中說的「眾人皆醉我獨醒」。於是後代人讀了這詩以後，就感到很遺憾，屈原這樣的大詩人，居然不喝酒啊。還有一些著名的酒徒，也是屈原的崇拜者，都表示惋惜，例如白居易，他在詩裡就感歎，屈原為什麼一個人清醒，他也應該喝酒啊。南宋大詞人辛棄疾也在他的詞裡感歎屈原為什麼不喝酒。還有金代大文學家元好問，也是個酒徒，他也感歎屈原為什麼不喝酒。但實際情況不是這樣的，屈原何嘗不喝酒？他是喝的。他何嘗不寫酒？他是寫的。大家翻一下屈原的集子，他很多詩裡面寫了酒。比如《九歌》、《招魂》，很多作品裡面都寫了酒。盡情描繪楚王宮廷裡面飲宴之盛，如何如何地喝。他是楚王的左右大臣，經常陪楚王，他能不喝麼？喝的。他也寫酒。在《漁父》裡，他是借這個來表示自己清高脫俗：你們眾人都同流合污，我不同流合污；你們喝酒醉，我不喝。但是不等於他在日常生活中不喝酒，也不等於他在詩歌裡沒有

寫酒。由此可見，中國古代，沒有一個詩人不喝酒，沒有一個詩人不寫酒，都和酒有一種緣分。

在談李白之前，我還要說一個問題，為什麼古代詩人這麼迷酒，為什麼李白一定要拼命喝酒，酒為什麼和詩歌緊密黏合在一起？我認為，主要原因有以下兩個。

第一個原因是酒精這種東西——現在科學分析它叫乙醇——喝下去之後，使人的大腦處於一種酣暢和高度亢奮的狀態，這樣就能激發詩人、文學家創作的衝動、熱情和靈感，這個是無數的事實證明了的。據美學家論證，文學創作需要把人和現實世界拉開一個距離，才會有審美的感覺產生。這一點古人也發現了。晉代有位文人叫王蘊，他說「酒正使人人自遠」，酒使得人和現實社會拉開距離。另外一個晉代的人叫王薈的，他說「酒正引人著勝地」，酒能夠把人引到優美的勝地。既然要講距離，酒恰好能夠讓人產生飄飄然的感覺，這樣就使人的心靈遠離現實世界。離現實世界遠了，但是和藝術思維的佳境靠近了，於是作品就產生了。這是第一個原因。

第二個原因，古代不像現代有多種娛樂方式，沒有多少娛樂場合可以去，現在可以去聽音樂會，去看演出，去做各種遊戲等等。而古代的人精神生活比較單調，尤其文人，日常主要生活內容就是宴樂飲酒。他們在詩歌中反映生活內容，詩歌裡就經常寫到飲酒。我們讀詩，不管是唐詩，還是魏晉南北朝的詩，還是宋詩、元明清的詩，會有一種感覺，就是從他們的描寫就可以知道，痛飲狂喝是古代詩人日常生活的一般寫照。飲酒是他們的重要生活內容。這種常態在盛唐詩人當中最明顯，也最典型。杜甫的詩中有一首《飲中八仙歌》，盛唐的八個詩人兼酒徒，從李太白到最老的賀知章，八個人飲酒各有各的

特色，經常聚在一起狂喝痛飲。《飲中八仙歌》描寫的就是當時詩人的常態。盛唐時整個社會酒風都特別盛，有帝王將相的奢靡之飲，包括唐太宗、武則天、唐高宗，直到後來的唐玄宗，他們都狂飲酒。還有歌樓妓館的享樂之飲。更多的是騷人墨客，也就是詩人文士，他們的癲狂之飲。詩人文士的飲酒，當時是作為一種生活的風度、一種情感的標誌、一種對自由放達的人生境界的追求。這樣，一種物質性的活動已經變成人格化的東西。飲酒是一種風度的代表，是一種情感的標誌，所以中國古代的士人常常自我標榜說「詩酒風流」。那麼處在酒文化包圍中的唐代詩人，就養成了用詩歌來書寫因飲酒而獲得的生命體驗、一種心靈快感，或者是生活樂趣。喝酒以後激發起靈感了就寫，寫的內容也主要是飲酒的生活。唐代有個詩人叫翁綬，有一首詩叫《詠酒》，很生動地描繪了唐朝詩人的詩酒風流的文化行為，和詩人們陶醉在酒世界裡的精神狀態。這首詩是這樣的：「逃暑迎春復送秋，無非綠蟻滿杯浮。百年莫惜千回醉，一盞能消萬古愁。幾為芳菲眠細草，曾因雨雪上高樓。平生名利關身者，不識狂歌到白頭。」

以上我把詩酒結緣的歷史情況向大家作了介紹，下面我們就正式走近李白，看看李白的酒世界是怎麼回事。打開李太白的詩集，我們發現一個很觸目的東西，他的詩歌裡寫兩個題材的作品是最多的。一個是寫酒，一個是寫女人。為什麼是這樣？《孟子》中早就說過：「食色，性也。」就是說，醇酒——「食」並不是現在說的飯，而是指酒——和美人是古代詩歌的永恆題材。每個時代的詩歌，寫酒和寫女人的都是最多的。而李白是世所公認的寫兩大題材成就最高的，特色最明顯的。有人說這很糟糕，比如北宋的王安石，說李白這個人，用今天的話說就是思想不健康。「其詩十句九句言婦人酒爾」，就是

說他的詩十句有九句不是談酒就是談女人。南宋有個道學氣很重的學問家，叫做羅大經，他寫了一部書叫《鶴林玉露》，裡面指責李白，說李白不過是個酒徒，「不過豪俠使氣，狂醉於花月之間爾」。說「社稷蒼生，曾不系其心胸」，意思是說，國家怎麼樣，老百姓怎麼樣，他都不關心。但實際上不是這麼回事。

大家都知道，李白有很多反映現實的詩篇，這些詩篇今天我們不必多說，因為今天我們主要談他和酒的關係。宋人的道學氣比唐人重，他們用道學的觀點來看待李白，對他進行貶斥。我們認為，詩歌是不是有很高的審美價值，有很高的文學意義，其實不在於他寫的什麼題材，不在於他寫的什麼內容，而在於他怎麼寫，寫得怎麼樣，從美學的觀點應該怎麼認識。關於李白的婦人詩，研究者已經作過很多研究，這不是今天我要講的。我今天主要講的就是第一類，李白的詩歌和酒有什麼關係，專談有關酒的事。酒在李白的詩歌裡起了很大的正面的作用，李白的飲酒詩，我認為審美價值特別高。在李白英邁豪爽之氣的驅動下，酒這種普通的飲料在他的詩歌裡就表現出一種驚人的力度，下面我會通過具體作品給大家驗證一下。李白身上有一種很吸引人眼球的亮色，杜甫稱李白的個性「飛揚跋扈」。酒就是表現他飛揚跋扈的這種主體意識的催化劑。讀李白的酒詩，不僅可以感受他個人的活潑雄豪的性格，而且你也可以下一個結論，他就是盛唐那種文化精神的結晶。李白唱出的是時代的最強音，他是唐代文化精神的代表者。而他這種精神就是通過飲酒詩來體現的。可以說，李太白自豪而狂放的飲酒，目的是既自豪又樂觀地為自己的時代、為自己而歌唱。

我認為最有代表性的是《將進酒》這首詩。這個大家都很熟悉，

但是我在這裡從酒文化的角度和大家一起欣賞一下。「君不見黃河之水天上來，奔流到海不復回。君不見高堂明鏡悲白髮，朝如青絲暮成雪。人生得意須盡歡，莫使金樽空對月。天生我材必有用，千金散盡還復來。烹羊宰牛且為樂，會須一飲三百杯。岑夫子，丹丘生，將進酒，杯莫停。與君歌一曲，請君為我傾耳聽。鐘鼓饌玉不足貴，但願長醉不願醒。古來聖賢皆寂寞，唯有飲者留其名。陳王昔時宴平樂，斗酒十千恣歡謔。主人何為言少錢，徑須沽取對君酌。五花馬，千金裘，呼兒將出換美酒。與爾同銷萬古愁。」

這是李白的酒詩，也是唐代酒詩中寫得最好的一篇作品。這首詩表現了什麼？我們來進行一下鑒賞。過去的鑒賞都說表現了政治上怎麼樣，社會上怎麼樣。為什麼不能把它和酒文化結合起來講呢？它本來題目就說了是和酒有關的，為什麼要避開呢？我們就從酒文化的角度來看。實際上他是宣洩因為飲酒而激發起來的豪情，來表現自己和酒相近的狂放的個性。詩中他借助因酒而生的種種非常有氣派的意象，來引出他心中奔湧不息的、一種既有反抗性但也很樂觀自信的、唐代的個性解放精神。這個方面李白是最突出的代表。

開篇四句實際上是象徵李白胸中像大河一樣奔流、像大海一樣奔湧的，既深又廣的精神世界。黃河是李白心中的河。余光中用新詩的形式寫到過李白，他說李白「繡口一吐，就是半個盛唐」。用黃河的意象象徵李白的精神世界，黃河就成了李白豪邁的詩酒情的象徵。前兩句詩以黃河水預示他的激情，後面二句看起來有點悲。為什麼會產生悲的情緒？實際上他是暗示他的激情就是因為光陰易逝而自己未能暢行其志而引起的矛盾心理。功業未成，滿腔的豪情沒處使，而人很快老了。「高堂明鏡悲白髮，朝如青絲暮成雪」，時光不待人，產生

了矛盾心理。下面種種豐富感情的鋪寫，都圍繞這個思想核心而展開。他的敘說時而悲豪交加，時而憤懣難遏，時而又非常樂觀自信。這種種情態都是因酒而起，借酒而發，和酒糾纏在一起。你讀著讀著，寫的是詩是酒，都分不開了。

下面我接著談另外一個問題。將大家引入李白的另外一些寫酒的作品裡面去欣賞一下。大家知道，唐朝是中國古代最強盛、最值得中國人自豪的時代。這個時代的精神特徵，魯迅先生用三個詞形容：閎放、雄大和自信。剛才念的《將進酒》就充分地表現了這一點。李白實際上通過酒後的狂歌，把他自己的雄豪個性宣揚了出來。這也代表了當時的時代精神。我所說的意思是，李白的酒風和他的酒詩的藝術境界，和唐代的整個時代精神、整個民族的風格是一致的。也就是魯迅說的，是閎放的、是雄大的、充滿自信的。「天生我材必有用，千金散盡還復來」，一日要飲三百杯，喝三杯五杯不夠勁，不過癮，不解氣，這種閎放，閎放到了誇張的地步。他的另外一首著名的飲酒詩叫《襄陽歌》，這一首的知名度比《將進酒》低一些，但是它的風格和境界更好地代表了一種閎放的精神。「落日欲沒峴山西，倒著接䍦花下迷。襄陽小兒齊拍手，攔街爭唱白銅鞮。傍人借問笑何事，笑殺山翁醉似泥。鸕鷀杓，鸚鵡杯。百年三萬六千日，一日須傾三百杯。遙看漢水鴨頭綠，恰似葡萄初醱醅。此江若變作春酒，壘麴便築糟丘臺。千金駿馬換小妾，笑坐雕鞍歌落梅。車傍側掛一壺酒，鳳笙龍管行相催。咸陽市中歎黃犬，何如月下傾金罍。君不見晉朝羊公一片石，龜頭剝落生莓苔。淚亦不能為之墮，心亦不能為之哀。清風朗月不用一錢買，玉山自倒非人推。舒州杓，力士鐺，李白與爾同死生。襄王雲雨今安在，江水東流猨夜聲。」

這首詩從描寫晉代大酒徒襄陽的山簡那種狂醉之態起筆，目的是要表現李太白本人此時此地的心態。不但是飲酒的心態，還是整個的精神狀態。他原來寫過一首詩，拿自己和山簡來比，就發過狂言，說「山公酩酊何如我」，你山簡大醉比不上我。這時他就更要發誓，說百年三萬六千日，一日須傾三百杯。看來古代酒徒幾升幾斗的飲量，已經沒有辦法滿足李太白嗜酒的狂性，所以他就用誇張的筆法，把自己的酒量誇到極致。

大家知道，一日三百杯，一百年要多少杯啊？一千零八十五萬杯！這個飲酒量可以入吉尼斯世界記錄了。古今沒有一個人真能喝這麼多酒。你明知道是誇張，但你不覺得可厭，反覺得可愛。一般人說大話，大家會瞧不起他。但李白說大話，人家反而更尊敬他。李白是個幻想家，滔滔不絕的漢水全都變成了葡萄酒。他這樣誇大自己的酒量，當然不是和古人比酒量，他的誇張正好表現他試圖以一種比古人、魏晉酒徒更狂放的姿態，把酒這種東西引入人生，在酒的刺激下去顯示自己極端的雄豪、奔放的如江如海的盛唐才情和風度，去表達自己對歷史、對生命本質非常強烈的體驗。詩中寫到李斯「咸陽市中歎黃犬」。李斯當了一陣的宰相，政治功業很成功，最後被秦二世和趙高冤殺了。他被殺時後悔了，對他兒了說：「要想和你一起牽著我們家養的那條狗，到上蔡遊一圈都不行了。」李白在這裡提到李斯的悲哀。有功業的人，也就是古來的聖賢，他們幹一輩子功業又怎麼樣，到時候想悠閒一下，想遛個狗都做不到了。詩中的羊祜，是西晉時期著名的鎮守邊界的大都督，也是很有名的。他死了以後，襄陽人給他立了碑，但是後來那個碑還是長青苔了。李白提到這兩個人是什麼意思呢？和《將進酒》裡面「鐘鼓饌玉不足貴……古來聖賢皆寂

寞」是同一個意思。你們那些都沒意思，只有我這樣的酒徒，才能千古揚名。

在欣賞了這兩首詩以後，大家可能會發出疑問：為什麼李白那麼酷愛酒，歌頌酒，寫酒，為什麼那麼狂放，那麼重視對生命的體驗？有個很重要的原因，我向大家介紹一下：李白是個道教徒。道家和道教不是一回事，但是道教的東西是從道家那裡來的，就是《老子》和《莊子》那裡。李白受了道家思想的影響。道家提倡「法天貴真」，「天」就是大自然，「真」是指人要保持自己的自然本性。「法天貴真」思想的重要內容，就是回歸自然。那麼怎樣回歸自然呢？《莊子》裡面就有很多形象的比喻，有一個重要途徑就是喝酒。因為道家認為，人喝了酒之後就遠離紅塵，回歸自然了，它是這麼認為的。所以李白受這個思想的影響很深，他曾經接受道士的度牒，正式出家當道人。他受道家思想的影響，他的很多酒詩把本人和自然風景打成一片來寫，或者說融為一體來寫，創造出一種非常優美、非常自然的抒情境界。

在日常生活中，我剛才提到了，李白最愛的是酒。在大自然中，他最愛的是月亮。美酒和明月，這兩種東西就融入他的生命之中，成為三而一的化合物。不是拼湊的東西，而是有機的化合，進而成為他詩歌創作的審美的客體。在這方面，家喻戶曉的一組詩叫《月下獨酌》，有四首，由於時間關係，我們只欣賞第一首。這就是人、酒、詩三者化合為一的一首詩：「花間一壺酒，獨酌無相親。舉杯邀明月，對影成三人。月既不解飲，影徒隨我身。暫伴月將影，行樂須及春。我歌月徘徊，我舞影零亂。醒時同交歡，醉後各分散。永結無情遊，相期邈雲漢。」

這首詩家喻戶曉，但是很少有人從意象、意境相結合的角度欣賞它。我們認為，在這首詩裡面，美酒和明月是李白這個人追求自由精神、尋找永恆生命的兩個重要途徑。酒的狂逸品格使得李白的自由精神得以充分舒展，而明月那種高潔透明，又使得他那種自由精神找到最適合的載體。李白熱愛酒，熱愛自然，同時也熱愛自己的生命。三者他都愛，愛酒，愛月，愛自己，三愛。他用戲劇性的筆法，把三個本來不相干的東西連接在一起，而且進行擬人化的描寫，在這當中我們看到的詩人是一個遺世而獨立的形象。由於是遺世而獨立，他在生活中站不住腳，被人家排斥。到了長安，唐玄宗賞識他，讓他當翰林學士，但是不久就被人家排斥了，放逐了。他思想上很苦悶，覺得很孤獨，在人世上找不到「相親」。但是他在宇宙中找到了同飲同游的伴侶，一個好夥伴——月亮。「舉杯邀明月」，他把月亮當做人，當做他的伴侶來寫。邀請月亮，這是一種充滿了稚氣的天真爛漫的舉動。「對影成三人」這個意象的描寫，這個抒情境界的塑造，就生動地表現出這位詩人回歸自然、同化物我的博大情懷。從邏輯的發展來看是這樣的：美酒使詩人和明月親和起來，然後明月又把詩人從醉態中引向哲理性的超脫，使得李白那種高潔飄逸的人格在宇宙當中得到昇華。

　　讀了這首詩，我們就有這樣的印象，就是人、酒、月三者串成一線。這是李白有代表性的三首飲酒詩。我們欣賞之後，大家對李白的酒世界有了比較具體的了解。但是我還要強調一個問題，剛才在我的表述中，大家得到的都是正面的東西。酒文化助長了李白詩歌的創作，使他寫出那麼美的詩歌。但是這樣來認識李白是不全面的，我們還應看到另一面，酒文化又怎麼毀滅了李白這個人。

過去的研究者很少從這一面來談，我覺得應該強調這一面，也使大家對目前很風行的酒文化有一個比較清醒的認識。在欣賞古代詩歌的時候，也能夠兼顧看到一些不好的東西。我們現在就來看一看詩人和詩論家、詩話家，和當代一些文學評論家、文學研究者，他們所津津樂道的所謂的醉態是怎麼回事。我在這裡想給大家作一個比較恰當的符合科學原理的解說。大家也知道，現代醫學對酒醉的解釋，叫做「急性酒精中毒」。並不是像古人描繪的那麼美好，醉態使人產生美感。李白自己也描寫道：「玉山自倒非人推。」都說詩助酒性，酒醉作詩。杜甫甚至推崇李白「鬥酒詩百篇」，喝一鬥酒就寫出一百篇詩出來。其實從醫學原理來看，人要是真正到了酒醉，也就是酒精中毒的地步，大腦中樞神經就完全麻痺了，只會昏昏大睡，只會嘔吐，哪裡還能作詩？作不了的。所以所謂李白「鬥酒詩百篇」多半是一種藝術誇張。因為我自己也會喝酒，也喝醉過，我有體會。酒過量絕對無助於作詩。但是剛才為什麼我們又說酒助詩性呢？這裡我要作一個說明，其實古代詩人和文藝理論家他們說的這種醉，並不是真正的醉，並不是酒精中毒，還沒有達到那個程度，而是一種酒喝到一定量的時候。喝少了不行，喝多了、喝到真正中毒也不行。喝到一定量，人腦會處於一種很酣適、很興奮、很想說話、很想寫東西的程度，思維非常活躍。這種時候最適合作詩。古人的很多詩就是在這種狀態下作出來的。說醉實際上還沒有醉。這和醫學意義上的醉不是一碼事。處在這種所謂的醉態而實際上是一種酣適的狀態的詩人，雖然已經有點飄飄然了，但是這時候頭腦最清醒，比不喝酒的時候還清醒，還活躍。這一點，我想凡是有飲酒經歷的人都不難體會。

　　宋代也有位大詩人，也喜歡喝酒，只不過酒量不大，叫蘇東坡，

蘇軾。他對這一點深有體會。他評論陶淵明的時候說，陶淵明寫的兩句詩：「但恨多謬誤，君當恕醉人。」蘇東坡不以為然，他說這兩句詩，實際上是還沒有喝醉的時候寫的，如果已經喝醉了，還有什麼工夫來擔憂恐怕有錯誤啊？所以蘇東坡說，「世上的人說醉的時候說的話，實際上是醒的時候說的話」，這話說到點子上了。也就是說，自己說自己醉了，實際上沒有醉。這就是說，文學理論意義上的醉態，和醫學意義上的醉不是一回事。事實上，李白生前寫詩就是在這種狀態下寫的，並沒有真正的醉。這個有歷史記載為證。

五代的時候有個叫王仁裕的，他寫了一本書，叫《開元天寶逸事》，專門記盛唐時期、唐玄宗時期很多掌故。其中就記載了李白的情況。這段記載用白話表述是這樣的：李白好喝酒，經常醉，不拘小節。但是他在醉態中所寫的詩句從來沒出現過錯誤。同時他喝酒以後和沒有喝酒的人相對議事，別人說的和他說的都合情合理，絲毫沒有誤差。當時的人都很佩服他，說他是「醉聖」，說他是最善於喝酒的人。由這些記載，和我們對科學原理的分析，大家對所謂的「醉態思維」就應該有個正確的理解了，否則就會誤認為喝酒越多詩就寫得越好，這就進入誤區了，甚至陷入泥潭了。那樣是不好的。

對李白喝酒寫詩的文化行為，是不是真正的喝醉了等，日本當代有個研究李白的專家叫松浦友久，他對李白的醉態思維的論述，我覺得最到位。他說：「對李白來說，飲酒不但不妨礙作詩，相反，在昂揚的激情中，促使他的詩作得更好。他的飲酒是快樂的，豪放的，但也決不失感受的纖細性。昂揚之中有理智，陶醉之中有覺醒。如果說從表面上縱觀他的詩作，只有那些記有大酒、痛飲、泥醉的部分才絢麗奪目，那麼就簡直可以說，李白的飲酒才是他的正常狀態。他的酒

詩都沒有以酩酊大醉、醉臥而眠作結束，正是他嚴格的客體化精神的體現。同時也是他精確的作詩技巧所起的作用。」松浦友久的論述對我們是很有啟發的。

最後，我還想向大家介紹一下李白是怎麼死的，使大家了解，酒文化確實對李白起了相當大的負面作用。上面我們說到了，李白作詩的時候並沒有真正喝醉，但是我們要強調一點，在當時生活中，李白確實多次反復地喝醉了，酒精中毒了。而且最後他的死因，可以判定是酒精中毒。所以從這裡我們可以看出來，他的那些關於酒性、酒量和醉態的描寫，雖然多半是藝術的誇張，實際上也有寫實的成分。自己的醉態，不僅是剛剛醉的那種飄飄然的詩學意義上的醉態，還有真正的酒精中毒的醉態，實際上他也寫在詩作裡了。也就是說，他的詩歌暴露出他平常有暴酒貪杯、狂飲無度的惡習。咱不要為詩人諱，這確實是他的不好。

大家知道，現實生活中醉死的人也有，酒精中毒到一定限度確實會死人的。從古到今，學術界對李白的死因作過不少研究。但是眾說紛紜，都有分歧。有幾種說法。一種說，他是玩月墜江而死。可能是想上九天攬月，向上一跳，掉到江裡淹死了。有的說法是，年老體衰病死的。有的說法是，飲酒過度，飲酒成病而死。我不是專門搞李白研究的，我綜合這幾種說法，認為飲酒過度而死這個說法比較可靠。為什麼呢？《舊唐書》的《李白傳》就有記載，說李白「竟以飲酒過度，醉死於宣城」。這個記載我認為可靠程度比較高，因為《舊唐書》是唐末五代一批文人修的，他們是由唐入五代的人，和李白的時代相近，他們所依據的材料應該是可靠的。另外還有個旁證，唐末有個詩人叫皮日休，皮日休也是襄陽人，他寫過一個組詩，叫做《七愛

詩》，當中有一首叫《李翰林（白）》，就是寫李白的，說「竟遭腐脅疾，醉魄歸八極」。這兩句實際上是認為李白是飲酒過量成病而死。皮日休不但和李白時代相近，他是李白曾經長期居留過的襄陽的人，他所聽到的傳說應該是可靠程度比較高的。

我認為李白因為飲酒過量而死，直接來說，是酒文化造的孽，更深刻的還有其他的社會歷史原因。暴飲狂飲，傷身奪命，這的確是酒人、詩人應該吸取的一個非常慘痛的教訓。其實古人也早就認識到這一點了。宋代有個大詩人叫陸游，他也是個酒徒，而且他在當時有「小李白」之稱。陸游對於酒對詩人的傷害深有體會，他有句詩說：「酒徒往往成衰翁。」經常喝酒的人衰老的很多。我們翻開陸遊的詩集，陸遊一生寫了上萬首詩，裡面寫酒的很多，遠遠超過李白，這證明他也是個豪飲之徒，但是為什麼李白才六十來歲就死了，陸遊居然活了八十六歲？在古代活八十六歲就不得了了。我猜想他就是有所反省，他說「酒徒往往成衰翁」嘛，有了這個清醒的認識之後，可能後來就節飲了。戒酒不可能，但能節飲。所以他長壽。我說這些不是題外話，談李白這個人，他是酒徒兼詩人，那麼酒幫他的忙，寫了那麼多好詩，同時酒也害了他。所以這個就該引起詩人和酒徒充分的警惕，接受一定的教訓。其實不單單是詩人，任何一個人，如果狂飲無度，都是要遭災的。

我在這裡還要給大家說一個歷史故事，元朝剛剛開國的時候，統治集團的人們因為很自豪，就狂飲。以元太宗為首，天天狂飲。身體就迅速衰弱下去，身體衰弱了還不接受教訓，還是天天在朝堂上擺酒宴。大家知道蒙古人是很善於喝酒的，酒量很大。朝廷中有個大臣叫耶律楚材，看見這種情況以後憂心忡忡，勸了好久沒用，皇帝還發起

火來了。他就想了一個辦法，一天，他跑到酒作坊，拿了一個被酒腐蝕得鏽跡斑斑、全是洞的酒槽的鐵口，拿著就直接上朝，上去就跪下，對元太宗說：「陛下，請你來看一下，酒能夠腐蝕金屬。你看這一節鐵口，尚且被它腐蝕得千瘡百孔，何況是人的五臟六腑呢？」這下元太宗恍然大悟，當場就下令，說從此以後，每天禁酒，三杯為限。誰要敬第四杯，我把他殺了。這樣就節飲了。我說這個故事，就是想奉勸那些一心要學李白的好飲的君子，還是學一學元太宗從善如流的作風，控制一下酒量。當今社會酒風很盛，我們要勸人家戒酒很難，但可以勸那些明智的人為了健康，節飲自愛。

今天時間有限，我就簡要地介紹一下李白和酒的緣分，從這個角度欣賞一下李白的詩歌。

二○○五年在華中科技大學的演講
張群芳根據錄音整理

我與文學

方　方　著名作家

　　同學們好！先對我進行一個自我介紹，我是兩歲時來到武漢，相當於土生土長的武漢人，從小學一直讀到大學，對這座城市有很深的感情。我1974年高中畢業，高中畢業後當了四年的搬運工人，因為當時沒有大學可上，除了下鄉就是留在城市工作。當時有個叫做「多子女留身邊」的政策，即如果家裡有很多小孩，其他小孩全部下了鄉，就可以有一個小孩留在城市裡，我就是因為這個政策留下了，待業半年後便當了搬運工。在過去的年代，沒有那麼多工作供選擇，當時流行一個「革命戰士一塊磚，哪裡需要哪裡搬」的口號，成為搬運工是自然而然的。我做了四年的搬運工人，工作很辛苦，每天五點半起床去工作，由於身體瘦小，工作很晚才能完成，又因為是一名文學愛好者，便利用晚上僅剩的一點時間去看書寫作。那個時候我寫一些詩歌，十八九歲正是寫詩的年齡，寫出的詩歌有非常革命的，有慷慨激昂的，也有很苦悶的，慷慨激昂的詩歌就寄出去，苦悶的詩就自己留著。我在當裝卸工的時候在詩刊上發表過幾首詩歌，因為寫得比較差，後來一直不敢去看年輕時寫的詩。這四年搬運工的經歷對我的影響非常大，它與大學一樣，是人生的另一個課堂。學理科的同學可能不需要這所大學，但對於學文科的同學而言，沒有去社會上摸爬滾打一番是很遺憾的。當搬運工的時候的我處於社會的最底層，每天幹的

事就是「扛大包、拉板車」，扛兩袋麵粉才能出門，這就是我十九歲的時候所幹的事情，我的腰受過傷，也是在這個時期受的傷。我當了四年搬運工，卻從來沒有上街拉過板車，只要讓我上街拉板車，即使是算作曠工也好、扣工資也罷，我仍然不願意，覺得很沒有面子，這也算是我心底最後的一個堅持了吧！年輕的時候不怕吃苦，那個時候所見到的、聽到的一些事情，都成為了我人生的一筆財富，如果再要我去做這個工作我可能不會去，我也不會讓我的女兒去上社會這所大學，現在回頭看看，這段經歷還是我人生中非常珍貴的一部分。一九七七年中國恢復了高考，這個消息對於你們這一代人來說可能不算什麼，但對於我們是一個特大的喜訊，在感覺生活無望的時候給了你希望。因此我每天晚上點著煤油燈複習功課，最後考上了武漢大學，這就是我上大學前的一段經歷。

上了大學之後，老師給我們開列了一個很長的大學生必讀書目的讀書單，我幾乎全部讀過，對於我們中文系的學生來說是一個很好的基礎。一定要多讀書，讀書讀得越多，對你越有幫助；讀書讀得越少，你就很愚陋，永遠只能羨慕別人。我是一九七八年讀的武大中文系，因為經歷了「文革」，在讀的學生都是很多屆的人馬衝殺出來，每一個人都是精英。我雖然發表過作品，寫了詩歌，但是一到班上就傻了眼，我的同學們不論是對人生的見解還是文學的水準都是非常高的，直到今天我都十分佩服他們。但是我們那個時候對文學的認識受制於時代，時代是什麼樣的，我對文學就有什麼樣的認識。我要對我們當時討論的文學問題做一個介紹，我們以前成立了一個叫「紅楓葉」的文學社，每個星期都要開一到兩次會，對當時的文學問題做一些探討。我們討論的最重要的問題是「文學能不能寫愛情」，現在想

來很荒謬，但是在「文革」時期是不能涉及愛情的，我們在「文革」時期看的一本叫做《林海雪原》的書，被翻爛的幾頁就是少劍波和白茹表現曖昧的情節；在《安娜·卡列琳娜》中，土地改革的部分被大家跳過去了，受到關注的還是描述愛情的部分。當時的文學作品幾乎沒有愛情，八個樣板戲中男性都是單身，女性也沒有丈夫，我們上大學的時候是二十多歲，正處在青春勃發的時候，所以「文學作品能不能寫愛情」成了我們討論的第一個話題。換一個話題就是「文學作品能不能寫悲劇」，因為當時的文學作品只能歌頌不能暴露，暴露社會陰暗面的作品是行不通的。當時就有「歌德派」和「缺德派」之爭，你如果暴露社會主義的陰暗面，就是「缺德派」，歌頌社會主義的光明，就是「歌德派」。還有一個話題是「文學是不是階級鬥爭的工具」，當時還邀請作協參與了討論。所有的討論都沒有結果，當時的人各有各的觀點，每一個觀點都有強有力的理論支撐，所以直到大學畢業也沒有爭論出一個結果來。但是隨著時間的向前推進，時間自然而然給了我們答案，現在回頭看過去，答案一目了然。

這四年大學時間給我的創作提供了巨大的力量和幫助，它和自學不一樣，自學固然能成才，但是大學時期同學們的這種討論和思想的碰撞彌足珍貴。我們的設施條件很差，閱覽室卻每天排著長隊，因為粉碎「四人幫」耽誤了十年，所以學習的機會對我們來說非常珍貴。如果寢室裡有人講話超過了幾分鐘，便會出來一個人制止：「現在是學習時間，不能講話。」我家在漢口，學校在武昌，每次坐著輪渡回家時都能看到大學生們幾乎人人手上拿了一本書在讀。我覺得那個時代對我來說真是一個充滿激情的時代，但是那個時代卻有很大的毛病。和現在的學校相比完全不同的風光是，在會議上開會時明令禁

止：三十歲以下不准談戀愛，談戀愛就是違反紀律。我們的教材是油印本，哲學課本上描述電子琴為「靡靡之音」，鄧麗君的歌聲是「靡靡之音」，李穀一的氣聲唱法也是「靡靡之音」。時代怎麼進步，我們就怎麼進步，而文學也一樣，我們和文學共同成長起來。什麼樣的文學便有什麼樣的作家，什麼樣的時代就有什麼樣的文學，我覺得沒有辦法去超越，很少人能夠超越這一點。時代有多愚蠢，我們便有多愚蠢；時代有多聰明，我們便有多聰明。能夠超越時代的人是鳳毛麟角，我希望看到華中科技大學的學生能超越這個時代，超越這個時代的粗鄙、世故、油滑和平庸，當然希望比較渺茫。

我是在大學三年級開始寫小說的。之前是寫詩歌，學校裡經常舉行一些詩歌大賽和小說大賽，我也會去參加，「文學青年」的活動也每次都不落下。我在大學寫的第一篇小說叫《羊脂球》，模仿了法國作家莫泊桑寫的小說的名字，但寫了另外的內容。同學評委認為這篇作品寫得非常好，排名第一；接下來上交給老師接著評，老師就發火了，認為小說的結局太過黑暗，我當時還從來沒有聽過評論一篇文學作品用「黑暗」這個詞。老師把這篇作品批評了一番，當然也沒能夠評上獎。我不服氣，便去《長江文藝》雜誌社投稿，這是我第一篇投稿作品，《長江文藝》雜誌社的編輯給我寄來的信也與老師的如出一轍，說這樣陰暗的結尾是不能發表的。這件事情略微刺激了我，我覺得小說不應該是難寫的，也不應該是這樣一個說法，就寫了第二本小說《大篷車上》，是大三的時候寫的，大四的時候發表。《大篷車上》給了一個非常光明的尾巴，馬上《長江文藝》就發表了，《小說月報》、《小說選刊》也全部給予轉載。忽然之間，大家就發現武漢大學出了個大學生作家，因為這一篇小說引起了關注，於是就很輕易地

跳過了那些投稿官。我們那時不像現在有網路，想寫什麼便可以往上投稿，我們必須通過編輯這一關，編輯看中了才能發表。業餘作者最大的困擾就是編輯不斷地給你退稿，我遇到很多人一輩子都在退稿，很多文學青年手上的退稿都堆滿了抽屜，包括賈平凹、張煒這樣的作家都經常說：「一退稿就是一抽屜。」張煒在成名後把抽屜裡的退稿一個個拿出來改，最後全都發出去了。當時我很幸運地跳過了這一關，馬上就有很多編輯部的人向我約稿，所以在那個時候我每寫一篇幾乎都能發出去。但是回頭看看我一九八六年以前寫的小說，我覺得還是比較幼稚的，畢竟當時很年輕，寫不出很成熟的作品。在一九八六年我經歷了一點事情，在今天看來這個事情非常小，無非是一個朋友背叛了你，在背後給你非議，讓三十歲的我第一次認識到人生的殘酷，於是定下心來思考一些事情。我覺得自己是從一九八六年開始改變文章風格，或者可以說是自我改變了人生的精神狀況，開始真正地把文學當作是自己真正喜愛的一件事情來做，自此之後就沒有大的變化了。

從那個時候，我開始真正地作為一個職業作家。大學畢業後我被分配到電視臺工作，電視臺是一個很喧囂的地方，每天都有新事物，但是電視臺也比較左傾，管得很嚴。電視臺的喧囂常常讓我沉不下心來，有時會跟著電視臺裡的其他人一起去追逐熱點，從而慢慢變成一個浮躁的人。但對於一個作家而言，首先要做的便是沉靜下來，深沉地思考一些問題。雖然電視臺的經濟條件和生活條件非常優越，可是我思考再三，終於在一九八九調離了電視臺，去了作家協會，成為了一個真正的職業作家。我非常感謝文學，是文學讓我對生活有了一些很深刻的理解，文學讓我的內心變得豐富多彩起來，在心情不好的時

候你可能會批駁文學一番，但是你又會感到文學的力量無處不在。我曾經去過雲南的一個古老的寨子，看見百年的老村莊和陳舊的石板路，突然就想起了艾蕪寫的《南行記》：這張床就是艾蕪睡過的，那個馬樁就是當年艾蕪拴馬的……你會感覺到艾蕪的氣息無處不在，這時就體會到了文學的力量，不論看到什麼走到哪裡都會想起它。在引起這種文學的情思的時候我便會特別感動，慶倖自己熱愛文學，成為了一名文學工作者。這麼多年來，是文學一直在幫助我，讓我很愉快地走到了今天。一個人如果能做自己喜歡的事情，並且能把它做成功，在我看來也是很不容易的一件事情。這就是我今天的講話，謝謝大家！

二〇〇六年在華中科技大學的演講
龔穎迪根據錄音整理

猶太人與世界
——一個文化命題及啟發

劉洪一　深圳大學教授

今天晚上我主要想跟大家研究一個問題，就是「猶太人與世界」的問題。這是一個很大的文化命題。比如說猶太人和西方，我們說西方文明來源於二希文化，即一個希臘文化、一個希伯來文化。這個希伯來文化就是猶太文化，是西方文明的源頭。沒有猶太人、沒有希伯來文化，就沒有歐洲文明。文明影響非常重要，當然它與歐洲文明的關係又異常複雜。大家可能會問，為什麼兩次世界大戰歐洲人會去排擠猶太人，以致發生了納粹大屠殺這樣的慘案，當時一千二百萬猶太人被殺死了六百萬。為什麼會出現這樣的事情？為什麼西方人這樣仇恨猶太人？另外，猶太人和東方的關係也是非常複雜的。比如說猶太人和伊斯蘭事件，這個關係直到今天都是文化的一個焦點、熱點。猶太人與中國的關係也是源遠流長的，早在唐朝的時候，就有大批的猶太人到中國來。到了宋朝，很多猶太人生活在中原的開封地區。到了第二次世界大戰，中國的上海又為幾千猶太人提供了安全的庇護。這裡面有非常多值得研究的東西，所以在學術界我非常讚賞中國的一位老前輩周穀城先生說過的一句話，沒有猶太人就沒有今天的世界。

在當今世界上最有可比性的兩種文化就是猶太文化和中國文化，這兩種文化源遠流長，雖然發生的形態不一樣，但是幾千年來都是很好地保存了下來。近年來在學術界越來越關注猶太文化在世界文明中

的重要價值和意義。我把猶太文化概括為文化研究的樣本，有人說是標本，標本往往是死去的東西，但是樣本意味著他還活著。但是也有一些文化現象，比如說猶太人為什麼會掙錢？猶太人為什麼會經商？猶太人為什麼會特別聰明？怎樣像猶太人那樣去掙大錢？有很多人炒作這個現象，也有人聯繫過我。因為整個國內我算是研究猶太文明比較早點的。我就覺得很有必要以猶太文明為切入點，來了解一下我們當代文化的一些走向和脈絡。我今天晚上集中和大家討論一個問題，就是創造力和文化的問題。因為我們今天提倡要創新型建設，這個創新就是要有創造力，創造力來自於哪裡。以猶太人的文化現象為標本，來破解創造力的奧秘問題，我覺得是非常好的切入點。所以我就想在猶太人與世界這個大的話題下，與大家來探討一個民族、一個國家包括一個人，他們的創造力從哪裡來？創造力的奧秘和根源來自哪裡？所以我今天是想對猶太人的創造現象進行解析。

　　第一個問題，我想先來講講「猶太人的禮物」。兩年前我在香港機場買過一本書是湯瑪斯・卡希爾寫的「the gift of Jewess」。我在這本書裡選了兩段，大家看一下，他說：「我們的詞典裡，那些最美好的詞彙，諸如創新、探索、驚奇、獨特、個性、個人、天命、時間、歷史、未來、自由、進步、精神、希望、信仰、正義等凡此種種，都是猶太人給我們的禮物。這些禮物非常的珍貴，由於猶太人的世界觀已經在很大程度上成為我們的世界觀的一部分。因而可以認為它已經像基因代碼一樣滲透到我們的每一個細胞中。」這是一個西方學者卡希爾所講的一段話，我覺得他的話還是很有一些道理的。

　　具體來說猶太人給我們帶來了哪些禮物呢？在思想領域上，比如說一個生活在亞歷山大的著名哲學家菲羅，他被稱為「基督教之

父」，他最大的貢獻是把二希哲學進行了綜合，對基督教的產生起到了重要的作用。邁蒙尼德是中世紀一個重要的猶太領袖，被認為是第二個摩西。斯賓諾莎大家可能比較熟悉，他是近代無神論的先驅，也是一個猶太人。另一個著名的猶太思想家、猶太詩人曾經說過一句話：我們現在所有的人，不論自覺不自覺的，都是戴上了斯賓諾莎的眼鏡在觀看。這是哲學史上的一句名言，它是一個比喻的說法，就是我們不論注意與否都是受了斯賓諾莎哲學的影響。卡爾‧馬克思大家就不用說了；柏格森，直覺主義的創始人；佛洛德，大家就很熟了，無意識之父、精神分析的領袖；胡塞爾，現象學派的創始人；瑪律庫塞，法蘭克福學派的中堅；維特根斯坦，英美分析哲學的開創者；卡吉爾，文化哲學體系的構建者。二十世紀以來，當代西方最有代表性的思想基本上都是猶太學者開創的。

在文學領域，猶太人的《聖經》形成了一個文學傳統，裡面的神話是我們都耳熟能詳的。近代以來，著名的作家普魯斯特是意識流的先驅，他的《追憶似水年華》大家都很熟；茨威格，傳記文學與心理描寫的大師；卡夫卡，非常有名的表現主義大師；斯坦因，美國的一位被稱為「作家中的作家」的大師；帕斯捷納克，蘇聯作家曾獲得過諾貝爾文學獎，被稱為先鋒派的旗手，代表作是著名的《日瓦戈醫生》；雷瓦克，迷惘的一代的代言人；貝克特，荒誕派的領袖；諾曼梅勒，後現代主義的中堅；約瑟夫‧凱勒，黑色幽默的旗手，寫作了著名的《第22條軍規》；金斯堡，垮掉的一代的代言人。自諾貝爾文學獎設立以來，獲得諾貝爾文學獎的猶太作家大概有十多位。像二〇〇五年獲獎的作家品特，還有布羅斯基，他們是猶太作家，後來流亡到美國。

在藝術領域，《聖經》也是一本著名的藝術百科書，裡面的一些詩歌，比如「百合花」是什麼意思，流離歌、莫貝爾拉等等。這些就像我們中國元雜劇、元曲當中有一個詞牌一樣，在《聖經》裡面它有一個固定的牌子，比如說流離歌它適合表現什麼樣的情感。它開創了一種《聖經》文學傳統，一種《聖經》式的、上帝式的全能敘述視角等等。像在音樂領域，梅耶貝爾、海賴爾、奧芬巴特、魯賓斯坦、布洛特、梅紐因等等，非常一流的音樂家都出自猶太民族。在繪畫領域，畢沙羅是現代繪畫的先驅、印象派的主要代表。還有大家最熟悉的畢卡索，是二十世紀最偉大的抽象派藝術家。

如果詳細分析你們會發現，猶太人在音樂領域特別有天賦。音樂作為一種抽象藝術，人們最能通過音樂來表達、抒發一種內在感情，來領悟上帝的奧秘。猶太人不太主張造型藝術，猶太《聖經》裡面強調「不可雕刻偶像」。他們的藝術不太有一些寫實主義的藝術，大部分是抽象主義的變形的藝術。包括文學作品，也大都是一些現代主義作品，傳統的現實主義的作品不太多。

在自然科學領域，愛因斯坦是偉大的科學家，赫茲是發現電磁波的先驅，博爾是原子力學的奠基人，奧本海默是原子彈之父，萊維奇諾塔是張量運算的創始人，哈勃是氮肥之父。自諾貝爾獎設立以來，猶太人的獲獎率約為百分之十七至百分之二十二，他們的醫學是非常厲害的。在自然科學方面我只是簡單地說一下。

在經濟領域，談猶太人不能不談錢。因為有人的地方就有猶太人，有錢的地方就有猶太人。在歐洲有很多著名的諺語，說猶太人進市場——如魚得水。猶太人能從稻草堆裡找出金子來。猶太人的世俗上帝就是金錢。大家對猶太人印象比較深的地方就是能掙錢、吝嗇

鬼，舉一個比較常見的例子就是夏洛克。我們現在大量的中國書籍，就編寫猶太人怎樣去掙錢。比利時的布魯塞爾銀行是世界上最著名的銀行之一，瑞士的巴達爾商業銀行、俄國的聖彼德堡銀行，這些銀行都是十九世紀以來，在歐洲非常有權威的。在歐洲還有些金融神化，羅斯查爾德家族在歐洲影響巨大，曾經贊助猶太人去做大英帝國的首相。像我們今天熟悉的兩大石油巨頭——美孚石油公司、洛克菲洛石油公司是大家耳熟能詳的。還有大家熟悉的鑽石大王亨利彼得森，猶太人在鑽石、皮毛、高利貸、銀行產業上是最厲害的。還有一位紅色資本家哈默，他幫助社會主義國家發展經濟；人衛‧李嘉圖是古典政治經濟學理論的完成者；弗裡德曼被認為是當代的亞當斯密。這幾年獲得諾貝爾經濟學獎的大多是猶太人。

在政治領域，摩西是古代的以色列民族的英雄，他帶領以色列人出埃及；大衛也是民族英雄，是古代以色列國的締造者；所羅門是智慧之王；狄斯累利曾經做過大英帝國的首相，他一八六八年上任。從一八七四到一八八〇年，猶太人布魯姆也做過法國的總理。當代大家比較熟悉的基辛格，美國的鐵娘子國務卿奧爾布賴特，歐洲歷史往後推一下有拉薩爾，有工人運動之星盧森堡。大家對這些人都是很熟悉的，還有蘇維埃著名的革命家、政治領袖托洛斯基。十月革命時期俄國布爾什維克黨的政治局常委中十個人有七個是猶太人。所以蘇聯的十月革命和猶太人是分不開的。列寧有二分之一的猶太人血液。在政治領域當代一些非常活躍的政治家中，赫茨爾是猶太復國運動的創始人；本‧胡里安是猶太建國初期的建國之父。一九四八年以色列建國後，梅奧夫人是以色列的第一位女總理；達楊是一位獨眼將軍，在以色列戰爭中作用非常大；拉賓，就是和阿拉法特一起獲得諾貝爾和平

獎的和平鬥士，他死在猶太激進分子之手。猶太人與阿拉伯人之間的關係特別複雜。哈同，是來自於印度的一個窮小子，西裝革履打扮來到上海，第一天就將身上僅剩的五十元錢當作小費給了服務生。許多商人想要與他合夥經商，之後就開始聚集資本，從事房地產、鴉片的投機。還有普利策，這是一個著名的新聞獎項。薩爾諾夫是無線電領域的翹楚。青黴素也是猶太人發明的，我們禮拜日休息，也是來自於《聖經》的啟示。

猶太人到現在為止，全世界共有一千四百萬人。這樣一個民族，幾千年來沒有自己的歷史，沒有自己的國家。但是民族還存在、民族性還存在。大家可以思考一下是什麼原因。一種說法是，猶太人是上帝的選民。猶太人也反對這種說法，他們也因為這個吃盡了苦頭。希特勒認為白種人是最優秀的民族，猶太人怎麼能當成上帝的選民呢？所以他實行納粹主義，消滅劣等民族，尤其是納粹民族。希特勒在《我的奮鬥》中是怎樣寫猶太人的呢？猶太人都是醜陋的、羅圈腿的雜種。猶太人的歷史發生方式非常獨特，我用幾個關鍵字來代表。一個是希伯來，因為猶太人的先祖叫希伯來，這個詞的原意就是從河那邊過來的人。這個河就是幼發拉底河和底格裡斯河這兩條河。

很早的時候有一群人從一個叫沃爾的小城（這是伊拉克的一個小城）出發，亞波拉法也從沃爾開始出發，到迦南，所以他的祖宗最早在沃爾，他們與猶太人有相同的習俗。他們沿著兩河遷徙過來，到了迦南之後他們就開始在這個地方生活。生活沒多久因為災害就去了埃及，在埃及又生活了四百年。埃及法老覺得他們的人數即將超過埃及人，所以制定了法規，凡是以色列人生的男孩子都要淹死，女孩子留下來嫁給埃及人。這樣下去，以色列人面臨滅絕的威脅，所以在民族

英雄摩西帶領下出走埃及，實現了民族的大遷徙。他們遷徙到了巴勒斯坦，之後出現了古代以色列最興盛的時期——王國時期。出現了三大英雄，即大衛、所羅門和越撒法，在這三個國王統治時期是古代以色列最興盛的時期，但是盛極必衰。在所羅門、大衛時期，就出現了腐敗、靡費的現象，內訌就出現了。內訌進入一個新的歷史階段就是分國時期，整個以色列分為十二個支派，就分成了南國猶大和北國以色列。北國以色列是由十個支派組成的，南國猶大是由兩個支派組成的。這就預示著古代以色列民族開始走向衰亡。再往下就出現了被掠時期，被巴比倫王國壓榨，先是以色列亡國，在世界歷史上是一個著名的事件，被稱為失蹤了的以色列十族，直到今天還是一個未解之謎。有很多的說法，有的說跑到了中國，我見到的資料說猶太人最早到中國是在漢朝。這個證據不確切，是阿拉伯人考證的，證據比較確切的是猶太人到唐朝，在絲綢之路上發現了一些用希伯來文寫的信函。到了宋朝就有大批的猶太人在中國定居了，當時猶太人用一些進口的貢品獲得了留汴京的權利。所以在開封住了有幾千個猶太人，開封猶太人是史學界的一個命題，幾百年的同化，都實現了漢化。還有說日本人是失蹤的以色列十族，這個說法我沒有研究過，我有些感受覺得日本人在一些方面與猶太人很像，如他們的憂患意識、綜合意識。我不懂日文，但是我在日本夜晚的街道上看到櫥窗上的日本片假文也跟希伯來文字有些相似之處。在北海道有些地方，民間習俗也與猶太民族有些相通之處。今天開封的一些猶太人也保留著一些習俗，比如清明節、春節用一些公雞血塗在門框上辟邪。這種做法在漢人中不常見，這種做法在《聖經》中看到以色列人過逾越節，殺一頭羊把羊血塗在門框上。上帝說凡是塗了血的就是以色列人，我就不進去懲

罰他們了。這種民間習俗傳流下來。在被掠時期，十族以色列流傳下來，不知道蹤跡。剩下南國猶大的兩族又堅持了一段時間，經過了波斯帝國的統治時期，經過了希臘化的時期，在西元元年前後，經過了羅馬時期，最後也被滅族。羅馬時期發生了兩次猶太戰爭，第一次猶太戰爭是在西元六十六年至七○年，第二次猶太戰爭是在西元一三二年至一三五年，這兩次猶太戰爭是猶太人試圖推翻列強統治巴勒斯坦最後一次掙扎，但是都失敗了。

從此之後，猶太人進入一個非常重要的歷史時期，就是從西元前後開始，就是diaspora，流散的意思，我們現在有一種學問就是「流散學」，專門研究民族離開本土之後，到其他異質文化中生存所產生的文化現象。在文學界最近特別流行的文化現象，就是流散文學。去年國際比較文學會在深圳大學召開，我在會上作了一次發言。後來國際比較文學會的會長付克馬先生從荷蘭特地寫了一封信給我，進行一個述評。猶太人流散到全世界去了，先到了南歐，到了西班牙，到了西歐、北歐、東歐。然後到了美國、澳洲，乃至世界各地。我前不久帶領我們深圳大學男子足球隊去參加泛太平洋大學生運動會，住在西澳的帕斯，這個小城有三個猶太教堂，可見猶太人的流散程度。一九四八年五月十四日建立了現代猶太國，在流散之前的兩千多年是在中東地區到處流浪，大流散之後，是在整個世界地區流浪。一九四八年五月十四日，現代以色列國建國，這個建國並沒有結束以色列人的流浪狀態。這個國家到現在都不能夠安寧，大家知道四次中東戰爭。以色列民族的高科技厲害，對中國感情很深。我們國家到一九九二年一月分才和以色列正式建交，我國有一些軍事裝備都是以色列賣給我們的。我國的一些預警系統、醫療技術、通信技術、軍事

技術都得益於以色列。

以色列的歷史是這樣的一種特殊的歷史，這個歷史程式是一種歷史的方程式，它導致以色列文化形成一個獨特的結構。猶太文化的結構就是形成一個流散結構，它導致猶太文化不論是文化個體還是文化單元，都是散存在異質文化的夾縫中的。直到目前它的流散結構並沒有改變，目前猶太人的人口在一千四百萬人左右，生活在美國的猶太人最多，有六十萬。還有大概兩百多萬被稱為邊緣猶太人，經過幾代的同化，有二分之一、四分之一的血統，沒有太明顯的文化特徵。著名的小說家貝婁寫過一本書《掛起來的人》，即文化上沒有立足之地的人，美國光一個城市紐約就有兩三百萬人。美國的政治、經濟、文化中主要的東西在猶太人手裡，經濟百分之八十的命脈掌握在猶太人的手中。不論是共和黨還是民主黨上臺，親以色列的政策是不會改變的。如果世界上所有的國家都反對以色列，美國肯定會出來保護它，這和美國的經濟有關係。紐約的商業百分之九十以上都控制在猶太人的手中。以色列人在一些國家的分布如下：以色列四八五萬，法國五十萬，俄羅斯五十五萬，烏克蘭三十五萬，加拿大三十二萬，英國三十萬。中國香港中環華潤大廈有一塊墓地是猶太墓地。中國香港大概有三千多猶太人很富有，在深圳也有一些企業是猶太人的，所以世界上有錢的地方就有猶太人。這樣一種散存的方式導致文化的關係狀態是不斷地發生文化接觸。

這種文化接觸有兩個主要的特點：一個是文化衝突；一個是文化採接。這種散存結構是文化結構的兩個重要的因素。第三個重要的因素就是文化衝突，一個核心內涵就是對文化本體的固守，對文化傳統的固守，對文化精神的保持。猶太人無論散居到哪裡，都是善於學習

和借鑑的。猶太人到了德國，慢慢學習德語，取德國的名字，開始掩藏自己的身分，淡化自己。更有代表性的現象就是文化衝突，它保持的是一種核心價值，就是猶太文化。一些英文書也是把它翻譯成為猶太教，也可以翻譯成為猶太主義。猶太教不能概括，因為有一部分猶太人並不信猶太教。信猶太教的人有一部分人分為不同的教派。也有一些世俗人，他們雖然不信猶太教，但不能說他們不是猶太人。在日本有一個著名學者是研究猶太文化的，他為猶太人下的定義是，猶太人也被稱為猶太教徒，但是猶太人中間也有一些基督教徒，故猶太教徒未必就是全部猶太人。總之，猶太人就是認為自己是猶太人的人。這個也有一定的文化內涵在裡面，就說明這個文化太複雜了，所以在學術界關於什麼叫猶太人，這是很難去定義的。不論從宗教還是語言上去界定它，都是很難的。因為猶太人講希伯來語，但是希伯來語已經成為死去的語言，到了十九和二十世紀才人為地將其復活。還有大部分猶太人講英、法、德等國的語言，他們沒有統一的語言，想用語言來界定猶太人是不可能的。從體質人類學來界定也不行，經過兩千多年的流散，他們的人種已經非常複雜了。猶太人幾千年生活在不同的地區，他們的外表已經變化得非常大了。他們有一個精神紐帶，還有一個猶太性，就是他們的共同的感覺。這兩個東西要從文化上去破解它。

　　文化衝突最典型的是西方的排猶主義，本意是要滅絕猶太人。但起到的作用是對猶太民族的強化，使得猶太人認為成功是猶太人的義務。西方的排猶是一種觀念上的排猶，主要原因同他們的基督教背景有關係。猶太教分成很多的支派，創立的教派叫基督教。基督教是一個普世宗教，猶太教是民族宗教。但後來他們越來越分化，就成為勢

不兩立的宗教。所以西方學者提出在學術上界定兩者的關係，基督教被認為是猶太教的私生子，它的《聖經》、核心的觀念都是來自猶太教。但是它又脫離了猶太教，產生了宗教的衝突、文化的衝突。耶穌被猶大出賣，所以基督教文化形成定論，猶太人出賣耶穌才使得耶穌不能拯救人類。沒有追究到底是誰直接殺死耶穌的，殺死耶穌的是羅馬人。耶穌被殺的罪狀因為他是猶太人的領袖，所以這裡面有很多誤讀的東西。但是這種文化形成了一個定論，宗教的衝突變成了一種文化的衝突。猶太人生活在西方世界，就成為一個永恆的異己者，成為被排斥的對象。但是越打壓，猶太人的猶太性越強。比如說我們很多留學生出國之後才意識到自己的身分，在歐洲一些保守的國家，黃種人去了，身分感就更強。生活在那樣一種異質文化中，身分感就更加強烈。這就是為什麼出了國才知道該愛國。所以說文化衝突對猶太人的猶太性的保持有很重要的作用。

第四個重要的因素就是文化的採接，對異質文化的吸納。它可以吸收一切優秀的文化，只要有用，就把它吸收過來。美國有一個著名的創造學家專門研究創造秘密的艾瑞琪。他說過一句話，他說接受不同的，甚至是對立的文化刺激，尤其適用於猶太人。對於無論來自多數人還是少數人的不同意見，都予以容納，這一直是猶太人當中所流行的態度。猶太人特別善於接受異質文化等的不同文化。有一個著名的作家卡夫卡說過：「猶太人像種子那樣分散到了各地，就像種子吸收周圍的養料，儲存起來，促進自己的生長那樣，猶太民族命中註定的任務是吸收人類的各種各樣的力量，加以進化，加以提高。」這是一個很重要的原因。我們想一想到底什麼是猶太人呢，他們就好像一個流浪者，背著行囊到處行走，每當他們遇見好的東西都會撿起來，

再把不好的東西扔掉。但是他們再怎麼扔，上帝的那本《聖經》他們不會扔。這樣的話，他們到處流動，到處吸收，他們把他們的精神保留下來了，又把異質文化的優質的要素保留下來了。他們的本事是能把一些有矛盾的東西中和在一起，水火不相容的東西他們能夠把它們整合到一起。猶太人的最大的特點就在於他們能把最矛盾的東西整合到一起，不能給猶太人下一個簡單的單向性的判斷。你說猶太人吝嗇，在美國的捐贈中猶太人是最多的。你說猶太人狡猾，我也可以指出歷史上猶太人非常忠誠的例子，在阿拉伯人當中口碑非常好。你說猶太人是信仰上帝的，我還可以舉出從古至今有多少猶太人背叛了上帝。

我在二十世紀九〇年代出版過一種書叫《猶太精神》，我選擇古代的猶太錢幣作為封面，有一個金屬礦石，在上面刻了一個七燭燈檯，這是猶太人的一個精神象徵。他又把這個精神象徵刻在錢幣上，也就是說他把最神聖和最世俗的東西整合在一起。我覺得這個很能代表猶太人的精神。我前兩年出版過一種《猶太文化要義》的書，選擇了一個標誌，也是這樣一個整合性的東西。這種對異質文化的吸納，有三大特點。第一個就是吸納異質文化的優質要素。第二個是融合矛盾性的對立要素，所以猶太人在哲學上被稱為兩重性的征服者。第三個是它的根子在於它有一種大同主義和世界主義的思想。猶太教是最早的一神教，它認為我們所有人都是上帝創造的，來源於一個根源。這個在人類學上被稱為單種論。在《聖經》裡面有大量的大同主義思想、世界主義思想，所以猶太人被稱為是天生的世界主義者，被稱為國際主義民族，被稱為沒有國籍的猶太人。他們對異質文化的優質要素進行採摘。也有學者認為共產主義學說的產生和猶太一神教是有關

係的。

　　接下來，就是崇智主義，即對智慧和知識的崇尚。重教，猶太人認為智慧和知識是上帝神性的外現。所以他們說耶和華是以智慧立地，以聰明頂天的。他們知道知識的重要。所以西方人有個說法，一般人是把錢裝在口袋裡，猶太人是把錢裝在腦袋裡，他們有個腦袋就有錢了。他們把崇智放在僅次於敬神的地位，第一重要的事是敬仰上帝，第二重要的是敬神了。所以他們說，富有智慧的言辭會使你走在世界的前列。所以他們的崇智又有很強的功利主義精神在裡面，在猶太人中形成一個傳統。猶太人在中世紀就消滅了文盲，他們生下來就要讀《聖經》。《聖經》不是一本宗教書，而是一本百科全書。無論是自然科學、建築學、醫學、管理學、政治學、教育學、審美學等最早的思想萌芽、方法和一些具有原創性的東西，都在《聖經》裡面，是非常值得一讀的，猶太人很小就受《聖經》啟蒙。現在以色列國對教育的投入保持在百分之八以上，這個比例非常大。以色列國按GDP排名在全世界為十幾位，它拿出百分之八投入教育事業就非常不得了的。它在教育相關領域的投入占世界第一位，所以他們是真正的崇智主義。咱們中國人也有崇智傳統，可惜這種崇智不是很完善，出現一些腦體倒掛。

　　第五個重要的因素就是向權威挑戰，反傳統的傳統。他們有一種勇於向權威挑戰的精神，比如說他們對上帝的悖逆，猶太人自從出胎以來就是悖逆人。《聖經》是猶太人寫的，上帝造的亞當、夏娃，他們出生後幹的第一件事就是悖逆上帝。後來上帝對他們進行了很多懲罰，讓男人辛苦勞作，讓女人辛苦生小孩。在《聖經》裡面，猶太人也對上帝持有一種懷疑的態度，有很多地方試探上帝。一方面，非常

信上帝，要遵守很多規範。比如說安息日，猶太人停止任何工作。後來羅馬人發現安息日這一天去消滅猶太人是最省勁的。但後來猶太人進行了調整，如果受到攻擊的時候可以進行反抗。他們有一個同上帝論辯的傳統，一個猶太人叫拉比相當於一個基督教的牧師，寫過一本書，這樣一位神職人員寫了一本與上帝論辯的書讓我很吃驚。他把與上帝論辯中上帝瞠目結舌的樣子都寫出來了。猶太人有一種反傳統的勇氣，只有一個聲音，這就不是和諧了。在一種正面的價值取向之下，要有一種論辯的精神。這種反叛傳統、反叛權威的精神是非常重要的。沒有向權威挑戰的勇氣，社會就無法進步。

第六個重要因素就是他們的語言天賦。猶太人被認為是天生的語言專家，他們的語言意識在《聖經》裡的巴別塔的故事就開始了。上帝變亂人的語言，打壓人想建立巴別塔的想法，通天塔的工程就斷裂了。猶太人對語言天然的敏感，再加上他們的歷史結構。他們對於語言就有一種雙重的結構，一個猶太人的成長人生軌跡輾轉幾個國家，這種現象是一種普遍的現象。他們研究語言特別想發明一種世界語。語言這種東西不僅是一個交際的工具，更是一種認識世界的思想方式。語言的語法以及它的性、格，在各種語言中是不一樣的。為什麼有的語言是倒裝句，把狀語放在前面，語言是非常精練的一種標識、一種符號，也是一種世界觀、一種認識世界的方式。大家可以設想多掌握幾種語言，就多幾種認識世界的方式。我們認識世界的眼光形成一種思想和方式。如果我們看事物能多變換幾種方式、多採用幾種不同的價值觀，那麼我對事物的認知將會大不一樣。這就是我們為什麼要多學幾種語言，就是要有多幾種認識世界的思想，有多幾種思考世界的方式。這也是一個很重要的原因。

簡單小結一下，任何一種文化都有其特點。猶太文化源遠流長，

是一個很特殊的文化樣本。中國文化同樣源遠流長，但是它的結構和發生方式與猶太文化有很大的不同。通過研究猶太人的創造力、創造現象，我們可以在有些方面得到一些啟發。我們不是評價哪一種文化的優劣，猶太文化長期以來也有很多的問題，它的文化長期發展該何去何從、與其他宗教之間關係的問題非常尖銳，那不是我們今天討論的問題。我們討論的話題是在創新創造力的前提下，哪些東西可以讓我們得到啟發。一個是充分的文化接觸，這個和我們的改革開放是非常重要的。中國長期有一種閉關鎖國的意識，這是不行的。要有充分的文化接觸，不能全盤被動、被同化。韓國人對於中國文化的繼承就非常好。要有充分的文化接觸，有充分的文化憂患意識，成功是它必盡的義務，要捍衛民族精神，一個民族沒有民族精神就完了。

所以我們今天談發揚民族精神，華科在校長的帶領下施行創新教育是對中國高等教育的一個貢獻。要借鑑，更要弘揚自己的民族精神是非常重要的。對異質文化的採納要有胸懷，不僅要重視物質文明，還有一些精神文明也是可以採納的。另外還要崇智，還要有一種向權威挑戰的勇氣，要有創新精神。還要有思想方式的綜合，這些都是可以借鑑啟發的。只有理論上的東西是不行的，猶太人是非常勤奮的。猶太人就喜歡說，在別人睡覺的時候，我們快步向前。猶太人就喜歡落實到勤奮、肯幹上。談到經濟，他們也有獲利的藝術，一個是賺女人的錢，比如說賣毛皮、服裝、珠寶等。他們的商業行為與猶太人的歷史是有關的，他們善於成為一個仲介人、商人。任何東西都是一種文化精神的表徵，不能簡單來看，要從深刻的角度來看。

二〇〇六年在華中科技大學的演講
陳晨晨根據錄音整理

新世紀中國電影的文化想像

張頤武　北京大學中文系教授

　　什麼是新世紀中國電影的文化想像？這是一個很難回答的問題，但是可以從一個小故事來體現，大家可以從這個故事發現什麼是新世紀中國電影的文化想像的一部分。

　　二〇〇五年剛上映的一部電影，是由一個叫賈樟柯的年輕導演拍的，他是中國電影學院的旁聽生，他拍的這部電影叫《世界》。這部電影既有趣又好玩，主要講的是一個世界公園裡面的兩個員工的故事，女主角是世界公園裡表演俄羅斯風情的演員，而男主角則是世界公園裡的一名保安。世界是什麼意思呢？在這部電影裡面有一段能夠體現。它講的是這個男保安和北京溫州村裡的一個女裁縫的故事。這個村子在北京是一個極具規模化的存在，裡邊有許多做裁縫的人，是一個重要的批發服裝的集散地，而這個女裁縫和男保安之間又存在一種違反「八榮八恥」的關係，這種關係我們應該堅決批判。女裁縫和男保安在一個小屋子裡聊天，在聊天中，這個女裁縫拿出自己丈夫的照片給男保安看，並問他知不知道自己丈夫是幹什麼的。在照片裡有一個很大的埃菲爾鐵塔，她便告訴男保安說自己的丈夫在巴黎，而男保安也是一個有才並且極為瀟灑的人，他告訴女裁縫讓她到他工作的地方拍照，那裡也有埃菲爾鐵塔，拍出來的和真的一模一樣。

　　電影裡，男保安說的這句話非常有意思，什麼叫新世紀中國電影

的文化想像？就像一個埃菲爾鐵塔一樣，是不是真的無關緊要，因為從照片裡看都是一樣的。並且最有意思的是，真的沒有的他那也有。就好比「9‧11」事件以前的世貿中心的雙子星座，兩個保安從那走過，男保安給新來的保安介紹，說：「你看，真的都沒了，我們這還有。」這時候你會發現，怎麼去想新世紀中國電影的文化想像這成了一個更難的問題。可以從兩個角度來講，一個是中國近二十年以來的變化怎麼會走到今天，這是一個需要了解的問題，因為可能大家並不熟悉，現在看電影的人是越來越少了，不僅是因為現在碟片的普及，還有就是可以從網上觀看，但也有不合法的成分，比如說碟片現在變成了看電影的主要方法。我覺得現在的年輕人成為影迷的都非常偉大，他們知道的電影的知識之多、之廣，以及能力之強，是我們那一代人不可比的。因為世界的變化發展，我碰到的影迷都非常的可怕，你和他們比賽，他們說起電影，基本上都是大師級的電影，比如說最近的岩井俊二拍的片子，這些影迷們都瞭若指掌。一個年輕的小夥子和我比賽，我覺得我看的片子還是比較多的，但我發現我根本比不過他，他什麼都看過，包括世界、歐洲的電影和一些偏僻的電影等，真是讓人嘆服。但嘆服以後，你就會發現他是怎樣看電影的，很簡單，因為中國人有碟！六七元錢就可以買到，尤其是在北京電影學院附近，連外國人都覺得可怕，但我們並不知道那是不是非常精美的碟片，毫無疑問，我們是堅決反對盜版的。但是這東西一放下，在那個小小的盒子裡，裡面有相關的人的簡歷、經歷，等等，什麼都有。這麼一個盒子，每張碟才賣七元錢，那真是比到電影院看電影便宜得多。到最後，你買得多的時候，他會給你一個便宜價，每張碟片六元錢，這時你會發現，這些碟片是看不過來的。而這些買碟片的人又分

為兩種類型：一類是買碟看碟的；一類是買碟不看碟的，這類人藏有大量的世界電影的碟片，他們從來不看，像這樣的人是非常多的。

現在抗碟的文化，變成了一個看電影的非常重要的支柱。現在，我覺得出現了一種抗碟和看碟的文化，這種文化是非常有趣的，它改變了我們觀看電影的方式，當我們討論票房的時候會發現，中國電影的票房在全國都有發展市場，比如武漢、長沙等地，更如農村等，電影一公開，大家都能去看，在武漢這個地方，電影並不是主要的文化生活方式，所以很少人去看電影。這時候你會發現，中國電影的票房主要集中在三個地方，北京、上海和廣州，就是說這部電影若是在北京上映成功，第一場很多人看，那麼這部電影也就成功了。就好比賈樟柯拍的《世界》就是這個情況。在去年公映的時候，第一場是招待，之後便是邀請觀看，第二場就是正式上映，在王府井東方廣場的最豪華電影院。現在，你進去看時，發現只有六七個人，這時候你會發現，中國電影的市場變得非常獨特，基本上是靠三個大城市集票，武漢這個地方也是中國的一個大城市了，但是沒用，來武漢放電影是不可能的，甚至是致命的。所以有些地方對中國電影的挑戰是非常嚴峻的。

現在的中國電影一方面面臨著前所未有的非常大的機遇，另一方面則是巨大的挑戰。這都是值得我們重新去思考的，怎麼去思考呢？一個就是探討中國的現狀，另一個就是從歷史看今天是怎麼來的。有幾個關鍵點要注意，第一個點是第五代，什麼是第五代呢？這是一種很奇怪的分法，現在有六、七代的分法。除了政治上我們有第幾代領導核心，其他的基本上沒有這種分法。電影到目前為止，是到第六代或第七代，這種分法是怎麼回事呢？

大家可能不知道電影還有這種分法，第一代是中國電影創始的，大家知道一九〇五年譚鑫陪的《定軍山》，大家看過很多最近拍的電影，去年是很宏大的，為了紀念中國電影一百周年。然而《定軍山》這部電影並不能算第一代。第一代是從中國電影形成工業生產能力開始的，工業生產能力是二十世紀二〇年代形成的，這個比世界電影形成工業生產能力，也就是比好萊塢晚十年左右，中國的這些藝術和世界的藝術基本上是同步產生的，電影就是如此。並且中國的藝術是自己發展的，不影響其他國家的藝術發展，就好比莎士比亞和曹雪芹，大家都在比較他們，但他們實際上是互相都不知道的，中國唯一一種和世界有關係的藝術就是電影，第一代電影就出現了一批著名的人物，如鄭振秋、張時川，等等，那時的電影就是和小說的流派結合起來的。那個時候的一個叫做鴛鴦蝴蝶派的流派，又有一個說法叫「煞六鴛鴦同命鳥，一對蝴蝶可憐蟲」，就是說講才子佳人的戀愛故事。這裡也含有反封建的意義，才子佳人不能得到婚姻結合，「煞六」就是說兩個十八歲，也就是三十六、煞六，這個說法就是描繪鴛鴦蝴蝶派的。鴛鴦蝴蝶派的面很廣，以至於民國時期的通俗文學，都被籠統地叫做鴛鴦蝴蝶派，武俠也被包含在這其中，包括大家看的《臥虎藏龍》小說的作者，也是被算在鴛鴦蝴蝶派裡面的，說這些就是為了說明第一代也就是那個時候誕生的一批導演。他們拍的經典的作品，比如《孤兒救主記》這樣的作品，都是非常經典的。同時，後來出現的楊曉眾導演，他拍的《火燒紅蓮寺》也可以說是一部經典之作，就像拍電視劇一樣，第一部就已經引起轟動了。因為那個時候大家都沒看過人在空中飛，那大概是第一次在空中飛，再加上火燒紅蓮寺這種壯闊的場面，一發不可收拾。接著就拍了很多集武俠電影，所以說武俠

電影是中國電影傳統的類型，也是最受歡迎的一個類型。這就是第一代。從來都是這樣。

中國電影從第一代開始基本上就是兩種類型，從第一代來看，一種是家庭感傷類的，比如《媽媽再愛我一次》，瓊瑤電影基本上就是這種類型的，用家庭倫理做感傷電影，這從中國電影來看是有很長的傳統的。再到謝晉的電影，基本上也是以感傷的體裁為主。比如說二十世紀八〇年代的《天雲山傳奇》，它講的是一個人當了右派，他的妻子棄他而去，和一個有錢的壞的領導幹部結婚了，這個人也沒有辦法，因為他無權無勢，後來他遇見了一個戴眼鏡長得並不漂亮的女青年，整部劇感人肺腑，從倫理關係上挖掘人性，這大概是中國電影最基礎的一個想像力的空間。中國電影有一個和中國文學不太一樣的地方，從五四新文學來說，這基本上是國家民族的大計，也就是國家怎麼辦？人民怎麼辦？民族怎麼辦？它憂慮的是高端的大事情，可是中國電影它一般來說很難。電影的觀眾大家都知道，電影從它誕生的第一天起就有一個很不幸的經驗，很多知識分子在一開始都不喜歡電影，因為他們認為電影是一種庸俗的藝術，不過現在的知識分子都喜歡電影了，因為現在的電影成了一種小眾的藝術。現在的電影和電視比，它就是小眾的精英的，特別是大師拍的片子，所以現在的知識分子都喜歡看電影了。現在的知識分子雖然大都不去電影院看電影，但是他們都在家裡看碟片，這是什麼意思呢？就是說感傷是中國電影的第一個主題，中國電影的主要的觀眾就是市民階層，就是在城市裡面引車賣漿者流，城市裡面工作的人，以及城市裡的白領，這些都是知識分子，是電影最基本的生存空間。電影是一種社交方式，這從一開始就有了，去電影院幹什麼呢？最簡單的就是現代青年談戀愛用的，

男的給女的買票一起去看，然後電影裡悲傷的劇情使女的看得淚流滿面，男的就安慰她。所以說，看電影的效果對都市人來說，是非常有意義的，在電影的作用和功能這個方面它起了很大的作用。另外一個特點就是武俠。中國電影的基本形式大概就是這兩種。到了解放以後大家會發現，武俠電影傳到了臺灣、香港這樣的地方，而那種感傷的電影，基本上在中國內地也還存在。你可以發現，在革命電影中也還存在感傷這一類型，比如說《青春之歌》，這裡面也有極為感傷的畫面，雖然革命者很堅定，但是他們還是有很多兒女情長存在，就好比謝晉的電影，其中也有很多感傷的元素，這就是我們說的第一代電影。

第二代電影則是從一九三〇年以後，中國電影有了一個左翼的傳統，主要是共產黨。中國共產黨在上海的地下黨，進入了電影圈，他們就拍了一些左翼的電影，這個時期就湧現了一批大導演、大演員，那個時候經典的電影，大家都熟悉的電影就是在二十世紀三四十年代的黃金時代也就是所謂的第二代開創的。比如說《馬路天使》、《桃李結》等，《一江春水向東流》、《八千里路雲和月》等，大家會發現，這時的電影有一個倫理上的衝突，《一江春水向東流》在最後都是非常戲劇化的場面。蔡楚生、鄭鈞禮等都是第二代的代表人物。

什麼是第三代呢？第三代電影指的是解放前後，就是解放前二十世紀四〇年代到解放後出現的一批大導演，第三代代表人物有很多，如說謝晉、北影的崔巍。崔巍拍的《青春之歌》，成英拍的《南征北戰》等等。

什麼是第四代呢？就是二十世紀八〇年代以來的電影，第四代和第五代很重要，第四代就是二十世紀七〇年代後期和新時期和中國的

思想解放運動聯繫在一起的一代，這一時期的電影是大家都知道的，比如《城南舊事》、《青春記》等都是八〇年代非常經典的作品。第四代導演可以說是在新時期初期開始出現的，到了一九八四年中國電影發生了一個非常重要的轉折，出現了一個新的群體，叫第五代。

第五代有寬的也有窄的兩個概念，寬的概念指的是一批導演，他們比較年輕，三十歲上下，他們不比現代的人隨時都可以拍電影，他們不行，因為那個時候一部電影耗資多，並且都是國家出錢，在計劃經濟的環境下對電影的管理是非常嚴格的。而窄的概念則是指一九七八年以後第一批進入電影學院學習的學生，一五四個人中出現的導演，電影界裡很多後來的主要人物都集中在這些人之中，大家熟悉的有張藝謀、陳凱歌等，張藝謀是攝影系的，而陳凱歌是導演系。與此同時導演系還出了個田壯壯，現在的侯勇等都是那一代的人，這批人就是當時國家培養的電影專業人才，這是一種極其稀缺的資源，第五代就是從這些人裡面誕生的一批人。還有一批就是周圍的一些人，比如說那些沒上過學但是後來也拍了電影的人，等等，這是寬的概念，窄的概念就是特指七八分，在一百五十四個人裡面脫穎而出的那些人。這大概就是最重要的開始，新時期在一九八〇年思想解放運動之後的重要的開始就是第五代。

第五代有兩部標誌著第五代開端的電影：《一個和八個》和《黃土地》。這兩部電影都是廣西電影製片廠拍攝的，因為那個時候電影資源很稀缺，人的機會很少，為什麼呢？因為北京電影製片廠拍片的機會很少，有很多大導演，年輕人進去都是從場記開始做起。《一個和八個》是中國電影里程碑似的作品，是一個非常老的題材，是根據郭小川的一首長篇敘事詩改編的，這部電影標誌著第五代的出現。它

表現的是一個非常複雜的存在，說的是一個忠誠的革命戰士，他被誤解為叛徒，就把他和一些壞蛋關在一起，這時候敵人打來了，於是指導員就帶著這八個罪犯抗敵，最後他們成了革命的英雄。這部劇極力表現人性的深度，它的表現手法也是不一樣的，這部電影在那個時候是受到好評的，但是後來因為某種原因沒有上映。後來這些人拍的電影一致受到大家的好評，同行都說拍得好，是一個很大的獨具創新的電影。這個時候他們發現了陳凱歌，而這個時候的陳凱歌正在給一個兒童片當副導演，鬱鬱不得志。也就是在這個時候他獲得了一個機會，他拿個本子在那拍，而他拍的這部電影就叫《黃土地》，這部電影裡面有很讓人震撼的元素，第一次表現黃土高原的力量。後來掀起的「西北風」也是由這部電影開創的。

　　《黃土地》拍出來以後就創造了一個很大的奇跡和影響，是什麼影響呢？它在國內沒有受到好評，票房更是完全失敗。但它有創新，表現了中華民族的感覺，中華民族深厚的歷史積澱和文化底蘊在這部片子裡面都有很好的體現。裡面有兩個場景：一個場景是大規模打腰鼓的場面，那場面可以說是中國電影裡面少有的，讓人為之震撼；第二個場景就是一大批人跪在地上求雨。這時你會發現這部劇裡面有相矛盾的感情，一方面說中華民族是一個偉大的有生命力的民族，但另一方面又覺得我們的民族非常愚昧，非常有問題，這個民族被自己的歷史和傳統壓抑束縛得太深了。這兩種感情交織在電影裡形成一個強有力的爆炸性的感情，一方面極具熱情，另一方面又極具壓抑感，所以有一種很深刻的矛盾的存在。不難發現，中國人的思想裡都有反傳統的存在，這是從五四運動到「文革」經常有的一種思想，一方面我們只有反思和批判自己，我們才能有現代化；但另一方面，我們又回

到傳統裡面去吸收它的思想，因為一個民族如果沒有負面的因素，那麼你會發現，這個民族在現代基本上沒有存在的理由了。《黃土地》雖然在國內票房完全失敗，但是還是有一個意外的收穫，就是在國際的電影節上開創了中國電影新的傳統，即外向型的。因為中國電影從來都是內銷的，從來都是面對本國的觀眾。雖然少數的在東南亞有市場，但基本上都是在國內銷，你可以發現，中國電影獲得的獎基本上都是在東歐或者國內獲得的，即使在國外獲獎了，人家也看不懂我們的電影。但是你可以發現從《黃土地》開始，中國電影有了一個變化，即有了一個外向型的空間，通過參賽，受到了一些很好的評價，繼而這個電影就受到了大家高度的好評，接著就在國際上走紅了，這是二十世紀九〇年代初發生的事情，第一次大家都對這部電影產生了興趣，因為正好和大家需要認識中國是相關的。中國剛剛開放，大家對中國都不了解，於是非常迫切地想要了解它，什麼是中國？誰是中國人？中國人怎麼會封閉那麼多年？對於中國，大家都覺得中國人很怪，但是在看了《黃土地》之後他們才明白，才覺得應該同情中國，因為這是一個壓抑落後的地方。

這個時候你更會發現，這部電影受到了很多人的批評。陳凱歌在拍這部電影的時候他的思想是非常明確的，他的意思是，在國內來反思我們的文化和傳統，但是沒想到歪打正著，國內不成功國際上卻成功了。但這個事也造成了一個很大的後果，廣西電影製片廠擔了很大的責任，因為他們拍的電影不僅沒有給製片廠帶來利益，反而使之在經過幾次戰役以後一蹶不振，這要是在今天的話是不會再出現的。因為那個時候正值計劃經濟體制的轉變，大家都不清楚，一個人的決策在那個時候反而給小眾的電影創造不同的收穫和機會，如果在今天往

往不會，因為電影公司會經過精密的決策和周密的論證才會得以實施，那個時候沒有那麼多思想顧慮反而意外培養了第五代，《黃土地》這部片子在當時創造了第五代電影未來發展的方向，可以說是兩頭在外，大進大出。

這是第五代導演的基本模式，是二十世紀八〇年代提出的一個經濟方針，就是資金和原料。資金是海外來的，加工出的產品就往海外銷，中國只負責加工，所以說是兩頭在外，大進大出。進來的資金把這個東西做好了再賣出去，這個理念很快就在電影裡面變成了一種理念，因為當時西方對中國非常不了解，對中國的文化不了解，對中國人的狀況不了解，因為中國已經封閉了二十幾年將近三十年的時間，對中國的情況一無所知，因此造成了西方渴望了解中國的願望，這種渴望也就使得在這部電影之後一下子就產生了第二部《人生》，這是根據鄭毅的小說改編的，接著就是張藝謀的《紅高粱》。從這以後，中國電影外向型的模式就開始穩定了，從《黃土地》到《紅高粱》，《黃土地》沒有什麼票房和大獎，但是口碑還是不錯的。到了《紅高粱》就開始獲得大獎了，這是中國電影第一次在西方的主流電影節上獲得的最大的獎，那時候外國人都覺得中國電影很怪，根本看不懂，覺得不可思議，因為價值觀、文化都不同，但是《紅高粱》卻是完全能夠理解的，不僅是因為影像的衝擊力非常的單純，而且中國人的生活它整體表現得非常怪異但是又容易理解。關於中國的電影基本上都是武俠的，張藝謀和陳凱歌的電影在那個時候第一次讓他們看到了中國，《大紅燈籠高高掛》、《菊豆》，陳凱歌的《霸王別姬》等，這些電影無一例外都是走外向型方向。而外向型方向有一個很大的好處，轉內銷的情況就好了。比如說《紅高粱》一開始在國內是沒有什麼好

評的，但是在國外獲得獎之後，人們發現這是一部為國爭光的電影，一下子就創造了當年票房最好的記錄，這是第一次給中國電影創造了一個海外市場。

中國電影前四代都是和海外沒有關係的，第五代第一次創造了一個國際市場，這個市場基本上有兩個：一個是以電影節為中心的市場；另一個是西方的一個小眾的藝術電影的市場。在西方專門有一批藝術電影的愛好者，下設有院線，這些院線都是成本低、價格便宜，在很小的地方比如城市裡上演，這些院線通常都放一些不出名的藝術性小電影，所以中國電影有一個很好的好處，因為便宜，中國大導演的片酬在那個時候也是非常便宜的，勞動力便宜、成本便宜、場景便宜，和外國的好萊塢比不得。拍《末代皇帝》的時候，讓中國演員和美國來的演員一起拍，待遇也是不可比的，中國演員休息的時候吃的是盒飯，外國的演員則是上了自己的專屬車。而那時候著名的中國演員如謝飛他們都是不要片酬的，劇組管吃管住他們就已經很高興了，兩種情況相比真是天地的差別。那個時候的電影成本特別低，但是現在，隨著市場經濟的發展它也就變高了。也就是說這種結構的體制發生了很大的變化，這個時候的外向型電影，你會發現中國人工便宜了以後，只要這個電影有一個很小的藝術市場，它回收的錢就足夠拍這部電影的錢了。一百多萬元的人民幣換成美元也就十幾萬，一比八的比例，在美國或者是在歐洲的市場要賺十幾萬美元還是很容易的，這對那個時候的中國是非常有吸引力的，這便是中國電影為什麼拍一個小的電影就能生存的原因。

第五代導演就拍了一批這樣的片子，成就了兩個大導演，在世界上可以說是象徵中國電影的存在，在今天也不例外。這個品牌變成了

中國電影的品牌，也就是說張藝謀和陳凱歌在國際上象徵著中國人的電影，比如說在紐約可以看見各種各樣的電影，但是到了美國中西部地區，那個地方的人大多不知道國際上發生的事。從亞洲來看，基本上關於中國電影都是武俠類的，比如李連傑演的電影、李小龍演的電影，再有一小塊是張藝謀的電影以及陳凱歌的《霸王別姬》，偶然《黃土地》還有一些香港的特殊愛好者。這也就是說張藝謀、陳凱歌在二十世紀八九〇年代拍的電影使得中國電影變成了一個世界品牌的象徵，楊德昌、侯孝賢等都是臺灣電影的品牌。

這樣說來，中國電影的第五代就有兩個重要的意義：第一個意義就是說他們一開始是歪打正著，後來就專業地開創了中國電影的海外市場，這在以前是從來沒有過的；第二個意義就是說他們創造了一個中國電影的品牌。但是遺憾的是，這個時候中國電影的內部市場一直是處在嚴重的下滑階段，電影院都無法生存，中國內部電影的票房也是呈下滑路線，電影經濟一塌糊塗，以致最後做了一個調查，調查電影院誰是主流電影的觀眾，結果發現只有兩類人是看電影的：一類是在外面幹活的民工，他們因為嫌熱就買張五毛錢的票到電影院裡去享受空調，借機在裡面休息；另外一類就是談戀愛的小情侶們。這讓很多的導演痛心疾首，覺得我們的文化電影竟然衰落到這步田地，於是他們又做了很多嘗試推出了很多商業片，但是電影觀眾基本上沒有改變，依舊是很少的趨勢。後來發生了一個重要的改變，中國電影變成了一種外向型的產品，外向型產品再回到國內，這才使得這樣的電影得到了一定的票房。比如《霸王別姬》的票房就是如此。包括張藝謀的幾部電影票房也是可觀的，但是其他的電影幾乎就沒人看。一些主旋律的電影由於有市場的支撐，他們的票房也還是不錯的，關於教

育、工會之類的影片也還是受到支持的。

更讓人意外的是，中國電影政策在這個時候有了一個很大的改變，因為中國的電影市場看起來雖然小，有的電影院已經被改成商業場，但是美國好萊塢卻看重中國電影市場。因為中國人很多，只要在這十三億人裡面有人看，票房還是不錯的，外國人就看中這一點，所以好萊塢電影急切地想要打開中國的電影市場。但是那個時候中國內部的市場並不活躍，於是在一九九四年的時候中美雙方進行了談判，從一九九四年十一月開始，有了一個創舉，出現了一個大片。那時候的中國人還沒有這個概念，因為只有好萊塢才有錢拍這種大片級的電影，雖然法國電影也可以，但是法國電影並不好看，沉悶、時間長。好萊塢就想讓中國打開這個市場，於是便採取了一個大的決策，國家以票房分成的形式，就是利潤共用，讓好萊塢拿走一部分利潤，剩下的就歸於中國。於是就有了每年引進十部在世界電影中有代表性的電影的做法，引進的主要還是好萊塢電影，這個協議在一九九四年十一月首次生效。著名的電影《目擊者》第一次上映的時候看的人就多，於是在那個時候就引起了衝突，在這以後就有了大家熟悉的電影，比如《泰坦尼克號》，再到今天的《納尼亞》、《魔戒》、《哈利波特》等，這都是和那十部大片有關的。從這個時候開始，中國電影市場進入了一個開放的時期，這個時候發現原來在中國有影響的香港電影，終於不及好萊塢電影，最後香港電影只有在縣級以下的市場還有一定的觀看率。

好萊塢電影進軍中國後中國的電影便發生了一種變化，就是改造升級電影院。城市電影院開始出現了多廳放映，環境變好了，所以在票價上也得到了提高。一方面是外向型的電影，另一方面是中國出現

了好萊塢電影。那是中國電影最困難的一個時期，沒有任何出路，內憂外患，是經歷了最具挑戰的一個時期，中國電影也在內部受到了很多批評，因為外向型電影有以下兩個特點。一個特點是表現中國在時間上的落後性，從《霸王別姬》就可以看出來，表現了京劇的壓抑性，在時間上比西方落後地區出現的還晚，所以在時間上是滯後的。張藝謀電影《菊豆》，對情欲的壓迫、對人的自由感情的強烈壓迫，都是非常殘酷的。另一個特點就是中國人的電影在空間上的一種特殊性，比如《大紅燈籠高高掛》裡面的紅燈籠就是在空間上的特殊，《菊豆》裡的染坊等。張藝謀的電影都是從視覺上給人看中國，凸顯中國和世界不一樣的地方，中國壓抑落後的形象在那個時候是對中國形象的扭曲，這種扭曲就使得西方不能看到一個正在發展中的中國。其實在改革開放以後中國就有了非常多的變化，但張藝謀的電影好像仍然是對中國落後形象的描繪，顯得中國是一個空間上特殊、時間上落後的地方。所以這樣的電影在中國是受到了一定的批評的，他們不知道該怎麼辦，於是就有了好萊塢電影的加入，《泰坦尼克號》就是好萊塢電影進入中國的一個最成功的範例，其結果完全是令人匪夷所思的。在這樣的情況以後，中國電影又有了一個屬於自己的機會，這個時候的張藝謀、陳凱歌的電影在外部市場的獲獎率也降低了，於是他們又轉戰國內，比如說張藝謀的《幸福時光》、《我的父親母親》等，但是都沒有得到很好的評價，陳凱歌的電影也是一瀉千里，最終不難發現中國電影的市場在國內國外都面臨困境。

這時一個意外的市場出現了，什麼市場呢？就是出現了一個以電視劇起家的人物，他就是馮小剛。一九九七年他拍的一部電影，可以說是救世之作，他拍的賀歲片《甲方乙方》，創造了一個前所未有的

奇跡，就是在特殊檔期也就是所謂的賀歲期的一次爆炸性的成功，可以說是使得中國電影變得「柳暗花明又一村」。它是根據王朔的一個故事去改編的，《甲方乙方》提供了一個關於消費的神話，就是說一個人有很多夢想沒有得到滿足，就覺得很壓抑。一個廚子在原來的中國的計劃經濟下是非常壓抑的，意外的經濟全球化給他提供了一個服務消費的機會，送給他一些夢想的實現，即公司通過給錢或者通過商業的形式實現，二十世紀八〇年代的《巴頓將軍》把很多計劃經濟時期大家的夢想集合在一起，這部電影是美國好萊塢電影的一部經典作品。但是在一九七七年以後，中國電影在內部有一個批判「四人幫」的狂潮時期，所以在那時候大都放映一些內部電影，因為這些電影曾經被江青喜歡過，為了證明江青的腐朽，所以放給大家看。《巴頓將軍》就是在那個時候被很多人看過，很多人都想變成巴頓將軍那樣瀟灑而有戰鬥力，所以給大家重新創造了一個釋放壓抑的機會。那些看起來荒誕不經的喜劇裡面實際上是包含了很多有趣的內容，一下子就取得了成功。

　　《甲方乙方》同時也創造了一個巧妙點也就是賀歲。中國人最好的時間就是節慶，這是從香港電影借來的一個點，就是賀歲，一下子就在內地取得了成功。因為王朔的小說很大程度上是依賴北京口語，於是在北京取得了巨大成功，在那時是轟動無比的。在那之後，馮小剛就變成了一個導演，製作了很多片子，比如《不見不散》。這部片子轉變了電影的空間，在美國大城市洛杉磯放映，在二十世紀九〇年代初的時候，出現了一部經典的電視劇，叫做《北京人在紐約》，這部電視劇裡面，表現了對紐約的迷戀，可以用劉歡的歌「千萬裡我追尋著你，其實你對我並不在意」來形容，後來這首歌被詮釋成中國人

和美國人關係的想像。每一個地方都包含著中國人對美國的一種迷戀和嚮往，中國人和美國的關係是非常激烈，愛恨交加的。同時中國和美國還是有一定矛盾存在的。在《不見不散》裡面有很多有趣的場面，比如說教美國員警學習中文。不難發現，這部電影對美國採取了一種非常好玩的幽默的態度，第一次你可以發現採取了一種平和幽默的態度去面對世界，最後發現，兩個人愛情的背景，可以在北京，可以在紐約，也可以在洛杉磯。這是一個全球性的故事，好玩又有趣，使得馮小剛電影也成了在中國內部電影中最大的一個品牌，這個品牌一出來就出現了很多電影，一直到《大腕》，於是就想著進軍國際市場。

但是馮小剛電影一到廣州就發生了困難，沒辦法發展。因為馮小剛的電影已經深深植根在北京的文化裡面，北京的幽默往往只有北京人能夠理解，並不是說對外地人的歧視，而是它已經深深地植根在北京的文化裡了。這是王朔和梁卓創造的一種獨特的風格，他們運用「文革」時候的滑稽化的語言，同時用北京的土語方言，又加上了一些政治流行語和「文革」語湊在一起，就如同自來水一樣，語言就噴湧而出。馮小剛的電影基本上沒有武打，沒有動作，故事情節也很簡單、傳奇，基本上就是依靠語言來表現。這就成為了中國電影幾乎是唯一的一個品牌。

中國早期電影喜劇在二十世紀八〇年代到九〇年代有過一段時期的繁榮，有兩種喜劇：一種是陳佩斯早期拍的二字系列，他表現的是一個弱的個體從一個國家裡面脫離出來，在市場經濟的運作下怎麼樣找到機會的故事；另一種喜劇的導演是張剛，在中國他拍的電影是最多的，他連續拍了二十幾部電影，叫做阿滿系列，也是表現一個小人

物在社會中感到的焦慮感、挫敗感等。張剛的電影基本上是在縣級播出，現在人們提起他都覺得他的電影庸俗，票房也不樂觀。唯一的是馮小剛將電影和電視劇結合的喜劇在中國開創了一個新天地。在你發現好萊塢電影在中國市場占了絕對的優勢之後，才出現了像馮小剛的電影，可以說是在好萊塢電影的作用下被逼出的馮氏電影，這個時候你就會發現中國電影發生了一個很大的變化。

到了新世紀以後馮小剛又拍了好幾部電影，仍然保持他的風格。但是現在可以發現電影又發生了變化，進入新世紀以後可以發現這個時候出現了一批新的年輕的導演，也就是所謂的第六代，就是電影學院在二十世紀八〇年代到九〇年代畢業的這一批學生，他們開始拍電影。第六代電影一開始出現的時候表現的都是都市生活，比如《鋼鐵是這樣煉成的》、張媛的《媽媽》等，這些電影都沒有在院線上映，他們都是表現的和張藝謀完全不同的東西，他們表現搖滾、表現年輕人的反叛、表現都市生活的困擾和壓力，表現和九〇年代中國社會發展有關係的這樣的電影。但是第六代電影出現的時候就遇到了很大的困難，他們想出外參展，然而一參展他們又違規，所以受到了很大的挫折。到了新世紀以後就發生了很大的變化。

新世紀中國電影可以說有以下兩個特點。一個是大的越大。就是說現在的中國電影有一個非常重要的趨勢，從《英雄》開始可以發現的是，基本上都是大的片子有市場，其他的片子基本上沒有市場，什麼是大的片子？第一就是有錢也就是所謂的製作方，第二就是超級大導演，比如說張藝謀、陳凱歌等，第三就是大演員，第四就是國際性的運作，也就是說要打通國際國內兩個市場。這個時候的電影市場發生了一個新的變化。在過去，我們的電影要麼是只有一個國內市場，

要麼就是一個國外市場，但是現在不同了，現在有了要打通國際和國內兩個市場的願望。《英雄》這部片子就是這樣的例子，它嘗試在國際國內兩個市場運作。張藝謀經過一系列的嘗試和摸索再拍了《幸福時光》，他覺得要和好萊塢電影抗衡做出突圍，也只有做這種超級製作，超級製作這個概念便是從中國大片開始有的。大片在中國來說就是好萊塢電影，比如《泰坦尼克號》、《星球大戰》等，但是現在我們擁有了自己的大片，這有很好的條件。第一個條件就是中國內部電影在通過好萊塢電影使得市場回轉了，因為好萊塢電影帶動了大批的中產階級觀眾或者中產階級收入者再重新回到影院去看電影，這是一個非常重要的現象，主要就是在三個大城市，北京、上海和廣州，因為這三個大城市裡面有人看電影，這是最主要的情況。看電影的觀眾從民工和談戀愛的人轉變成了一種高雅的事情，變得和美國人一樣的消遣，他們看電影是一種高雅的消遣。像美國人這樣的生活方式開始在中國出現，一開始的一批小眾電影藝術愛好者直到現在還存在。

國內的人看電影的增多了，這個時候我們會發現，好萊塢電影其實是在為中國電影鋪路。它把中國的電影市場帶熱了，即使沒有好萊塢的電影大家也願意看國產的了，潛移默化之中中國的電影市場的發展也被帶動了起來，給中國電影市場的反攻提供了一個很好的機會。《英雄》這部片子就可以發現包含著以下三個元素。第一個元素就是武打。西方人看中國電影看什麼？《臥虎藏龍》之後出現的還是武打，想讓西方人接受中國電影是很難的，因為他們看不懂中國人細膩複雜的感情生活，再加上電影演的節奏慢，所以他們就只能選擇看中國的武打電影，簡單易懂，比如《太極》，所以早期的中國電影在西方放映的主要的也就是武打片，著名演員成龍、李連傑、李小龍以及

現在的吳宇森等都為外國人所知道。也就是說武俠電影是西方人所能接受的一個中國電影的品牌。第二個元素就是玄幻、奇幻。它的故事都是憑空創造的，是奇幻的，和中國歷史沒有太大的聯繫。為什麼說它好呢？因為它符合年輕觀眾的觀看類型，因為他們基本上都是玩遊戲的，而玄幻、奇幻的電影恰好符合了他們對遊戲的喜愛癡迷。再比如《無極》，雖然是饅頭惡搞，沒有得到好評，但是它想創造一個和遊戲差不多的虛擬世界來討好年輕觀眾。第三個元素就是愛情，也就是人的感情，這是不可缺少的，是電影永恆的主題，沒有女主角那就不叫電影了，當然個別的除外。這三個元素是一定要有的，因為要打破市場的邊界，所以從《英雄》開始就走這條路線，接著你會發現類似的作品就接踵而至，如《十面埋伏》，運用國際範兒的大明星章子怡等來做宣傳，這些電影基本上是依靠大明星，因而東亞的市場就得到了保障。章子怡在美國市場是有保障的，李連傑也是，李連傑拍的《霍元甲》在美國也是受到了極大的歡迎。這個時候的大片也就成了一個巨大的現象，所以馮小剛也改變了自己的風格。最近拍的《夜宴》也是走的這種風格，裡面包含奇幻、武打和愛情這三樣。

現在的中國大片的類型主要就是這三種，奇幻、架空和愛情。投資上百萬上千萬的大片基本上都是這一塊，基本上也就形成了這樣的模式，這種模式有以下兩個特點。

第一個特點是題材架空的，有架空性。架空性就是說和現實生活不是直接相關的，虛擬世界也就有這種架空性，在網路上交友聊天基本上都是不真實的，虛擬世界和現實世界有一個平行感，這種平行感創造了一個前所未有的架空性。不難發現現在的世界越來越架空了，現在拍的電影小說都具有這種架空性，比如說《哈利波特》、《魔

戒》、《納尼亞》、《金剛》等等，都具有一定的架空性。從《星球大戰》開始，美國電影的走向也是越來越架空，這個走向和中國電影歷史是不相關的，架空就創造了另外一個完全不同的世界。就好比遊戲裡的世界，它的世界就是架空的，所以說現在的電影都必須要有一定的架空性，這樣它才能吸引更多的年輕人去觀看。現在流行的小說《誅仙》也是非常架空的。因此現在的電影都會包含著一定的架空性，架空性現在也成了世界電影的主流。票房最高的電影一定是具有架空性的電影，現在的電影已經不是單純地只說愛情了，因為年輕人也不愛看愛情了，他們的喜好變了，對於光談人生的電影也不感興趣了，所以架空性變成了電影基本的屬性。中國現在的電影是中國元素和架空性的結合，再加上人類的感情，這就成了一個基本的模式。所以中國的大片，大片越大就是這個意思。這樣的電影就變成了中國電影裡的主流電影，在這些電影裡所表現的內容都是非常複雜的，但有些還是和現實生活有關的，比如說《十面埋伏》中結尾部分。它表現的是個人的愛情，但其實是和人類的組織相連的，表現得非常有戲劇性。此外《無極》所表現的架空也比張藝謀的電影更架空。

第二個特點就是小片越小。你可以發現中國電影現在出現了一種很小的製作，中國電影在新世紀以後發生了一個很大的變化，就是電影的數量開始急劇增加，大量的新的電影出現了。從前幾年的一百多部電影到新世紀以後就開始到二百部，去年已經達到了二六○部。這個數量已經開始向好萊塢追趕，但是這些電影在電影院從來都沒出現過，就仿佛不存在一樣。因為這些電影投資少，再加上城市觀眾的胃口已經被好萊塢電影吊得很高，那些講親情、愛情之類的小製作，根本沒有人看。同時你會發現觀眾味口被好萊塢電影吊高了以後，電影

的準入門檻也隨之加高，除了張藝謀、陳凱歌等大導演的大片外，其他的小導演的小片根本就進不了院線。小片拍攝出來基本上就是死亡，但是還是有人拍攝。因為中國現在富裕了，有很多人年輕的時候擁有一個電影夢，他們發現現在投資電影很容易，並且拍電影的制度也放開了，只要有一個故事大綱，成立一個公司，這樣都可以拍電影，同時拍攝的成本也低，他們拍攝好以後拿到海外放映，恰巧被海外院線購買，不僅本錢回來了還有賺的，所以也就有大批的小片出現。中國電影爆炸性地增加其實同院線、和看電影的人無關，但是它也拉動了GDP的增長，擴大了內需，對經濟做了貢獻。最近的一系列的電影，比如《茉莉花開》、《花妖新娘》等，這種小片非常繁盛，並且都有很大的創造力，這些電影都是由年輕導演主導的，他們二十幾歲就獲得了機會，這在以前是很難得的，為什麼他們能獲得機會呢？因為用年輕人便宜。因為他們中有很多人都受到了影像文化的薰陶，他們拍的可能比那些有名的導演拍的都好，所以現在的小片有很多是值得一看的。比如說王寶強飾演的《盲井》，是一個恐怖故事，但是這其中也包含了對中國現實的理解。

　　現在的小片，它用一種個人的創造力、個人的感覺去想像，所以現在的小片主要有兩種類型：一種是懷舊的小片，就是懷念自己的青春時代、懷念計劃經濟向市場經濟轉型的開始、懷念二十世紀七〇年代到八〇年代的歷史，從這個歷史中重新去尋找自己；另一種就是面對現實的小片，像《盲井》和賈樟柯的電影這樣的，直接引入中國當下的社會，對當下的現實進行反映。這些反映對於習慣看好萊塢電影的觀眾來說是沒有意義的，但是對於小眾的觀眾來說卻是非常有意義的，所以它都是以碟片或者網上下載的方式流傳下去。比如說《我們

倆》講的就是一個老太太和一個小女孩相濡以沫的感情，像這樣的小的電影恰恰也表現了中國人民在極具變化的世界中對人的反映和看法。

這些小片都在小眾裡流傳，這時候中國電影的流傳發生了根本的改變，原來都是在電影院看電影，現在又有了看碟的一代，他們的視覺影像都是通過看碟形成的，他們看的就是外國大師們的藝術作品，比如看日本大師的作品，看的都是一個小眾的電影，這些小眾電影培養了趣味，用這些趣味去看電影。現在有很多看碟的影迷，看碟的影迷和電影院的影迷基本上是兩類人，前者比電影院的影迷更前衛一些，他們都是一些前衛青年。電影院的影迷更保守，更趨向於公司白領這個族群，基本上看電影變成了年輕觀眾的世界。同時看電影在年紀大的人的族群裡面在縮小，他們基本上都是看電視劇，年輕人基本上都是電影的觀眾。所以這種情況出現以後，中國電影的格局發生了很大的變化，怎麼去面對新世紀的這些變化和挑戰，這對中國電影來說是非常重要的問題。

現在隨著中國電影大片的崛起，好萊塢電影除了一些大片外，其他片子的票房都不如中國大片，這就有了中國電影史的兩個啟示。第一個啟示是不要害怕開放。只有開放了市場才能給自己機會，才能鍛煉自己。中國電影出現的大片也只有在開放的環境下才能出現。第二個啟示就是電影觀眾的形態發生了根本性的改變。這些改變決定了中國電影的未來，中國電影的未來得從年輕觀眾那裡找答案，可能有些年輕人並不是電影的觀眾，但是不管怎麼說電影是一百年前的藝術，還是有一定的意義的。電影和電視劇是完全不一樣的，它是一種視覺文化的中心，所以年輕人還是需要多看電影的，因為看電影、享受電

影是一個人視覺文化生活的薰陶和提升。此外，大家更應該多看中國電影，因為中國電影是對世界和對人的看法的一個集中的表現，年輕人應該讓自己有更多的機會去欣賞電影這個偉大的藝術，電影的歷史是不會消逝的。有一部電影叫《我的美麗鄉愁》，這是余中導演主導的，講的是一個女孩到廣東去，經歷種種痛苦，最後終於找到了自己的生活。這部電影拍得很感人，其中有一個胖胖的不好看的女孩子，她愛的男孩不喜歡她，她也備受冷落，她因偷打別人的手機而被解僱，她在最後走的時候大聲喊出了自己的夢想，但是在影片中她最後還是死了，整個氛圍都是非常淒涼悲傷的。

最後希望大家要多看點電影，多了解有關電影的文化，尤其是我們中國的電影，其文化的博大精深，是需要我們細細去發現和探索的。

二〇〇六年在華中科技大學的演講
馬瑩根據錄音整理

現代藝術與現代化

朱青生　北京大學藝術學院教授

　　今天我要給大家講的是「現代藝術與現代化」，何為現代藝術，這是我所要講的內容。在歷史的發展過程當中，藝術的發展空間在一八八○年的西方發生了巨大的變化，造成了一種藝術發展成另外一種藝術，這種變化發展的過程如何完成，其原因是現代藝術和現代化的一個必然結果，但同時又是現代化的動力。我們的國家正在走向現代化，每個人不得不接受現代化的這個階段，我們須要重視這個問題。

　　現代藝術和現代科學構成了人們精神的兩大支柱，現代化並不僅僅是物質和社會的現代化，而應該是物質條件不止一味的富裕，每一個個體不用失去尊嚴就可以獲得生存，就是今天我們所說的「消費社會」。在過去的社會中，我們看到儘管他們中間有很多人也可以吃得飽、穿得暖，甚至耀武揚威，但是他們的存在是必須服從一個集體才能夠獲得生存的，這樣的社會在物質上並不是一個現代化的社會。現代化的社會人們應該是不用仰仗別人的鼻息就能夠獲得生存的條件，具有自由選擇自己的居所和是否工作的權利而且能夠生存下去，這樣的社會到來之時，我們才可以說物質的現代化獲得了基本的保證。現在世界上任何一個發達國家是福利社會，我們都可以說它達到了一個物質現代化，所有人無論是失去了任何生理條件和生活保障之後，都能獲得最後的生存保障，比如德國給予不工作的人四百歐元的生活保

障費用，以保證他們除喝酒之外的租房和日常所需，而街上所謂的流浪漢實際上是為了買酒而選擇不租房生活的，有時候他們還會養一些可愛的狗來豐富自己的生活，他們眼神中透露出對社會冷靜思考的鋒芒，與我們想像中的流浪漢形象有很大的不同。但是，僅僅如此是不足為現代化的，正如英國歷史學家所說：「人類文化的發展就是從身分向契約的發展。」這句話所說的意義是，現代化還有第二種含義即政治含義，現代化的國家必須是一個民主國家，每個人不依賴於他的出身和從屬背景而能夠自主地選擇自己的信仰和政治條件，選擇自己的統治者和管理者，決定國家的命運和國家的領導人，只有這樣的政治條件實現之後才能稱之為現代化的國家，否則他就是被按照規定的方式進行生產，沒有權力選擇自己的管理者和制度，對此不負責任，反之只有當他能夠負責任的時候，這樣的選擇才是正當的。比如，選舉某人當選卻無法將其卸任，這就是權力的不完整。同時，少數人不服從多數人的選擇結果而背叛脫離開來，這是一種不負責任，也就是說百分之四十九的人必須服從百分之五十一的人所選舉出來的結果，才是一種負責任，這是一個複雜的互動的過程。所以，現代化的過程是一個人的發展過程，人的現代化才是現代化最重要的問題，這就是今天我要講的題目《現代藝術和現代化》。

過去，我們一直認為現代藝術一定是有關現代科技的藝術，如一八三〇年發明的攝影替代了過去的一些藝術，而後發明的電影、廣播、公共傳播系統更是替代了過去藝術所做的四件大事情。這四件大事如下。

第一是記錄形象。不是傳統的文字記錄而是形象記錄，過去的記錄用繪畫來完成，就是形象的記錄。無論是一場戰爭還是一次災難，

一場巨大神聖的活動還是日常生活的記錄和懷念，都是通過繪畫藝術來實現。但是自從有了攝影之後，繪畫的記錄功能被廢除。

第二是講故事。比如俄國現實主義畫家列賓所畫的《伏爾加縴夫》，描繪了伏爾加河上的一艘船被縴夫們拉著緩緩前進，船上記載有的是奴隸主對財富的佔有和帝國的擴張，可是勞工身上看到卻是苦難，蕩漾著憂鬱的擱淺。在這些勞工中，有年紀大的船夫已經經過了一生的苦難，早就習慣了沉重的繩索，也有性格比較剛強的船夫正想度過這個最艱難的時光，尋找自我的發展，還有年輕人還不習慣縴繩對他的壓迫，不停地拿手撐住這個繩子，回頭看著周圍的人，思索著：我為什麼如此？這是一個故事，看著這幅畫感覺在看一個人生的經歷，一個優美的故事，甚至一種沉重的戲劇。但是這樣的故事自從有了電影以後，沒有一種藝術可以承擔這樣的事情，即使是一個簡單的細節也無法像電影一樣從容、豐富、深刻、燦爛地表達清楚，因此我們發現這個時代已經過去了，藝術不再敘述和陳述一個事件。

第三是傳播資訊。即使繪畫作品再難看，不是講故事，利用圖畫也可以傳達信息。而現在資訊傳播的手段，不僅僅是電視等的傳播，而且關鍵是在於成體系的系統，我們接受的大多數資訊，都有一個按照一定頻率和方式播放出來的約定，具有公共媒體性，而不再像過去的澳大利亞人那樣通過在山上畫畫來傳播資訊。

第四是審美功能。一九二〇年設計工業的出現改變了過去藝術的審美作業，把審美當成一種設計的行業，大到設計一個城市、家庭裝修，小到設計眉毛的長度和寬度，通過調查人們的喜好和需求而依照其想法去設計，然後返還給他們，使得設計從藝術中慢慢脫離，不再是創作而是迎合。審美已經切入到工業活動和行業中，不再是傳統意

義上所響往的美感，藝術失去原來的四種功能，但是它又產生出新的目的，即第一表達人們不可言說的內心，第二揭露肉眼不可見的事物內在和本質，第三尋求人類精神最後的覺悟，把藝術看作是自我超越的一種手段。藝術有新目的的原因和達到的方法，是我所要跟大家講的一個部分。

這件事情早已在一八八〇年開始，其中有一個過渡就是印象派。印象派的出現是一個既偶然又光輝的事件，在法國甚至世界藝術史上都是一個光輝的事件。期間他們所解決的難題是，原本以為世界是由各種物所組成的，物則是客觀存在、不以人的意志為轉移的，或者功能與形式的綜合體，根據這種觀念和態度，可以用素描的黑白線條和光影等描繪事物，但很多人對此有所懷疑，如康德曾提出「何為物的本質」，印象派改變之前的觀點。科學的進步使他們感受到人們所感受到的物體是由於光以及光波的反射而呈現不同的色彩和形體，我們眼睛看到的「真實存在」是光學的結果，物對於人來說就是一個複雜的組合。印象派就是根據光照上的樣子去描繪，而不按照物的存在樣子去畫，雖然得到壞名聲，但是他們堅持繪畫是光和影的交織，其樣子本身並不重要。在北京的第一個展覽外國藝術的博物館，即中華世紀壇世界藝術館，有一個題為「從印象派到現代派」的展覽。印象派所畫的是一個眼睛看到的事物，也許就是從小窗戶所看到的一個角，裡面既沒有圖片也不傳達資訊和所謂美麗的東西，實際上只是走了一半，畢竟它不是現代派，現代藝術是不按照物質世界所畫，印象派是變化的階段。印象派哪怕是看眼睛看到的光，而光是事實存在的，所畫的還是事實存在的東西，外在的東西並不難畫，過去的人畫得實在，現在的人畫得虛無，而人們還是可以感受到那個事物在人們眼中

的樣子。但是，在現代化的過程中，科學和技術的發展使得世界擁有了精確的、可算計的力量，越來越多的人變成一個單向性的人。然而這個異化的過程令很多人茫然不知，不斷追求物質上的事物，一旦有聰明人覺察或過於幸福，就會反思自己的行為從而感到落寞。

　　現在我給大家看一張圖片，這張圖片便是印象派的得名之作：莫內的《印象·日出》，對於碼頭的處理不是像原先清楚或者虛幻的描繪，而是從人的眼睛出發只有粗略的一筆，這就是印象派的畫法。現在被人所接受的畫法在當時是不被接受的，人體結構消失了只剩下由於陽光照射所形成的陰影和光斑。古典主義所畫的是人對世界的理解，印象派所畫的是人對世界直觀的感覺。之後出現的現代藝術要將人所異化的部分找回，恢復人性唯一的道路。雖然也有少數人通過宗教來恢復自己的人性，但是卻要把自己的思想和自由交給另外一種教條和規定，他們只有信仰才能完成自己的超越。而對人性的本質來說，每個人的自由都是獨一無二的，除了恰巧遇到適合的教條，總體上人是不能接受別人所給的規定的，所以，現代的大多數人是不能接受宗教的，必須依靠自我的覺醒、對自由的體認和對社會的責任完成對自我的超越，這是現代社會每個人顯得孤獨的原因。

　　結合中國接受現代藝術的過程，我們來看現代藝術的完成。在一九四九年之前參與過現代藝術的活動，但戰爭等因素使其無法進一步發展，在新中國建國之後由於帝國主義的封鎖，中國和世界文明的關係被隔斷，一直到改革開放時期。在中國被封鎖之前，最早的第一次藝術革命是指後印象派畫，接著有野獸派表現主義的畫法，之後有被稱為立體派的畫作，如畢卡索所做的畫。相比之前早期受到冷遇的梵古和塞尚所做的作品，畢卡索的畫更難被人所理解，被馬汀斯誤打

誤撞命名為「立體派」，這是藝術發生的第二次革命。中國和世界的距離不是在一九四九年之後產生的，而在一九二〇年的時候就已經產生了。這時候世界出現的達達主義完成了現代藝術的第三次革命，這次革命的完成將不是藝術的東西當成藝術。第二次世界大戰結束，中國遭到了帝國主義的封閉，世界藝術發生了第四次革命。直到當中國重新打開國門的時候，西方藝術第四次革命結果成為扁平性的切入，古典、印象、現代同時進入。第四次革命形成了行為藝術，正如一幅圖片所展示的，一個男人在給一隻死了的兔子講故事。行為藝術本身是沒有藝術作品的，就是一個人在做一個表演。再看這個圖片，看上去很像到處都有的廉價的廣告，實際上卻是一個富有意義的頭像。藝術家將人與流行的關係變成獨特的審視，創造出新的藝術流派——波普藝術，其有深刻的政治含義和藝術主張，這也是第四次革命的結果。而傑夫·孔斯的這座比講臺還大一倍的雕塑《天堂之造》很像是在亂搞，其原因是出身為優秀銀行家和股票經營者的傑夫·孔斯發現，資本家和小資產階級是比較卑鄙的和道貌岸然的，為了維護自己的制度不惜對少數的人、有才的人和人類的弱點進行不間斷的打擊。跟馬克思的想法一致，他認為資本主義社會是最惡毒的社會，他把世界中醜陋的東西揭露和展示出來以達到將其清除的目的。

我們再來看梵古的畫，他與傳統畫作的不同之處在於寫意描繪，跟中國傳統繪畫有相似之處，因而我們所看到的畫作中房子是歪的、梯子是動的、天空是被人描繪的……充滿著力量和內在的意象，其造成的重大變化就是將自我的感情和感覺放入繪畫當中，跟此前西方畫作有很大的不同，被稱為表現主義。現代藝術之父塞尚所畫的這幅靜物，畫中的桌布和花與蘋果不再是一個空間、透過「洞」所看到的真

實世界，而是一個「盒子」裡所裝的「木箱子」。由他任意擺動，其擺動過程就是實現他對世界的一種理解的過程，這是科學所要肯定人的價值的一八八〇年關鍵時刻。

　　過去人們認為自己和世界是上帝所造之物，人只有模仿上帝的造物而產生繪畫，而現在的藝術家卻自己在造物，這就是其價值所在。藝術家用彩色、塊面創造形體的運動和衝突，編造看到的世界和人對世界的觀察的關係的協調，正如我們雖然由於透視原因而造成近大遠小的畫面之感，但卻不會認為其實際有那麼小一樣，塞尚的畫也是一樣的。跟達文西他們所強調的機械和透視卻忽視人有所區別，現在要重新恢復人對世界的觀察和解釋，晃動的世界和靜止的畫面使得畫畫的過程成為艱難地調節這兩個關係的過程，在這個過程中畫作的畫面開始變得越來越富有魅力和強悍的衝擊力。繪畫進行了抽象，將其本質的東西顯現出來了，這就是第一次藝術革命。

　　第二次藝術革命也開始了，一九〇八年喬治・布拉克的所畫被馬汀斯批評為野獸的畫作，還有畢卡索《彈吉他的人》，還有達達主義，即將非藝術當成藝術，如將馬桶當作藝術品的作品《泉》等。

　　第二次世界大戰之後，進入第三次藝術革命，人們改變了過去畫畫要畫風景或者圖案的方式，而是可能到荒野用石頭搭建一個風景的形式，如二十世紀七〇年代的作品《大地》。藝術不再是一個東西，而是應該雕塑一個社會。保護環境最早的觀念來自於二十世紀六〇年代藝術家鮑易斯所提，用掃落葉的行為告訴大家，環境的保護是人類發展最重要的基礎。藝術品不再是一個好玩的東西，而是對於社會的觀察批評和建造，是與通常所說的政治、經濟、社會活動所不同的一種注重人的精神和覺悟的行為。

藝術進入第四個階段。畫《瑪麗蓮夢露》的藝術家安迪‧沃荷在二十世紀六〇年代用人們覺得很簡單的可樂瓶揭露美國真正的霸權主義文化，即以可樂和麥當勞為基礎的流行性文化符號，比精雕細琢的東西更有力量影響政治和經濟，藝術家敏銳地觀察到，並警告全世界其危險性，而我們知識分子在二十世紀九〇年代的時候才意識到美國這樣一種對世界的干涉。

　　回過頭來看這四步。第一步藝術家開始對古典藝術和人的關係進行了反省，把藝術變成自我表達和顯現人的判斷和建造價值的一個階段，代表作家為梵古、塞尚、高更。第二步藝術不再是借助所看到的表像而表達的個體，而是建造一個世上所無的新東西，比如畢卡索的作品，將原來屬於物體的東西進行解構，將形體與形體進行重新拼塊，變成了一個物，而不是一個被描繪的物，形成人對世界的重新設計的一種抽象藝術。第三步是達達主義，這一部分藝術家都在沒有戰爭的蘇黎世居住，並用「達達」這樣一個詞表達他們的藝術作品，因為他們意識到帝國主義的發展使得戰爭的爆發不再由於理由而是由於利益。第一次世界大戰是基督教內部的、同胞之間、鄰居間的殺戮，甚至毫不留情地用機器對於婦女和孩子進行消滅，在西方歷史上第一次打破了人的所有理想和所有精神寄託，基督教也無所作為。因此藝術家率先用一種方法標誌人類精神的這次苦悶，人類的價值觀念和理想徹底破滅，藝術家把不是藝術的東西拿到藝術中來，展現了人類在理想價值和觀念中的一次喪失。

　　在第三次革命的時候藝術不再是形式的問題，而是觀念的問題，藝術家冒著對社會負責任的風險，成為人類價值喪失顯現的替罪羊，開始了一種孤獨的探索和看似無聊的一種歷程，他們所做這個工作沒

人會喜歡和尊重，但造成藝術從「做什麼」到「是什麼」的變化。第四步鮑易斯（音譯）、杜尚認為回答「藝術是什麼」的問題只是解決藝術的本身問題，他們進一步推進藝術的革命，把藝術的功能、藝術與人和社會的關係繼續推進。有積極推進的人像鮑易斯那樣，他在德國組成一個學生黨，用一百天的時間直接接受觀眾的提問來尋找直接民主的機會，他用種植七千棵樹的行動呼籲保護環境。他的行為怪誕而理想化，如將落葉重新掃回森林的這個行為。

藝術家開始做藝術的新的三個功能，即表達自我如梵古，揭示社會如小便池的出現。這批藝術家似乎用怪誕的行為推進事情的發展，世界的藝術已經發展到這個程度了，而且影響到中國，並在中國得到了發展，如行為藝術在北京很常見，中國的行為藝術也開始進入世界藝術史，中國藝術家蔡國強已經得到了藝術界中相當於幾個奧斯卡獎和幾百塊奧運會金牌的，每兩年評選一人的金獅獎，中國藝術在商業上也很成功，張曉剛在紐約拍賣會上已經以九十七點八萬美元拍賣成功，其原因就在於現代藝術對社會有作用、對政治有影響、對人的精神靈魂有觸動，它變得令人震驚。雖然中間有所不足的地方，但是以歷史的眼光來看，它代表了我們這個時代，我們應該是正視它，以正確的眼光來看待它，而不是輕易否定和排斥。

當然，談到中國藝術的成就、世界藝術的變化的第四步，我們接下來該問：第五步應該如何發展？如果我們不間斷地問這個問題的話，我們就有了開展我們自己文化的可能性，我們每個人都不應該放棄對這種根本問題的追問。無論鮑易斯做可口可樂還是行為藝術，他們都有一個特點，即認為每一個人都是藝術家。但繼續追問的話，就會發現一個問題是「人都哪裡去了」？他在要求每個人都成為藝術家

的時候，其實就是對人的一種侵犯和暴力。每個藝術品對人本身都是獨特的，只有自由地選用並且從藝術中得到每個人的本質，這樣的作品才是今天我們須要創作的作品，而不是跟隨一個藝術家的觀念、追求他的道路、完成他的想像。這個時代也是我們重新創造可能性的新時代，如果我們有足夠清醒的認識、理解和信心的話，今天所說的藝術的創作並沒有結束，而是一個新的開始，這是今天我要給大家所講的一個道理，謝謝大家！

二〇〇六年在華中科技大學的演講

馬瑩根據錄音整理

日神精神與酒神精神

劉大椿　中國人民大學哲學系、宗教學系教授

　　今天給大家講日神精神和酒神精神，這個意思就是說，實際上在科學和藝術之間有很多問題需要我們進一步去審視。這個科學精神是我們所提倡的，人文精神也是我們希望和提倡的，但是往往人們會把這兩者對立起來，認為如果要弘揚科學精神就應當把理性當作主要訴求，那麼非理性則是須要排斥的。反過來也一樣。下面我們所要說的在實際的科學和藝術活動中並不是這樣涇渭分明的，這兩者之間有非常複雜的關係，這正是我們需要討論的。下面我就扼要地把我所想到的問題跟大家報告一下。

　　我要講的問題有以下三個。一個就是關於科學和藝術，我著重要講的就是科學和藝術之間的聯繫，至於它們之間的區別我就不多講了。講到科學和藝術的作用以及它們之間的聯繫的時候，我想說明日神和酒神在這裡為什麼具有象徵性，它是一個隱喻，是一個非常重要的代表。日神精神和酒神精神代表什麼意思，這是第一個問題。第二個問題我想講我們現在所強調的是創造性，不管是從事科學研究還是藝術工作，以及其他的事業，都要講創造性。我們的教育現在也非常講創造性，但是創造性中間是有很多矛盾的。我想給大家揭示創造性中間的一些矛盾，而這些矛盾正好告訴我們，要非常關注日神精神和酒神精神以及它們之間的聯繫，這是第二個問題。第三個問題我想著

重講一講邏輯和直覺的關係，特別是直覺，邏輯我就簡單地說一說。因為直覺在我們的認識中是一個待開發的領域，但是直覺很重要，不管是從事藝術工作還是科學研究來講都是一個創造性的突破口。但是我們不能簡單地認為有直覺就不要邏輯，它跟邏輯也有一種密切的複雜的關係。就講這樣三個問題。

　　下面講第一個問題關於科學和藝術。科學活動和藝術活動都是人類最重要的活動。一講到科學活動就會想到愛因斯坦、想到牛頓，講到藝術活動就會想到那些著名的藝術家像但丁、莎士比亞這些重要的人。但是科學活動和藝術活動是不是截然不同的呢？過去我們比較願意強調這兩者之間的區別，但是現代有一個取向：非常重視這兩者之間的聯繫。以前我們講科學哲學有個最基本的問題就是分界，首先要把科學和非科學的界限劃清楚，這是科學哲學裡面最基本也是最核心的問題，所有科學哲學，以及科學哲學的成長壯大，就是從分界這裡開始的。但是今天的很多學者，特別是那些非常前衛的知識分子，他們認為這兩者之間沒有非常清楚的界限。科學活動在某種意義上也是一種藝術活動，反過來藝術活動也有很多和科學活動類似的東西。特別出名的那些知識分子像法國的傅柯、德希達更加強調在現在的科學活動中要像文學藝術活動那樣去創造，而且要把我們文學藝術文本創作中的那些創造性的思維方式，借鑑到科學活動中來，我認為這是很有道理的。現在有很多科學研究都是這樣，在座的不論是學理工科的，還是學人文學科的，還是學社會學科的，都不應當把自己局限在比較狹窄的圈子裡，雖然專業要專門化，但是眼光要有超越性。如果我們對科學活動和藝術活動之間的聯繫有更加清楚的了解的話，在這一點上就會很自覺。研究數學的可能你也愛好詩歌，而詩歌創作中的

很多東西你會覺得對你的數學創造是有價值的，反過來也是一樣。

有一個科學史家叫莎莉文，他就講到科學活動的成果和藝術活動的成果具有很大的共同性，科學的研究成果也是一種藝術品，比如牛頓的萬有引力公式和但丁的《神曲》中的詩句都是藝術品。我們把這個延伸一下，比如麥克斯韋提出的電磁學的公式，當時的實驗結果並不是他提出來的這個公式形式。他寫成這個形式是因為他認為按照實驗總結的那個形式不美，因為它跟力學的規律相比較缺了一項，他說應當補上這一項，這樣就很美了。因為電磁現象和力學現象中間有很多可類比的東西，因此它的公式也應當是可以類比的。他提出這一項是一個想像，但是進一步的科學研究證明麥克斯韋對電磁公式的想像是正確的，原來按照實驗所歸納出的模型是有缺陷的。這就說明了科學成果也是藝術品。

所以愛因斯坦的這句話就很好理解了，他說這個世界可以由音樂的音符組成，也可以由數學的公式組成。他認為數學的公式跟由音符組成的音樂是有共同之處的。把科學的成果和藝術的成果的共通性加以強調，在理論上是有根據的。哲學家提出，不管是科學的成果還是藝術的成果，事實上它們作為一種偉大的成果都具有一種空框結構。所謂空框結構就是你可以把很多的東西放在裡面納入其中，科學就是這樣，藝術也是這樣。比如藝術大家可能都讀過《堂吉訶德》，賽凡提斯寫了一個非常可笑的騎士為了一個美女去和惡魔爭鬥，他看到一個風車認為是惡魔就跟它去戰鬥，看到很多東西他都去戰鬥，結果弄得非常尷尬，寫了一個非常滑稽的故事。但是人們在閱讀這本書中得到的最重要的啟示是，人在一生中所做的許多事情其實都像堂吉訶德那樣，有很好的追求，但是他所進行的這樣一個實踐的過程看起來非

常可笑，其實很多人生就是這樣。那麼我們不會因為這樣去否定人生，也不會去否定一個人的追求，這就是所謂的空框結構。科學中的許多東西也是這樣，像力和加速度的關係：F=ma。這是一個非常簡單的力學公式，這其實也是一個空框結構，它告訴我們運動學中力和加速度有一個非常確定的關係，如果我們按照這樣一個關係考慮問題，我們可以做出許多事情，包括我們現在發射人造衛星都是跟這個有關係的。所以科學和藝術的成果最終都會被人們歸結為一種和諧的美，都是一種創造活動，是一種探索活動。看到它們之間的共性這就是我們要強調的，對於這樣的活動就有兩個方面。科學活動有自己的特點，藝術活動也有自己的特點，過去我們往往把科學精神歸結為日神精神，就是阿波羅精神，把藝術活動歸結為酒神精神。酒神和日神是在希臘神話中非常美好、非常普及的兩個神，下面我們簡單地介紹一下。

為什麼把日神和科學、理性聯繫起來，把酒神和藝術、創造、直覺相聯繫？主要是因為日神和酒神都有一個共同的淵源，其實他們都是天神宙斯的兒子，但是他們的母親不一樣。日神的父親是宙斯，母親是勒托，但是宙斯的合法妻子是天后赫拉，赫拉有很強的嫉妒心，她對於宙斯和勒托的戀愛是不能接受的。所以勒托就被赫拉趕得到處流浪，最後被海神所接納，生下了一對雙胞胎就是日神和月神。這也是希臘人對自然現象和人類現象的一種特有的聯想，用自然現象和人類現象進行類比，天神實際上就是人間的影射，又把天神的活動和自然的活動聯繫在一起。阿波羅所扮演的角色就是每天從東方乘一架金碧輝煌的馬車躍過天空，晚上又從海上回來。每天周而復始，他給世界帶來光明。因為他給世界帶來光明，所以在希臘時期和後希臘時期

就把阿波羅作為理性的代表，所以我們講日神精神往往就是指理性精神。在近代人們認為科學就代表理性，所以也把科學精神跟阿波羅精神聯繫起來。它的由來就是這樣。酒神也是一個類似的神話，這個神話就更加有想像力，酒神是宙斯和人間的希姆萊公主所生，赫拉也不能接受，就想了一個計策破壞這個關係。她就跟希姆萊說其實宙斯並不是真正的愛你，只是把你當做玩具，因為他跟你相愛的時候都是用一個假面孔，沒有用真實的面孔來面對你，所以他對你說的一切、所做的一切都是假的。希姆萊一聽就跟宙斯說，你不能用虛偽的假面孔來對我，你要用你原來的身分來愛我。看過希臘神話的同學應該知道宙斯也是雷神。宙斯沒有辦法，為了表現是真的愛她就現了原形，結果是雷鳴電閃，希姆萊根本就承受不了，就被雷打死了。她死了以後，宙斯就把她懷的孩子取出來，他還沒有足月，宙斯就把自己大腿割開，把孩子放在大腿裡面，用自己的大腿撫育這個孩子。所以酒神狄俄尼索斯的意思就是宙斯瘸腿，因為他是放在宙斯的腿上撫育出來的，那段時間宙斯變成了瘸腿。後來他就成為了酒神，生下來之後就成為人間的創造之神，希臘時期有酒神節，就以狄俄尼索斯作為主角。音樂和戲劇都需要一種創造性，要有一種發散，那麼酒神就成了一種藝術或者非理性的、癲狂的、激情的狀態的表現。所以人們往往就把藝術和酒神聯繫起來，這就是所謂酒神精神的歷史淵源。

　　到了文藝復興時期以後，近代和現代人們對日神精神就有一個新的詮釋，我們崇尚理性、追求真理就用阿波羅作為代表，而科學哲學就把這樣一個精神概括為三個要點：第一個就是實用性和可操作性，第二個是精確性和可計量性，第三個是功利性。把這個概括成為科學或者說是阿波羅精神的最基本的要素。到了十九世紀之後，人們又發

現這樣的概括有一定的局限性，實際上還有價值理性、理論理性，它不僅僅是前面講的幾個方面，同時也講超越。所以今天人們講科學精神的時候，它跟科學主義是有所不同的，它也注意到在當代世界中異化的問題，也就是技術理性所帶來的人被自己所創造的東西束縛、支配，人不自覺地就變成技術座駕中的一個部件，人反而被支配。這就是關於日神精神在近現代的一種演變。

關於酒神狄俄尼索斯，人們在近代就把它詮釋為重視價值，注重創造，突破已有的價值規範，回到一種具有充沛的生命力的生存狀態，這就是酒神精神的本質。所以說狄俄尼索斯精神或者說藝術的創作，它特別強調的是意會，強調的是直覺思維，而它所體現的狀態是一種非常浪漫的情懷。關於酒神精神和日神精神與藝術活動和科學活動有這樣的聯繫，這是我們要交代的背景。今天我們要強調的是不要簡單地把科學和日神精神對應起來，也不要簡單地把藝術和酒神精神對應起來，實際上科學活動它也體現了日神精神和酒神精神，反過來藝術活動不僅是體現了酒神精神，它也體現了日神精神。這是在科學和藝術實踐中證明的。比如說達文西，他不僅在藝術創作中是首屈一指的，而且他也是一個科學家。他關於許多科學創造、製造都有非常精密的設計，比如繪畫的透視法。還有很多關於冶煉的方法達文西也做了很多開創性的工作，比如要鑄一個馬，達文西不是說畫了一個馬或者雕塑了一個馬就行了，他還有一系列可以操作的方案使得這個馬能夠用銅鑄造出來。所以達文西既是藝術大師又是科學家，他所做的許多工作都是兩者兼有的。

當然也有在自己的活動中這兩者是偏重於某一個方面的，比如說牛頓，從他個人來講他的性格是比較偏執的。他花了很多功夫去研究

自然科學的原理，這是很了不起的。但是他也花了很大力氣去研究經書。梵古大家都知道他的畫是價值最高的，但是他生前已經癲狂到把自己的耳朵割下來，最後自殺了。這就是說人的思維中也存在著有偏重方面的這樣一個特點，這在生理上也是有根據的。人的大腦有兩個半球，它們各有所司，右腦比較注重藝術和運動，左腦比較注重數學和邏輯，這兩者之間有個結合部讓兩邊結合得更加和諧，如果這個結合部出了問題，就會出現偏執的現象。這個是生理基礎。從我們研究科學哲學和方法論，以及研究藝術的創造這個角度來看，其實我們的追求或者訴求往往有兩個方面。一個方面，人們會追求程式化，程式化的程度越高，我們越能夠用一種機械或者自動的方法進行工作，包括創造性工作。另外一個方面就是所謂隨心所欲，突破已有的規範，有一種超越性，這是非常重要的。孔夫子有一個重要的格言非常形象，他說：「三十而立，四十而不惑，五十而知天命，六十而耳順，七十而從心所欲，不逾矩。」就是想做什麼就做什麼，但是不逾矩。他做出的來符合規矩或者成為新的規矩，這個就是所謂創造性。那麼藝術活動和科學活動都需要我們注意使得這兩者之間建立一個必要的張力。這是一個問題。

下面我說第二個問題，就是創造性的矛盾。在創造性中，日神精神和酒神精神都需要。原因我們從下面四個方面來說。在我們的思維中有兩個趨向，一種是發散性思維，就是非常活躍的、是開放性的。像有的人討論問題不按照常規，這就是發散性思維。另一種是收斂型思維，它是和傳統一致的，是受規範約束的。它總是要把問題納入到已有的規範上去。所有的創造性都需要發散性，但是一味發散沒有收斂的話，也不可能得出一個創造性的結果。因此就須要在這兩者之間

形成一個復古。所有重大的科學發現都具有很大的發散性，但是收斂性的思維也必不可少，到最後總是須要納入到一個具體的框架中。所以我們有所謂發現的邏輯和證明的邏輯，兩者都是必要的。也有所謂傳統和創新，我們離開了傳統不可能創新，但是受傳統的束縛也不可能創新。常規性的研究往往是在科學和藝術的傳統範圍內進行的，是高度收斂的。這會使許多理論得到新的證明，能把許多工作趨於一致，而這些工作在我們的創造性過程中也是重要的，這些工作的重要意義其實就是克服困難，就是一個解題，使得它能夠趨於一致，和理論統一起來。但是科學家和藝術家不僅要依附於傳統，更重要的是須要突破傳統，它和傳統的決裂就意味著新的規範的出現。當然與傳統決裂並不是所有的決裂都能被人們認可或者接受，但是突破肯定是一種決裂。所以傳統和創新之間有這樣一種關係。

我們今天中國的教育比較注重傳承，就是知識的積累。發達國家比如美國、英國，他們的教育比較注意開發潛力，鼓勵創造性。但是也不能因為如此就採取一種非常偏頗的態度。比如我認識的國外的教授他們就認為中國的教育也有它長處，他們認為中國的中學教育是非常好的，認為西方的小學教育和大學教育比中國的好。因為上小學的都是小孩子，還沒有成長起來，主要應該讓他們在玩的過程中得到成長，不要給他們過多的約束。而大學教育，人已經成熟了，那麼就應當開發他們的潛力，讓他們具有更多的創造性。但是英國一個教授就認為英國的中學教育很差，因為中學的孩子既懂事又不懂事，不能把他們當小孩子又不能把他們當成人。雖然他對中國中學的教育方式有所詬病，但是在這裡面給學生掌握許多知識的傳承，他認為這是有好處的。我想我們中國的學生到國外去，有些很有創造性，他們在中國

的教育中打下了基礎是不可否認的。當然我們也有很多人在那裡創造性不如別人，也可能我們整個理念對於發揮潛力讓他們突破已有的常規這方面強調不夠，這也是有關係的。所以在傳統和創新之間、在收斂性和發散之間需要很好的調整，只強調一方面或者認為某一方面就是科學或者人文的，我認為這都是有偏見性的。創造性的實現就是在突破和複製之間達到最有利平臺。這樣實現的過程就是一種由問題激發的創造過程，我們可以很清楚地看到發散和收斂在共同起作用。任何發現，我們這裡是一般化了，其實它都是從問題開始的，它都須要提出一個問題。而怎麼才能提出問題呢，那肯定是要有發散性的思維。但是提出問題之後這個發現者又須要和這個問題融於一體，他須要把這個問題變成他自己的一部分。有人說創造性就是使這個問題變成生命的一部分，他所做的一切都是跟這個問題，以及跟這個問題的解決有關。而到了一定程度，他就可能有一種主觀類比的狀態出現。他就把他自己的精神、情感和這個問題本身結合起來，這種主觀類比的狀態就可能產生突破，找到問題解決的關鍵。一旦找到解決問題的關鍵，他有須要讓這個問題用文字表達出來，讓它符號化，這就是讓它有一種收斂性，得到一個科學成果。我想我們如果說去反省自己的一些發現過程，你會感覺到它有這樣的一個過程。這個過程正好就體現了這兩者的統一。

在創作性中，從語言的角度來講，也表現為言傳和意會之間的統一。關於言傳和意會，英國一個著名的哲學家叫波蘭尼，他也是一個科學家，他有一個重要的觀點。他認為有一種知識就是言傳知識，它是可以用語言、書面語言、圖表或者數學公式來表達的。這種知識就具有公共性和客觀性。另外一種知識就是意會知識，它不是可以系統

闡述的知識，而是對正在做的某件事情它所具有的知識，它可能會做，它具有個人性和創造性。但是它不一定能夠清楚地表達出來。這個就是跟我們剛剛講的大腦的兩個半球它們的功能相關。言傳知識和創造知識正是我們在創造中必不可少的，也是必須運用的。

言傳知識表現為概念化的活動，而意會知識是一種經驗的活動。在今天，當言傳的知識也就是能夠用書面表達的知識、概念化的知識非常多非常受重視的時候，人們特別強調意會的知識也就是不可言傳的知識。所以意會的知識現在非常為人所關注，這些不可言傳的東西它是一種個體知識，離不開具體的體驗的個體，它是以人的身心為工具來達到一種意會的，所以它表現成為一種訣竅。但是它不太可能用概念化的方法來表達出來，因為一旦表達出來就不是訣竅了，它就成了言傳知識大家都能掌握。也有很多意會知識變成言傳知識之後，它就成為一種公共性的東西。這個是我們特別須要注意的。現在在哲學界包括知識界，非常重視隱喻的作用。我想主要是因為這一點。因為隱喻的話，主要就是不可系統表現的東西，它可能是一個模型或者形象的東西。它讓你領悟到了，但是悟到的是什麼，怎麼悟到的，是講不清楚的。但是這種東西依然是非常重要的，是我們現在需要強調的東西。那麼言傳知識和意會知識也就是科學哲學所講的，知道如何和知道是何。知道如何是發現，會做、發現的邏輯。知道是何，就是它究竟是什麼，能夠證明它。也就是在創造性中，這兩者都是我們需要關注的。這是第二個問題。

知道是何和知道如何這兩者之間的關係也就是我們剛才講到的，具體來說比如文學藝術活動有評論和創作，評論就是知道是何，他知道創作的規律。他可能能說很多，但是如果說讓他寫一本書可能就很

困難。那麼有一些詩人、作家，他們創作了非常好的作品，但是他們怎麼創作的他們可能說不清楚。所以知道是何和知道如何往往也是有所側重的。一般來講，知道如何先於知道是何，人們總是會做，做到或者領悟到的，然後才去知道它是什麼，才去證明它。所以我們既要重視發現也要重視變化，這兩點是我們需要重視的。這是第二個問題。

第三個問題我們講一下邏輯和直覺。在這裡著重強調的是直覺，因為意識活動我們強調得很多了，可以說我們大部分言傳的知識，以及關於科學哲學的許多的論斷，都是強調意識活動。當然這個也非常重要。但是我們同時要重視下意識的活動，然而下意識的活動往往被人們所忽視。甚至有一種觀點認為下意識的活動是非理性的，應當被批判的。這個觀點是片面的。包括對非理性的活動的評價也是需要非常謹慎的。因為非理性活動究竟是什麼，你要先把非理性活動的意義搞清楚，然後再去做一個斷言，究竟是恰當的還是不恰當的。下意識活動是在發現的過程中是起關鍵作用的東西。所有的發現當然是有意識的作用，但是同時如果沒有下意識的作用是沒有發現的。所以我們要非常重視下意識的活動，因為下意識活動主要的特點是聯想。它是一種不受控制、可能完全出乎意料的一種活動，所以下意識活動其實就是所謂直覺思維。我們平常在講到創造性的時候，總是說它和直覺思維是相聯繫的，而且因為產生了靈感才會有直覺，才會有創造性。

其實在科學發現和藝術活動中，下意識活動就是直覺活動的主要形式，它是一種骸情式。這是一種特殊的思維形式，是一種在情緒達到高潮的時候，也就是所謂出現靈感的時候的一種思維形式。所以直覺和靈感是發生在一種思維形式和情緒體驗聯繫在一起的時候。我們

做一個分析，思維形式就是直覺，情緒體驗就是靈感。這兩者往往是相伴隨的，是聯繫在一起出現的。我們說出現了靈感，就是說這個時候他有一種直覺的思維形式，而情緒的話就是在一種非常高昂的狀態下說出來的。所以直覺思維就是要認真地去研究的。當然什麼是直覺思維，這個今天在心理學以及創造學的研究中已經是非常重視了。有一種觀點我認為還是有道理的，它把直覺思維和邏輯思維都作為思維形式，而且作為兩種相聯繫的思維形式。直覺思維就是邏輯推理過程的縮減，就是去掉中間過程的這樣一種邏輯思維過程。就是從前提直接得到結論，這樣一種思維就是直覺思維。所以直覺思維往往忽略推斷的過程而抓最重要的環節直接得到結論。這就是所謂直覺思維。因此我們在研究直覺思維的時候，要注意它和邏輯思維的區別。因為它沒有這樣一個推理的中間過程，所以它是一個飛躍的過程，它省略中間步驟，所以表現為一種猜測。人類對客觀世界和他的關係有一種猜想，這個當然需要一定的準備，直覺青睞有準備的頭腦。就是這樣一個飛躍的過程給人們帶來了創造性、帶來了所謂的突破，這種突破它往往不是通過概念，而是通過聯想或模型，或者通過一種形象來實現的。

　　我們來討論邏輯思維和直覺思維聯繫和區別的時候，可以這麼說，邏輯思維是一種漸進發展的思維形式，而直覺思維是一種飛躍的思維。這兩種思維形式都應當為我們所注意，而在創造活動中，我們應當特別注意直覺思維和在直覺思維中產生的情緒體驗，就是所謂靈感。當然不是說所有的下意識活動、所有的直覺思維都會帶來創造，正如所有的猜想都不一定是真理，但是所有的創造都需要直覺這樣一個過程，反過來這是能成立。所以產生直覺思維，是我們在研究創造

性不管是科學創造還是藝術創造都是非常重視的。所以在創造的研究或者發現的邏輯中，人們往往會去討論創造直覺思維的主客觀條件。

下面我要給大家提示的就是人們在這個研究中的幾個要點，主客觀條件第一個就是能解決的問題。提出了問題而這個問題是可能解決的，提出問題需要一種突破，但是它是可能解決的就需要很多條件。第二個就是問題的解決意見具備了很多相當的條件，我們知道開普勒他發現了苯環結構，就是苯的基本結構是怎樣的當初寫不出來，按照化學鍵寫不出來，開普勒就想方設法把這個H6C6寫出來。他想了很久結果在他烤火的時候睡著了，夢裡出現從火盆裡鑽出來一條蛇，這條蛇的嘴自己咬住了自己的尾巴，驚醒了以後他想到了這個夢，突然就想到苯的結構不應當是線型的應該是環狀的，結果就把這個問題解決了，苯環結構就是這麼弄出來的。他得出苯環結構當然是思維的飛躍，當然他解決這個問題是有相當準備的，所以他是在研究中不懈地追求答案並且經歷了緊張的思考，那麼機遇就是這樣一種偶然性，他做這樣一個夢使得他產生了這樣的飛躍。所以產生直覺活動有這樣一些條件。直覺思維和邏輯思維是互相補充的，就是直覺思維產生之前，人們總是在前人鋪就的邏輯大道上行走，也就是說它需要有很多邏輯的準備。而在產生邏輯思維之後，又要進行邏輯加工，所以離不開邏輯。但是光靠邏輯也不行，直覺的飛躍在這裡是關鍵。所以一切創造活動需要兩種思維共同作用。

最後我們說一下科學美感，科學活動和藝術活動，它們之間的關係還特別表現在我們進行科學活動時往往需要美感在其中起一個關鍵的突破作用。就是說在科學發現中我們需要許多理性，需要日神精神，但是它回避不了也不可能缺少無意識的選擇，也就是說酒神精神

那樣一種非常浪漫的超越的精神，那麼科學美感正是在這裡面有許多具體的體現。有許多的科學發現都是來源於科學美感在其中給了科學家以啟示。這正是科學活動中所具有的藝術的因素，或者說我們也可以把科學活動看成藝術活動。什麼是科學美感呢？具體地來講就是所謂簡單性、和諧性、對稱性。其餘的也是美的，但其餘的都是常規的。這就是科學美感它在這裡面的作用。我講一個法國的數學家哈達瑪，關於科學美感是科學創造的標誌，他提出了一個非常好的說明，他認為在科學家的工作中下意識是每一個科學家在科學活動中都會產生的。下意識就意味著有所創造，但並不是所有的下意識都帶來直覺創造。那麼你怎樣去選擇呢？就是在下意識所形成的大量的組合中，其實百分之九十是沒有用的。只能靠美感去選擇，能夠激起我們特殊的幾何直覺，吸引我們注意力的那樣一些組合是可能成功的。也就是所謂美的下意識的組合是可能成功的。所以特殊的美感就像一個篩子，它把許許多多可能沒用的東西篩掉了，留下有用的東西。所謂簡單性，如果說你這樣一個考量它是不簡單的，是不對稱不和諧的，或者說是非常平凡的，你就不必花太多時間去考慮它，這就是對美感進行的選擇。所以特殊的科學美感是科學創造的標誌，是有意識的證明。一開始講的麥克斯韋對電磁方程的創造其實就是根據對稱性。

所以在對科學對藝術、對所有的創造活動，用各種各樣的標誌來衡量的時候，我們要注意三個標準。過去我們最強調的是邏輯標準，還有經驗標準。兩者相比經驗標準是最基本的。它在實踐中是有根據的。還有一個美學標準。這三個標準我想對於邏輯實證主義講的經驗標準和邏輯標準也可以說是一個補充，或者說是一個擴展。這實際上是我們今天許多的科學活動和藝術活動都遵循的。因此在所有的科

學、藝術活動中我們都需要實現真善美這三個目標。使得這三個目標具有一致性。實際上人類的各種活動都不是單一的，它們既是求真活動，又是向善活動，又是臻美活動，特別是科學活動。過去我們都認為它只是求真活動。但是在現代社會大家都知道，在科學和技術的活動中是不可能回避價值選擇的，所以它又是一個向善活動。現在我們補充一點它又是一個臻美活動。

人類的整個精神它實際上有屬於知、情、意的方面。實際上知、情、意三者在活動中我們可以把它們分開分析，但是在實踐中往往是聯繫在一起的。所以任何科學活動和藝術活動，只要進行現實的考量就會發現日神精神和酒神精神是符合的。這就是我們開始說到的不要簡單地把日神精神和科學精神等同起來，也不要簡單地把酒神精神和人文藝術對應起來。在科學活動中既需要日神精神也需要酒神精神，它是這兩者的統一。藝術活動同樣也是如此。這就是我今天想給大家講的。

二〇〇六年在華中科技大學的演講
田小桐根據錄音整理

談文化

余秋雨　著名作家

　　下面我想講三個問題：第一個是什麼是文化；第二個是中國文化的粗略線條；第三個是中國文化的利弊得失。

　　什麼是文化？有很多很多定義，現在有兩百多個關於文化的定義，我看了這兩百多個定義，認真分析以後，我自己給了一個定義，最簡單的定義：以人為本的精神價值和生活方式，這就是文化。文化最早出現的時候，就是人的痕跡，我們說半坡文化，河姆渡文化，很多舊時代的文化，這些實際上都是人的痕跡。所以最早最原始的文化也可叫人類化，它和自然和動物一樣，有了人類的痕跡。到成熟時期，它不僅僅是人類的一般痕跡，更須要有人的精神痕跡，這個精神須要有價值去斷定它，所以它首先是精神價值。其次，這個精神價值落實在日常生活中，所以就變成生活方式。我們中國人到外國去，首先遇到的是生活方式不一樣，然後就說文化不一樣，這個文化不一樣的背後承載著精神價值，無非是兩種，一種生活方式，一種精神價值。所謂文化傳統，那是祖先對後人的設計，我們可以擺脫這個設計，但是我們在擺脫以前，首先要了解這個設計，然後我們重新來設計自己，再來設計後代，這無非就是精神價值和生活方式。為了解釋這個定義，我須要說明兩個道理，第一個道理，我們在講「文化」的時候，很多老師、很多聽的人、很多寫的人往往不把精神價值放在裡

面，所謂的很多文化概念，我們講得比較多的是文化知識、文化技能，而很少講到精神價值，這一點是我們中國人現在在思考問題的時候一個非常大的缺漏。人文素質教育為什麼重要，就是和這個有關，我們無論如何要提高對精神價值的認識。我想舉一個例證來說明文化和精神價值之間的關係，在很多年之前，武漢郊區發生了一起殺人綁架案，這個案件發生以後有八年時間沒有破案，後來武漢地區有一個行政專家在翻案件卷宗的時候發現綁架殺人案裡的小紙條，這個紙條是綁匪給受害人家屬的指令，這個無非是一封信，信裡邊叫留多少錢，時間地點數字都有，一共只有十九字，這個行政專家一看這個紙條，馬上說到大學中文系裡找這個綁匪。這個綁匪想賣弄文采，他一賣弄就暴露了真相，他本能的動作使他的四個動詞準確而不重複，讓他使用了一個詞牌一樣的二三二三的結構，而更要命的是，每句都押韻。果然，範圍很小，這個老師在課堂上被捕了。這件事情是一個特例，他的文化程度很高，但是，你能說他是個「文化人」嗎？難道我們學的文化是此種文化嗎？這個疑問是文化本身，他既然可以殺人，既然可以綁架，有這麼漂亮的文字，做了這麼大的惡孽，文化又是什麼呢？如果沒有精神價值，它什麼東西也不是。如果這是一個特例的話，接下來我又緊接著看到另外一個例子，上海有一個提籃橋監獄，監獄長叫麥林華先生，他在犯人裡面調查「你們最喜歡誰的講課？」都說余秋雨。我去給犯人講課，給五千個人講課，講完課之後我跟犯人對談，對談的時候我就困惑了，他提的問題準確、乾淨，文化層次之高讓我大吃一驚，一點不像我的博士研究生（玩笑）。至少有兩個重案犯有小小的探討，而且是探討我的散文風格和劉先生的抒情散文的相同之處和相異之處，這水準就很高了。我抬頭一看，五千個犯

人，智商都如此之高，讓我禁不住進一步思考，我們的文化是不是在精神價值上講得少了一點，而對技能、技巧、記憶型的知識講得多了一點。文化最須要把人的心結合，讓人類不滅亡的想像的目標，大家就完全不管了。我再講一個正面例子，能夠說明文化是什麼，三年前我收到一個美國人（貝利先生）寫給我的一封信，他用中文寫的：余先生，我不認識中文，但是我手下的中國職員說起你的名字的時候，他們的表情讓我覺得你比較重要。所以他邀請我做他的慈善基金會的顧問，而且他把慈善基金會的名單給我一看，幾乎都是皇上啊、皇帝啊、總統啊，我馬上答應了。答應了以後，他提出要讓北京的孩子不出北京城，就能看到世界上最著名的畫室，我很感動。他有一個演講，我簡單講幾句，他說追求財富的人第一追求多，錢要多，房子要多，地產要多，在經濟大發展的時代這很容易就達到了；然後要追求好，都要名牌，這個好那個好，很快也達到了；然後又追求異，「異同」的「異」，和所有人都不一樣，我買的飛機不是波音的，也不是其他的，一定是世界上唯一的，這就很苛刻了。但是他說，很不幸的是，我都達到這三個層次的時候，還不到六十歲，後面的日子過得完全像鬼一樣，我不知道怎麼辦。直到二〇〇一年，他到越南去，他坐了自己的專機過去。有人說越南曾經和美國打仗，有很多斷胳膊斷腿的人，反正你的飛機很空，能不能帶點輪椅過去，他就帶了輪椅過去。帶了輪椅過去之後，他說，當我把一個輪椅推給一個六歲的殘疾小女孩，而且用兩分鐘時間教她怎麼動的時候，她說我知道了，這個小女孩從小就沒有怎麼動過，從她的眼神裡我看到了光彩，這讓我知道六十歲以後該怎麼活了。他覺得，這個小女孩就是他的人生導師了。然後他來到了辛巴威，拼命地發輪椅，發輪椅的時候他（遠遠）

看到有一個黑人背著一個老太太走到他眼前，他仔細一看，沿路過來完全沒有城市和村莊，至少要背幾天時間才能到這裡。他問：「男青年，這是你媽媽嗎？」他說不是。「是你親戚吧？」「不是。」「你認識她嗎？」「不認識。」「那你怎麼把她背過來了？」「她坐在路邊，說這裡好像有一個美國人發輪椅，希望我把她背過來，我就把她背過來了。」這個黑人青年講完之後轉身走了。他（貝利先生）就說我突然明白，我以前一直以為慈善是富有以後的事情，現在看到這個黑人青年，就知道不是這樣。所以他覺得自己過去第一階段、第二階段、第三階段的經歷，好像把梯子擱錯了牆，爬到了頂層之後才知道自己錯了。從此以後他就努力地做慈善，到處捐獻，他還在不斷地做經營，經營了以後就到世界各地做慈善。這個時候我再思考文化，什麼叫文化，這個貝利先生在六十歲之前達到了一切目的，但突然失去了精神價值，原來的目標「多」「好」「獨」都不成精神價值，只是短暫動力。後來他從小女孩和辛巴威的男青年身上找到了精神價值，然後改變了自己的生活方式，由於他的改變，很多被他救助的人改變了，被他感動的人改變了，大部分人改變了自己的生活方式和精神價值，這就是文化。

我們現在所學的很多具體的知識雖然也很重要，但是它不是文化的主幹，如果你只是能背得出很多很多的年號，這樣的文化人是要打問號的。我們還是那句話，文化是以人為本的精神價值和生活方式，這一點非常重要。

第二個問題我想講中國文化的一個粗略的線條。我們要了解自己的歷史，在了解歷史的時候要抓主幹。我現在發現一個問題，現在的經濟大發展，文化沒有很好的轉型，所以我們對待文化的時候還是以

前的思路，我們能夠去背的，夏商周，春秋戰國秦兩漢，三國兩晉南北朝，隋唐宋元明清，以及現在電視劇上的今天的皇帝是這個，明天的皇帝是這個，大家又回到了原來的歷史構架，這個被「五四」、辛亥革命洗刷過的構架，現在又出現了，儘管裡邊已經帶一點人性的判斷，但是總體的構架沒有變。我想給我們特別是理工科的同學提供一個非常簡明的構架，第一個時間，西元前二十一世紀，是中國進入成熟文明的時期，在這之前是中國的史前文化，一定有一條門檻使中國真正進入了成熟文明的階段，有幾個標誌，第一要有文字，第二要有青銅器或者鐵器，第三有祭祀儀式，第四有隱隱綽綽幾個小城市出現，進入以後我們就開始進入夏商周。在我們成熟之前，很多文明已經成熟了，最早成熟的是巴比倫文明，人類早期文明的最早的光輝是在那裡，就是現在每天戰亂不斷的伊拉克。當我們還是一片蒙昧的時候，他們的文明已經非常成熟了。那些年我到伊拉克去的時候很感歎：這真的是一個古文明了不起的地方，年輕的朋友知道周杰倫有一句「三千七百年前漢摩拉比法典」（古巴比倫王頒布了漢摩拉比法典，刻在黑色的玄武岩上，距今已經三千七百多年），他用很模糊的詞唱了出來，但是是正確的，三千七百年前那兒出現了漢摩拉比法典，是世界上第一部比較像樣的法規，其他的文明如天文學、數學都不得了。第二，埃及文明，它們也很早。第三，印度河文明，不是印度文明，印度河文明就是現在的巴基斯坦文明。其實希臘的克里特文明也比中華文明要早，所以大家看到商務印書館出版的美國兩位學者所寫的《世界文明史》講到中國文明史的時候，說在各個文明當中，中華文明是比較年輕的。但它和其他文明不一樣，它登上臺以後就不下來了，一直到今天。其他文明相繼衰落，中華文明比較年輕，所以我們

不要在歷史悠久上和其他文明去比較。人家的文明更古老，而且也沒有什麼可驕傲的。如果今天伊拉克整天跟人家講自己的文明是最古老的，人家會笑掉大牙：你們怎麼會搞得那麼糟糕？

這是第一個時間點，西元前二十一世紀，我們進入了一個門檻。

第二個時間點，西元前五世紀，世界上一切最重要的智者都出現在這個時間點上。釋迦摩尼只比孔子大十四歲，孔子死後十年蘇格拉底誕生。亞里斯多德比孟子大十二歲，比莊子大十五歲。後面再了不起的人，也都是他們的學生，這被歐洲的學者稱為「軸心時期」，人類古代的輝煌和現在的輝煌在轉動的時候有一個思維軸心，那就在西元前五世紀前後，這個時候中華文明沒有缺席。我曾經講過這樣的話：「當希臘智者在愛琴海邊上思考的時候，印度的智者在恆河邊上思考，中國的智者在黃河邊上思考。希臘智者在愛琴海邊思考人和物的關係，印度的智者在恆河邊上思考人和神的關係，中國的智者在黃河邊上思考人和人的關係，分工明確，不重疊。誰的安排？不清楚。」思考的結果是什麼呢？希臘智者思考的結果是精神的自由，印度智者思考的結果是靈魂的解脫，中國智者思考的結果是社會的管理。法家的管理，就是用現代方法，儒家的治國平天下，哪怕是道家的無為而治，也是治的一種方法，就是用現代解約的方式來治理。

第三個時間點，到了西元，我國和世界幾個文明一起進入了帝國時代。這不僅沒有缺席，中國方面已經顯現出光輝了。西元前後的時候最早出現的是印度的孔雀王朝，孔雀王朝衰落以後，世界的東西兩方各自出現了一個帝國，西方是羅馬帝國，中國是秦漢帝國。這兩個帝國把地球東西兩方壓平衡了。帝國為什麼重要？在海邊河邊思考的智者，他們的思維如果沒有經過行政構架的落實，沒有經過國家力量

的規定，它就可能像天上的雲，隨風飄散。人類歷史上出現過很多很多的智者，做過很多很多漂亮的思考，它就飄散了。有的有著作，有的也沒有著作，它就飄散了，在學生口裡傳一傳，或者學生也死了，就不知道傳到哪裡去了。但是當它出現帝國的時候，帝國須要選擇，帝國須要把智慧變成體制。中國因為是講社會管理，所以秦漢帝國就完成了一整套的體制的建設，比如統一文字，統一度量衡，實行戶籍制、郡縣制，在西元前後都實行了起來。這當然帶來了中國人的普遍的不太自由，這是毫無疑問的，但是羅馬帝國當時也在做類似卻不同的一些努力。西元前後，在建立帝國的時候，中國遇到了另外一件事情，就是另外一種文明即佛教傳到了中國，而且被廣泛接受。用梁啟超先生的說法就是使中國變成了「亞洲之中國」，就是接受了亞洲的另外一種文明，很了不起。本來我們在家裡已經有另外一種思維了，我們願意誠心誠意地接受另一種文明進來，這體現了當時的中國氣魄很大。

現在馬上講到西元五世紀，這是第四個須要記的時間。西元五世紀，羅馬帝國和秦漢帝國都遇到北方蠻族的入侵。西元四七六年西羅馬帝國滅亡，最後一個羅馬帝國的皇帝叫做羅慕路斯（西羅馬），現在沒有資料證明他是一個什麼性格的人，只有一條資料說他喜歡養雞。有一個戲叫做《羅慕路斯大帝》，講的是征服他的人也喜歡養雞，征服者和被征服者兩個人在宮廷裡討論養雞。也不知道他是大帝，也不知道他是征服者，就這樣非常愉快地進行關於人類的失敗和勝利的背叛邏輯，這是狄倫馬特寫的。北方蠻族就是現在說的日爾曼民族，當時還是叫北方蠻族，入侵羅馬，使西羅馬帝國滅亡。中國秦漢王朝也遇到了北方蠻族，漢武帝當政六十四年，其中六十二年都在

打仗，打來打去打得不亦樂乎的時候另外一個民族——鮮卑族見縫插針地進入到中國北部邊界。鮮卑族剛剛脫離原始社會，現在在大興安嶺還有他們曾經祭祖的山洞。這時候西羅馬帝國滅亡了，中國也遇到了少數民族。他們都是遊牧民族，而且他們幾乎沒有文字，剛剛擺脫原始社會。在鮮卑族裡出現了一個極其優秀的思考者，他們軍事力量很強大，幾乎統治了中國北方。但是有一個問題出來了，他們統治的地方是農耕文明，他們把對手打倒之後是要回到遊牧文明呢還是進步到農耕文明？如果進入到農耕文明，那麼之前統治者的文化就要丟掉了。鮮卑族的領袖們經過非常痛苦的掙扎，做出了英明的決定，放棄自己的文明，接受農耕文明，接受漢文化。這就很了不起，特別是北魏，北魏是過去被小看了的實際上是非常偉大的朝代。特別是北魏的孝文帝，這個僅僅活了三十二年的年輕帝王，他叫拓跋宏。他和他的族部做出了決定：第一，我們是勝利者，但是我們的貴族不准講鮮卑話，三十歲以上的人講，提出警告，三十歲以下的官員如果還講鮮卑話就撤職；第二，不准穿鮮卑衣服，全部穿漢服裝；第三，不准說自己的籍貫在大興安嶺，遷到洛陽籍貫就是洛陽；最後，所有的鮮卑貴族必須和漢人通婚。他下達了這些命令，這些命令下達之後遇到了很多磨難和波折，但造成的結果非常驚人。大家知道，當時的中國文化雖然很發達，但是那股氣沒有了。秦始皇是短命的，漢武帝跟匈奴打了那麼長時間的仗，最後也是銳氣頓消。在這個時代留下來的是王羲之、陶淵明，魏晉名士等，很多了不起的人，但是平心而論，都構不成一種大氣來建立一個王國。這個時候就期待一種強有力的蠻人，這種蠻人來自北方，他們沒有文化，但是他們崇拜漢文化，他們什麼都不要，不要自己的語言、衣服、籍貫，但是他們的氣還保留著，這個

氣讓漢文化當中已經微弱的勁頭一下提升起來，偉大的唐朝就有可能出現了。大家不要以為諸子百家直接能夠到了唐朝，不，中間還缺少一種大氣。山西大同的雲岡石窟就是北魏皇帝打造的石窟，雖然那是佛教石窟，但在那兒可以看到，既然他們沒有文化，那麼他們什麼文化都要學習，既要學漢文化，也要學印度文化。印度由於當年亞歷山大東征的時候已經結合了希臘文化，所以他們也要學習希臘文化，所以在雲岡石窟上我們可以看到漢文化、印度文化、希臘文化、羅馬文化的組合，這個時候，唐朝隱隱綽綽地出現了。雖然諸子百家坐著牛車在黃河邊上講道，這當然非常了不起，但是缺少「敕勒川，陰山下。天似穹廬，籠蓋四野」這樣的氣魄。終於在鮮卑族這個北方政權的基礎上，隋唐王朝出現了，唐朝的唐高祖李淵的父母是鮮卑人，唐太祖的皇后也是鮮卑人，所以到唐高宗的時候他已經是四分之三鮮卑血緣，漢人血緣只有四分之一。所以對於偉大的唐朝，那些漢民族極端論是不能解釋的，現在很多年輕的同學書讀得不多，開口閉口就是漢民族極端論，不是這樣的，偉大的唐代是各種文明的組合。

西元七世紀到九世紀，世界文明的制高點在長安。當時已經破敗了很久的羅馬城不到五萬人口，而長安城有一百萬人口。當時能夠和長安稍稍比較的一個是君士坦丁堡，一個是巴拉格。巴拉格是阿拉伯阿巴斯王朝的首都，君士坦丁堡是東西方文明的交流地。這兩個城市也很輝煌，但是這兩個城市加在一起，還不到長安城的二分之一。我曾經到埃及南部的一個城市叫盧克索，盧克索在過去也曾經是一個輝煌的城市，講解員在講解的時候說「這可能是世界上最輝煌的都城」，下面輕輕加了一句，「當然除了長安」。當時的長安不僅大，而且確實比較富裕，秩序也比較好。我翻材料看到，貞觀四年，這麼大

的唐朝，被執行死刑的只有二十九個人，那就是真的「國泰民安」了。刑事犯罪少的原因就是大家都比較富裕，而且心態也比較好，特別是開放心態。當時的長安沒有國家哲學，不像我們想像的長安在提倡儒學，長安是不提倡國學和儒學的。摩尼教已經被祆教消滅了，祆教又被伊斯蘭教消滅了，但是奇怪的是，這幾個被消滅的宗教和伊斯蘭教一起在長安復活了。偉大的城市並不是要接待多少輝煌的國君，而是迎接多少漂泊的流浪者，還須要建立很多精神孤島，這些孤島在本土命運如何，在其他地方遭遇如何也不管，但在這裡存活，這就是當時長安人的驕傲。從歷史上算，國際大都市的容納度長安肯定是第一。魯迅說唐代雖然也有邊患，但是唐代人大氣，他們對這個東西一點也不敏感，一點都不擔憂，因為我們的價值系統很健全，而價值系統也不一定是明確的國家哲學。在八世紀的時候，我們有了李白和杜甫，還有王維，我們的中華文化達到了比較高的程度。中間出現了一個關鍵的時間點，即西元七五五年，安史之亂。安史之亂之後唐朝變了，變成一個個體自由、比較奢靡、追求享受的時代，你很難說後面的時代不好，後面唐朝還延續了兩百多年，從文化上講我們還擁有了白居易、劉禹錫，更不用說李賀、李商隱這些晚唐詩人。

唐朝講完了之後，我們先講兩個被低估了的朝代，後講兩個被高估的朝代。兩個被低估的朝代，一個是宋，一個是元。宋被低估是因為當中的戲曲、小說、傳說、故事給我們造成的印象就是宋代非常糟糕，比如岳飛被殺害、楊門女將的故事、水滸傳的故事，組合在一起給我們構成的印象很差。其實宋代沒有那麼糟糕，前面所說的打仗問題，農耕文明和遊牧文明打仗，在冷兵器時代（農耕文明）總是沒有好果子吃的。在這個問題上很難說宋代的皇帝、宋代的將領和宋代的

人民無能。宋代有很多很好的東西值得我們懷念。第一，它第一次真正實行了文官政治，即行政官員全部靠科舉考試錄取，於是寒門學士大量進入國家機構。第二，趙匡胤一上任就在太廟裡立下了鐵卷，絕不殺一個敢於提意見的文人，岳飛確實是被殺了，但是以此理由（莫須有？）未殺一個文官，因為趙匡胤有誓言在先。文化人的自由和地位高尚是宋代第一，宋代的宰相都是一代文化大師，比如范仲淹、王安石、司馬光。儘管他們互相之間有很多矛盾，但是他們全是君子，這就是文官政治的好處。由於在這樣的情況下商業和農業大發展，海上貿易大發展，特別是商業的發展遠遠超過了唐代。宋代的科學技術在世界領先。即使在戰火不斷的時候，宋代還擁有辛棄疾、李清照、文天祥這些第一流的文化大家。除了宋詞之外，它的繪畫業很了不得，如果說唐朝是一個瀑布的話，宋代是承接瀑布的深潭。那麼把宋滅了的元怎麼也被小看了呢？宋、元之間有一些更值得重視的事情我們可能不知道，在重慶的合川有一個釣魚城，這個小小的地方改變了世界的命運。成吉思汗一二二七年在六盤山去世，去世後不到十六年蒙古軍開始攻打宋朝，宋朝開始反抗，最後居然在釣魚城整整抵抗了三十六年。當時的總指揮余玠制訂了邊耕種邊抵抗的原則，展開了三十六年的抵抗。蒙古帝國的大汗蒙哥戰死在釣魚城，蒙軍開始分裂，蒙古貴族集團紛紛爭奪大汗寶座，最終忽必烈成為最高領袖。蒙哥的去世使得蒙古人征服亞洲、歐洲、非洲的全部計畫都瓦解了。釣魚城的抵抗挽救了世界文明，因為當時的蒙古兵對文明的摧殘確實比較厲害。對蒙古兵的抵抗也使宋朝的壽命也整整延長了二十年。在這二十年的拖延當中，蒙古人聽從了許多智者的勸說，改變了屠城的政策，中國即使被元朝統治後，蒙古人的政策也改變了，保留了江南比

較好的生態。元朝儘管是馬蹄開路，損害比較大，但畢竟是一個統一的帝國，統一有許多好處，農業、畜牧業大發展，國際貿易順暢。這時候成熟的戲劇出現了，出現了劃派的轉折，這些都發生在元朝。短短八十九年的元代容易被大家小看，過去漢人的史官認為元代不值得一提，其實元代經濟發展也還可以，何況十三世紀的時候馬可波羅來到了中國，寫下了《馬可波羅遊記》，帶來了歐洲的快速改變。最初的信號都是由馬可波羅勘察的，於是他們出現了地理大發現的藍圖，出現了哥倫布、達伽馬這些遠航的人，遠航者的船頭都放著一本《馬可波羅遊記》，他們的心裡目標永遠是中國。

接下來講兩個被高估的朝代——明朝和清朝。高估的原因可能是時間比較近，電視劇也在拍，明清時期有很多優秀的東西，出現了很多小說、戲劇，但是它有一個最大的問題，就是文化專制主義到了登峰造極的地步。朱元璋吸取了宋朝滅亡的經驗教訓，就覺得要管理思想，他連宰相都不設，所有的權力都集中在自己手裡，然後又開始了文字獄，這實在是莫名其妙的文化威脅。他也知道這是荒唐的，但是為了讓文人必須聽話，文化專制主義比較嚴格，而且他把朱熹哲學當中比較實用的作為國家哲學在明代推廣，這個時候就出現了儒學和理學的一體，出現了很多對男人、對女人、對各種人的非常不合理的規範，人民開始過著一種相當不自由的生活。清代在明代的基礎上加碼，再出於對漢族知識分子的仇恨，再實行文字獄，「清風明月」都能降罪，「清」就是清朝，「明」就是明朝，但是寫詩誰不會寫到「清風明月」呢？越鬧越大，最大的比文字獄還要恐怖的叫「科場案」，科場指的是科舉制度裡的考場，科舉制度因為成為中國選拔文官的唯一的通道，所以科舉制度非常嚴格，但是清朝的皇帝借用科舉制度裡

的所謂的作弊嫌疑，把所有的考官經常是集體殺頭。這個問題就非常嚴重了，能夠做考官的一定是最優秀的知識分子群體，才能代替國家來選擇它的整個文官體系。我寫過一篇叫做《流放者的土地》，那些大知識分子一夜之間被集體殺頭，九族流放到黑龍江寧安縣的寧古塔，寧古塔沒有塔，是從滿族語言中音譯過來的。走在路上，十個人就會死七個人，只有三個人能活下來。但是讓我非常感動的是，一開始這些官員的家屬恨不得快點死亡，但是在那兒生活一段時間以後開始用樺樹皮做課本，把自己記得的詩文寫在上面教育當地的小孩，所以章太炎先生曾經說，東北雖然開發的時間比較晚，但是為什麼看上去文化程度比較高，和這批被流放的文化人有關。清代時候的文字獄是完全不可原諒的，電視劇把清代的各個皇帝拍得很優秀，但是在這個問題上實在不是東西，他們對漢族知識分子實在太殘酷了，在文化政策上非常糟糕。一方面是流行文學，小說有《三國演義》，《水滸傳》、《紅樓夢》，戲曲比如《桃花扇》、《牡丹亭》、《長生殿》，都在那個時候出現。《西遊記》吸引人的地方在於它的寓言性，百看不厭，而《紅樓夢》的藝術性在於反映了複雜的人性，牽涉到了人類本體性的問題。《水滸傳》比《三國演義》好一點，因為它裡面每個人都有活生生的家庭背景，《三國演義》就是比較歷史概念性的組合。這些在明清兩代都是很優秀的作品，但是中華文明裡嚴重的弊病也暴露了，康熙皇帝在自己生命的最後時刻召集紀曉嵐和全中國最優秀的文人編輯《四庫全書》，這部書可以說是文化的萬里長城，但是這裡面就出現了文化的落差，我對照《四庫全書》的編撰時間西方發生了什麼，就發現馬可波羅從中國回去以後所播下的種子在西方開出來的結果是我們難以想像的，文藝復興、啟蒙運動、宗教改革等都出現

了，出現以後產生的情景完全不是乾隆皇帝所能想像的。《四庫全書》是編成了，但是西方發生了什麼，瓦特發明了聯動式蒸汽機，德國造出了第一條鐵軌，法國造出了第一座鐵橋，而且完成了熱氣球的自由飛行，水分子的分解，美國科學院在波士頓成立，這是自然科學。至於社會科學，有創作了《人性論》的休謨、創作了《國富論》的亞當‧斯密，創作了《社會契約論》的孟德斯鳩，都在這個過程中作出了很傑出的貢獻。這個時候我們突然發現：我們在收集，他們在實驗；我們在咬文嚼字，他們在田野考察；我們在回顧過去的輝煌，他們在面對未來的世界。這就出現了文化的差異，這個差異的結果由中國來承擔，十九世紀的中國真是傷痕累累。十九世紀的中國非常糟糕，糟糕到要滅亡的地步，我做過很多考察，每個古文明滅亡的樣子和十九世紀的中國都很像。中國民族是農耕文明，它的本質是「安家」，所以它很有可能在十九世紀末二十世紀初滅亡。北京的城邦司令王懿榮發現了甲骨文，讓中國人知道了中國最早的一個偉大的朝代──商代，王懿榮發現甲骨文不久，八國聯軍打進來了，如果束手就擒的話就等於給列強的軍隊找到了勝利的道具，所以他選擇了自殺。他先是吞金，然後又喝毒藥，也沒死，最後遂攜夫人與兒媳投井自殺了。王懿榮發現甲骨文之後幾個月，敦煌石窟也被發現了，讓我們看到了一個偉大的唐代。中國快要滅亡的時候，一個偉大的商代被發現了，一個偉大的唐代被發現了，這要歸因於一個非常了不起的人叫張之洞，他和袁世凱聯名上奏朝廷，試圖廢除科舉制度，改成向國外派遣留學生。慈禧太后在這件事情上也比較明智，最後同意了他們的意見，但是要十年的時間，科舉制度三年一次，每三年減三分之一，以此類推。張之洞和袁世凱在繼續上奏，現在列強入侵，說中國

等不起十年了，希望趕快廢除科舉制度，最後，一九○五年，科舉制度被廢除。這是很重要的文化轉型。但是這個局部的轉型不能解決中國的整體政治大局，它受中國封建文化影響太大。就在那個時候，中國第一任駐英國大使郭嵩燾被撤職了，郭嵩燾做得非常好，他在英國外交界裡得到了極高的聲譽，他有中國人特有的儒雅、特有的寬容、特有的開放，把歐洲的外交界處理得非常平和，但是當時清朝過於腐敗的統治者對他的一些劄記做了批判，對於其中一些中國文字中從來沒有出現過的詞彙達到了「是可忍孰不可忍」的態度，最後就撤職了。儘管科舉制度已經被廢除了，但是當時中國還沒有任何希望，這個時候，就在武漢爆發了辛亥革命，這個辛亥革命是不能不爆發的，如果沒有這個辛亥革命的話，中國的文化真的要走向破敗了。現在的年輕朋友可能不知道，你們以為辛亥革命把中國傳統文化打敗了，你們完全不知道傳統文化那個時候是個什麼情景，它已經不是唐代了，已經發生了巨大的裂變，已經是超常的落後，已經變得極端保守了。

　　我已經把中國文化史的粗略的大框架講完了，就這麼個思路，大家能夠比較容易地記得一些關節。小的關節我沒法講到，比如十九世紀的第一個傳統，西方傳教士利瑪竇見到了徐光啟，之後《幾何原本》就被翻譯了過來。徐光啟去世之前就參加了天主教會，徐光啟的家屬在他的墓地周圍聚居，後來叫做徐家匯，上海文明的起點就在那裡開始。鴉片戰爭以後西方人要在上海的租界建造禮拜堂的時候，發現有幾家百姓的房子完全按照教堂的風格建造，原來徐光啟去世之後那裡的教會活動仍然不斷，一直延續了下來。

　　第三個問題，中國文化的利弊得失。中國文化的「得」的方面也是中華文明幾千年能夠存活下來的原因，世界上幾個古文明中中華文

明是唯一一個仍然存活的文明，這個長壽的秘密就是中華文明的魅力所在。第一個原因，中華文明的主題部位，不遠征，不喜歡遠征，成吉思汗的孫子建立了元朝，它就已經成為一個不遠征的民族了，已經開始接受儒家思想，恢復科舉制度了。不遠征不是因為不夠強大，恰恰是我們民族不滅亡的原因。在古代社會，任何軍事遠征就是文化自殺。世界上最能打仗的征服者亞歷山大大帝，首先，他的國家全國最優秀的男勞動力全都成為了戰爭的士兵或軍官，那麼這個國家的文明傳承就出現了問題，這個國家已經不傳承文明了。第二，打仗勝利後，為了使當地的人民歸附，他要朝拜當地的文化，時間一長，他自己也搞不清自己屬於什麼文化。他是亞里斯多德的學生，但是他佔領埃及以後說自己是埃及的神，佔領巴格達以後說自己是巴格達的神，一路上都這樣，最後他自己都困惑了。第三，即使他是把希臘文明傳過去了，但在人生地不熟的地方很難紮根。所以戰爭造成的結果，即使是勝利者，在文化上也是失敗的。所以希臘文化反而在這個基礎上衰落了，特別是遠征國家很容易招來敵對者的報復，第三者國家也會利用敵對國家來竊取遠征國家的財富。中國也常打仗，內戰很多，但是內戰者都會保護自己文化的文脈，說自己文化的正統，不會從根上毀滅中華文化。但是異國之間打來打去就產生了問題，就是非要把對方消滅不可，首先一件事情是消滅文字，文字消滅之後古籍就沒有用了，沒有古籍歷史就不存在了。然後就進行通婚，血緣交雜之後這個國家就不存在了。這就名副其實地滅亡了。這就出現了我們在埃及看到的情景，騎著駱駝的埃及人和我們一樣對它陌生，不知道它為何而造，他們更多的是阿拉伯血統。所以不遠征是中華民族的一個優點，而不是缺點。前年我在日本舉辦的聯合國的世界文明大會上發言，當

時中國威脅論正是甚囂塵上的時候，我說了下面幾段話，無論在你們日本的古籍當中，在羅馬的古籍當中，在西班牙的古籍當中，都有稱霸世界的詞句和設想，我看遍了浩瀚煙海的中國古籍，沒有一句有關稱霸世界的構思。我們年輕人會覺得我們古代的皇帝不了解世界的地圖，當時攻打世界的帝王，他們也不了解世界地圖，他們從商人嘴裡聽到遠方有強權，他們就騎上馬背了。鄭和走了那麼多地方，他們的船隊如此龐大，但是到了別的國家後，一絲一毫沒有產生過佔領對方領土的念頭。這是出於文化給我們的本能，遠方可以做買賣，遠方可以參觀訪問，但是對遠方的領土沒有佔領的想法，這是農耕文明的基本思維。不能想像我們的國家指揮我們的士兵，一下打到了埃及，或者打到了希臘。第二個原因，中國文化不極端。不極端指的是中國最早是農耕文明開始的，農耕文明太了解四季變化的規律，中國從農耕文明裡建立了周易哲學，然後又進入到孔子的中庸之道，用現代的話來說就是從兩個極端中找一個和諧點。相信極端只是邊緣狀態，一定能找到讓兩個極端也能進入構架的和諧點、交匯點。這是中國的哲學，所以孔子說中庸之道是至德，是最高的道德，因為它可以把最極端的東西也保護在內。遠的不說，我們現在中國的外交政策就是這樣。當時克林頓先生說，二十一世紀世界上有八個文明，八個文明中主角是三個文明，即西方文明、希臘文明和中華文明。「9‧11」事件以後另外兩個文明全跑向極端，那兒是恐怖主義活動，那兒是單邊主義，打來打去。中國在這個時候就出現了我們祖宗所出現的情景了，兩邊主義對話，對這兩個極端都不贊成，這個不完全是保命，而是讓兩個完全搞僵的關係拉在一起了，找到和諧點。這是中國不滅亡的非常重要的原因，它運用的是彈性哲學，不走極端的彈性哲學。我

們在倫敦的時候（倫敦事件？）看到太多頭條了，先說打倒一個人，打倒不行的話就槍斃他，槍斃不行的話就油炸他，要剝他的皮，越講越嚴重，但是時間長就發現不對了，因為做不到，不僅做不到而且沒有任何好處。好多極端主義容易被宗教利用以後成為宗教極端主義，更多的人連基本思考的能力都放棄了。極端的人還有一點思考的能力，進入宗教極端主義的人連基本思考的能力都放棄了，因為大家都聽教主的，而教主又相信下面的教徒，結果就演變成真正的極端了。中國也極端過，但是時間比較短，像「文革」、義和團，但是時間都比較短，很快就被克服了。很多年以前我和我的妻子在耶路撒冷，坐在一個路邊的像小山洞一樣的小咖啡館裡，邊上走來走去都是戴著高帽子的猶太人，臉色很凝重。人多的地方千萬不要去，因為爆炸不是針對某個人，都是看哪裡人多就炸哪裡。一會又聽到他們和談了，我就說他們的和談是過場式的，他們的主線是極端的。所以不極端的態度在當今追求和諧世界的過程當中其實是了不起的思想武器，季羨林先生就曾經說不極端的和諧是中華文明送給世界的大禮物。如果世界都像中國古代智者一樣，那麼很多文明就不會死得那麼慘，特別是伊拉克。第三個原因，就是不喜歡失控。中國人不喜歡遠征，不喜歡極端，不喜歡失控。從秦始皇、漢武帝開始他們就知道這個社會須要嚴密地控制起來，這個有好有壞，好就是國家被管起來了，壞就是我們的祖先嚴重地失去了自由，失去了民主。這個是有利有弊的，但是如果和滅亡相比，它好像利多一些。要知道，這個地球上絕大多數地區是失控的。沒秩序的情景是什麼，我們沒想過，因為沒遇到過，舊秩序很壞，我們就用新秩序代替它。中國的科舉制度實行了一千三百多年，中國所有的男子處仕的唯一道路就是通過科舉考試，然後才有資

格做各級的官員。這使得中國一直都不缺官員，而這些官員學的恰恰是治國平天下的儒家哲學。這也產生了另外一個效果，一千三百多年裡為了做官而不斷地背這些儒家哲學的經典，結果就是這些經典被保存下來了，產生了思維上不滅亡。

　　中華文化也有毛病，毛病也有很多，主要有三個吧。第一個不在乎公德，我所謂的公德是公共空間，這是德國的法蘭克福學派提出的重要命題。這個比較多地著重於兩個庭，一個家庭，一個朝廷。朝廷和家庭，一個講「忠」，一個講「孝」，「忠孝兩全」就全了，其實朝廷和家庭之間還有遼闊的公共空間，中國的文化對它的研究比較少。由於知識分子不管理公共空間，所以公共空間被很多不負責任的線民左右著，公共空間理性就沒有了。很多中國人不講衛生的原因是因為他們對公共空間缺少認識，他們不知道如何在公共空間生活。「老吾老以及人之老，幼吾幼以及人之幼」的中心價值的對比尺規是家，從家裡推演出去，就像現在的交通標語口號「駕前一杯酒，家人千滴淚」很動情，但是它只想到家人千滴淚，沒想到被撞死的人的家人千滴淚。它都是從家裡出發，沒有想到外面的終極座標。什麼叫文藝復興，文藝復興就是米開朗基羅、達文西等在公共空間展示自己的作品，米開朗基羅就在佛羅倫斯的街市口把大衛雕塑出來，給大家看，讓大家去評判，去提高審美水準；達文西在教堂畫出了《最後的晚餐》，也是給大家看，提高大家的水準，自己也得到各種意見。文藝復興都是發生在公共空間。我們一起努力增加公共空間的投入，一起來思考這個問題。第二，不在乎實證，不在乎實際真理，或者通俗一點是不在乎真假。中國文化在乎的是「忠」和「奸」，很少講「真」和「假」。中國準確的數字管理一直沒有到位，華裔美籍歷史學家黃

仁宇教授就人文中國最大的弊病就是缺少數位化管理，對真實的情況不了解。對數字不在乎，對真假不在乎。我們講的「十五年趕上英國，二十年趕上美國，畝產二十萬」都是隨口講的，這是中國文化的毛病，不講真實。「文化大革命」結束之後，至少平反了幾百萬宗冤假錯案，意味著當時至少有幾百萬，甚至幾千萬人沒有一個人能洗刷罪名。不能證明一件事情是假的話說明我們中華文化的證偽文化存在嚴重缺漏，這個不能完全怪政治運動。巴金老先生生前寫了很多很多書，但是他最後的遺囑是「講真話」。第三，不在乎創新。文化太悠久又太輝煌，就覺得創新沒什麼必要了。學術上就進入了一個不創新的學術囹圄，這已經成為一種社會的共識了。我們一直追求一個無爭議的結構，但是沒爭議就沒法創新。如果無爭議的話，世界將沒有貝多芬，將沒有海明威，他們爭議太大了，但是一定要在爭議當中建立我們這個時代的創新大架。創新的問題呼籲意志不夠，我現在還經常被問到對八〇後怎麼看，我馬上就說八〇後一代很可愛，我們不能總是用老的標準去約束新的一代，我們要給他們讓出地盤。創新有的時候是突破規範，如果規範不突破的話，我們中華民族永遠只是製造民族，無法創新。

大家最後可能會問，你講了那麼多，對年輕知識分子有什麼核心思維要教給我們呢？我只想講一條，我所尊敬的哲學家康德，他曾經概括過歐洲知識分子的基本品質，就是他對法國啟蒙主義者的最高評價。這個品質實際上是歐洲知識分子在後來幾百年當中能夠有那麼大的成果的主要原因。康德是這樣講的：「知識分子的最高標準是什麼？敢於在一切公共空間運用理性。」公共空間被佔領的時候，文化努力地在公共空間裡傳播。孔夫子當年坐著牛車就走了，去尋找他的

公共空間了。第二，運用理性，我們儘管是學者，特別是人文學者，過多的是情緒化的表達，情緒化就容易走到極端，要運用理性，用非常理智的觀點來思考問題。我們總是被情緒裹卷，比如我們總是說要把咖啡店趕出故宮，奧運會的時候中國人都要穿中國民族的服裝，這種看上去很愛國，但這是完全沒有理性的。第三，是勇氣，我們缺少勇氣。羅素先生在一九二○年到中國訪問九個月，在中國最困難的時候羅素先生一直在國際上講中國的好話，臨走的時候他的翻譯趙元任先生問他，你一直在講中國的好話，臨走能不能講一點中國的弊病，羅素講了三條，其中第一條就是勇氣，第二是中國的官員習慣於貪污，第三最嚴重，就是中國人普遍有一種人道主義的冷落，有時候對別人的災難還暗暗自喜，對慈善往往不夠熱心。我舉一個例子來說明什麼叫在一切公共領域運用理性，比如德國的晚上如果有紅燈，就不能過去，所有人都知道。但為什麼這樣做？那就是一群歐洲知識分子想出來的，他們的推理方式充滿理性：在街上發生交通事故最多的是孩子，孩子接受交通安全的教育是在自己家的視窗完成的。所以你在沒有車的時候闖了紅燈，你不能保證路邊的視窗沒有孩子的眼睛，如果你安全地闖了紅燈，你給他做的是反面教育，如果你被撞死，那麼他受的教育才是正常的，但是這個代價太大了。我們的知識分子過多地在報紙上罵來罵去，過多地挖掘人家的秘聞和隱私，沒有多少人在研究這些問題，比如在歐洲銀行絕對禁止拍照，因為歐洲銀行之間的競爭是銀行的保密程度。這都是一些邏輯推理和理性思維的結果，這都是知識分子在公共空間在理性以後出現的符合理性的政策，知識分子應該在這方面多做文章，減少情緒化的爭論，為一個小得不能再小的問題吵得沒完沒了。這些理性在我們中國現在還缺少根基，不要因

為我們的存在，去增加非理性的因素。而是增加理性的因素，這樣我們就會成為一代新的知識分子。

二○○七年在華中科技大學的演講
馬瑩根據錄音整理

後 記

　　二十世紀九〇年代中期，在教育部的宣導和組織下，文化素質教育「一呼而起」，高校文化素質教育的研究與實踐探索蓬勃興盛，而人文講座則成為其中一道最為亮麗的風景線。原華中理工大學大學生文化素質教育基地（現華中科技大學國家大學生文化素質教育基地，以下簡稱「基地」）在諸多前輩時賢的鼓舞與關懷下，順勢而為，彙編出版了華中科技大學、清華大學、北京大學、東南大學、北京科技大學、中國人民大學、復旦大學等高校師生提供的人文講座稿，並冠名《中國大學人文啟思錄》。《中國大學人文啟思錄》（1-6卷）出版後，因其參與學校多、專題涉及廣、講座水準高、思想啟迪深，在海內外引起廣泛共鳴，影響巨大。「一花引來百花開」。此後，各高校紛紛推出形式各異的文化素質教育講座並結集出版演講稿，將全國高校的文化素質教育工作推上新的發展高度。

　　時隔多年後，我們決定續編《中國大學人文啟思錄》（7-10卷），主要有三方面的原因：首先是向《中國大學人文啟思錄》（1-6卷）致敬，冀圖以此來繼承與高揚由周遠清、季羨林、楊叔子等先生所宣導和開啟的大學生文化素質教育理念；其次也是對基地十多年來工作的回顧與總結；最後也是最重要的原因為，十八大以來，習近平總書記

關於「文化自信」、「弘揚優秀傳統文化」的系列重要講話，特別是習總書記二〇一四年五月四日在北京大學師生座談會上的講話，在全國高校和廣大青年學生中產生了深刻的影響，為新時期文化素質教育指明了新方向，提出了新要求。一些兄弟高校、一批關注文化素質教育的老領導、老教授和廣大熱心讀者希望我們能繼續推出人文啟思錄。為此，我們不揣譾陋、不畏困難，戮力續編《中國大學人文啟思錄》。

與前六卷的編纂相比，此次續編最大的變化是稿源的單一化，即稿件基本源於在華中科技大學舉辦的各種人文講座。華中科技大學致力於「讓文化素質教育的旗幟更加鮮豔」，精心打造人文講座品牌，二十三年來從無間斷。截至二〇一七年六月，基地共舉辦講座二一八五期，一大批專家學者在這裡留下了大量精彩的報告。本次續編稿件主要來源於二〇〇三至二〇一四年舉辦的一二一四場講座。此外，還有部分稿件來源於華中科技大學中文系當代寫作研究中心和研究生院「科學精神與實踐」講座。

此次續編延續了以前一貫的編輯體例和選錄要求。第七卷選自二〇〇三到二〇〇七年的部分演講；第八卷選自二〇〇八年至二〇〇九年的部分演講；第九卷選自二〇一〇至二〇一二年的部分演講；第十卷選自二〇一三至二〇一四年的部分演講。

續編工作由基地主任歐陽康教授組織領導，劉金仿、余東升、索元元、郭玫、曾甘霖等承擔具體的選編工作。

續編工作一如既往地得到了學校領導、楊叔子院士及有關專家學者的鼓勵、支持和指導，華中科技大學中文系、研究生院提供了一批高水準的稿件，一批學生志願者做了大量細緻的錄音整理工作，華中

科技大學出版社給予了大力支持。在此，謹向他們表示衷心的感謝！

編者

二〇一七年十月二十四日

中華文化思想叢書・當代中華文化思想叢刊 A0103006

中國大學人文啟思錄　第七卷（下冊）

顧　　問　楊叔子
主　　編　歐陽康
副 主 編　劉金仿、余東升
責任編輯　陳胤慧

發 行 人　陳滿銘
總 經 理　梁錦興
總 編 輯　陳滿銘
副總編輯　張晏瑞
編 輯 所　萬卷樓圖書股份有限公司
排　　版　菩薩蠻數位文化有限公司
印　　刷　百通科技股份有限公司
封面設計　菩薩蠻數位文化有限公司

出　　版　昌明文化有限公司
桃園市龜山區中原街 32 號
電話 (02)23216565
發　　行　萬卷樓圖書股份有限公司
臺北市羅斯福路二段 41 號 6 樓之 3
電話 (02)23216565
傳真 (02)23218698
電郵 SERVICE@WANJUAN.COM.TW
大陸經銷　廈門外圖臺灣書店有限公司
　　電郵 JKB188@188.COM

ISBN 978-986-496-420-8

2019 年 3 月初版
定價：新臺幣 520 元

如何購買本書：

1. 轉帳購書，請透過以下帳戶
　合作金庫銀行 古亭分行
　戶名：萬卷樓圖書股份有限公司
　帳號：0877717092596

2. 網路購書，請透過萬卷樓網站
　網址 WWW.WANJUAN.COM.TW

大量購書，請直接聯繫我們，將有專人為您
服務。客服：(02)23216565 分機 610

如有缺頁、破損或裝訂錯誤，請寄回更換
版權所有・翻印必究
Copyright©2019 by WanJuanLou Books CO., Ltd.
All Right Reserved　　　　Printed in Taiwan

國家圖書館出版品預行編目資料

中國大學人文啟思錄　第七卷 / 歐陽康主編.
-- 初版.-- 桃園市：昌明文化出版；臺北
市：萬卷樓發行, 2019.03
　　冊；　公分
ISBN 978-986-496-420-8(下冊：平裝)

1.人文學 2.文集

119.07　　　　　　　　　　　108003024

本著作物經廈門墨客知識產權代理有限公司代理，由華中科技大學出版社授權萬卷樓圖書股份有限公司（臺灣）、大龍樹（廈門）文化傳媒有限公司出版、發行中文繁體字版版權。